中国传媒融合创新研究报告

RESEARCH REPORT ON THE INTEGRATION AND INNOVATION OF CHINESE MEDIA INDUSTRY

(2018~2019)

主　编/黄晓新　刘建华　卢剑锋

中国书籍出版社
China Book Press

图书在版编目（CIP）数据

中国传媒融合创新研究报告.2018—2019/黄晓新，刘建华，卢剑锋主编.—北京：中国书籍出版社，2019.6
ISBN 978-7-5068-7289-8

Ⅰ.①中… Ⅱ.①黄… ②刘… ③卢… Ⅲ.①传播媒介-研究报告-中国-2018-2019 Ⅳ.①G206.2

中国版本图书馆CIP数据核字（2019）第084097号

中国传媒融合创新研究报告（2018~2019）

黄晓新　刘建华　卢剑锋　主编

责任编辑	李　新
责任印制	孙马飞　马　芝
封面设计	楠竹文化
出版发行	中国书籍出版社
地　　址	北京市丰台区三路居路97号（邮编：100073）
电　　话	（010）52257143（总编室）　　（010）52257140（发行部）
电子邮箱	eo@chinabp.com.cn
经　　销	全国新华书店
印　　刷	三河市顺兴印务有限公司
开　　本	787毫米×1092毫米　1/16
印　　张	20.5
字　　数	325千字
版　　次	2019年6月第1版　2019年6月第1次印刷
书　　号	ISBN 978-7-5068-7289-8
定　　价	98.00元

版权所有　翻印必究

中国传媒融合创新研究报告(2018~2019)
出品方

中国新闻出版研究院传媒研究所
中国人民大学书报资料中心
《中国出版》杂志社
《传媒》杂志社

中国传媒融合创新研究报告(2018~2019)课题组

课题组组长 刘建华 张文飞
课题组副组长 卢剑锋 杨晓芳
课题组成员 王更喜 杨驰原 刘向鸿 邱昂 王卉莲
　　　　　　　杨青山 段艳文 邹波 郝天韵 杭丽芳
　　　　　　　吴琼

中国传媒融合创新研究报告(2018~2019)编委会

编委会主任 黄晓新 中国新闻出版研究院党委书记、副院长

编　　委(按姓氏笔画为序)

　　　　　　韦英平　中国海关出版社总编室主任
　　　　　　王　娜　南京师范大学社会发展学院
　　　　　　冯诗琪　扬州大学新闻与传媒学院
　　　　　　卢剑锋　中国新闻出版研究院传媒研究所
　　　　　　刘建华　中国新闻出版研究院传媒研究所研究员
　　　　　　刘焕美　腾讯政务旅游中心运营总监
　　　　　　刘　星　贵州师范学院旅游文化学院讲师
　　　　　　任殿顺　中南传媒产业研究院研究员、新闻出版署出版融合发展(中南传媒)重点实验室学术委员会主任,《出版人》杂志执行主编
　　　　　　闫伊默　华南师范大学新闻传播系主任记者
　　　　　　朱雯溪　澳大利亚悉尼大学
　　　　　　陈　彤　上海云部落TMT产业园运营总监
　　　　　　邱　昂　中国新闻出版研究院传媒研究所
　　　　　　李　炜　西藏民族大学新闻传播学院副教授
　　　　　　李莎莎　河南大学新闻与传播学院
　　　　　　吴　琼　安徽财经大学文学院新闻传播系主任、副教授

吴三军	首都经贸大学文化与传播学院副教授
杨青山	云南财经大学传媒学院新闻系主任、副教授
杨石华	中国人民大学新闻学院博士
段艳文	中国期刊协会《中国期刊年鉴》杂志社常务副社长、主编
郝天韵	《中国新闻出版广电报》产业与深度报道部记者
柳剑能	南方新闻网党委委员、副总编辑，兼南方报业传媒集团战略发展部主任
赵　晨	北京市委宣传部新闻出版研究中心主任科员，2018年挂职延庆区广电中心副主任
郭新茹	南京师范大学社会发展学院副教授
秦宗财	扬州大学新闻与传媒学院教授
黄小刚	华中师范大学国家文化产业研究中心博士
康璐玮	南京师范大学社会发展学院
董媛媛	北京交通大学语言与传播学院副教授
彭　莹	北京城市学院讲师、中国人民大学博士
鲍丹禾	现代教育报总编辑助理
虞　洋	《出版人》杂志记者
蔡海龙	北京工商大学艺术与传媒学院新闻系副教授

主编简介

黄晓新

　　男，湖北洪湖人。中国新闻出版研究院党委书记、副院长。武汉大学图书情报学院硕士研究生毕业，曾在福建师范大学历史系任教。历任国家新闻出版总署印刷复制管理司副司长、反非法和违禁出版物司副司长，挂职任新疆维吾尔自治区新闻出版广电（版权）局党组成员、副局长（正厅长级）。

　　参与组织实施并主编大型历史文献丛书《新疆文库》出版重点工程，著有《阅读社会学》，策划、主编《画说史记》《文化市场实务全书》和《中国传媒融合创新发展报告》《中国印刷业发展报告》系列蓝皮书等。主持中央文资办重大项目"中国新闻出版多语种语料库研究""全民阅读的社会学研究"等多项国家、省部级课题，在有关专业期刊发表论文40余篇，多篇论文被《新华文摘》和人大复印报刊资料全文转载，主要从事新闻出版管理与阅读社会学研究。

刘建华

　　男，江西莲花人。中国新闻出版研究院传媒研究所执行所长、研究员。中国社会科学院哲学所博士后，中国人民大学传媒经济学博士。中国新闻出版研究院书画社执行社长、中央国家机关书法家协会会员、中国新闻出版书法家协会会员，北京文艺评论家协会会员，新华社《瞭望智库》首批入驻专家。著有《舆情消长与边疆社会稳定》《对外文化贸易研究》《传媒国际贸易与文化差异规避》《民族文化传媒化》等书10余部,《中国传媒发展指数报告》主笔,《一本书学会新闻采写》(6部)丛书主编,发表论文80余篇。主持"舆情消长与边疆民族地区稳定研究"国家社科基金等30余项课题。研究成果获国家级、省部级多项奖励,多篇论文被《新华文摘》、人大复印报刊资料《新闻与传播》、"中国社会科学"等媒体多次全文转载,主要从事新闻传播理论、书法符号传播、传媒经济与文化产业研究。

卢剑锋

女,山西大同人,中国新闻出版研究院传媒研究所助理研究员。担任《中国传媒融合创新研究(2015—2016)》主编之一,《中国传媒社会责任研究报告(2015—2016)》副主编之一,主要从事传媒管理、新媒体应用研究。

前　言

"中国传媒融合创新研究"课题是中央级公益性科研院所基本科研业务费专项资金资助项目，是中国新闻出版研究院的重要研究课题，《中国传媒融合创新研究报告（2018—2019）》是该课题最新的研究成果。2017年—2018年，中国新闻出版研究院已先后推出《中国传媒融合创新研究（2015—2016）》《中国报业融合创新研究报告（2016—2017）》，得到政府、业界与学界的一致肯定与好评。今年继续推出的《中国传媒融合创新研究报告（2018—2019）》，是全面反映最新中国传媒融合创新理论和实践的传媒蓝皮书，本书梳理和分析2018年中国传媒融合创新实践的发展历程和现状，勾勒中国传媒融合的特点、规律、发展方向，从而总结经验、预测未来发展趋势，为中国传媒融合出谋划策，同时通过对传媒融合创新经典案例的分析总结，举一反三，为未来传媒融合创新发展提供借鉴和启示。本书的研究对象是2018至2019年传媒业融合创新，所说的融合创新是指因追求传统媒体和新兴媒体融合发展而导致的创新，与其他原因所导致的创新有着根本不同，这是本报告研究的立足点和出发点，也是本报告差异化研究的价值所在。

本课题第一部分总报告总结梳理了2018年我国传媒融合创新实践的现状，剖析了目前中国传媒融合创新的问题，并预测了中国传媒融合创新的未来发展趋势。第二部分分报告从内容融合创新、渠道融合创新、平台融合创新、产品融合创新、经营管理融合创新五个角度对国内融合创新案例进行科学归类和评价，分析问题，总结经验。第三部分国际报业融合创新案例对法国、澳大利亚等其他国家传媒业的融合创新实践进行了介绍和分析。第四部分热点观察对媒体融合创新的方方面面从不同角度切入，做出了深度剖析和探讨。

我们非常希望能以这套丛书为起点，与业界精英和专家学者建立广泛而深入的合作，推动中国传媒的融合创新与历史转型，为行业发展提供智库服务。

在此，对参与本书撰写的各位专家所付出的辛勤劳动和大力支持表示诚挚的谢意。

《中国传媒融合创新研究》课题组

2019 年 4 月 18 日

目 录

总 报 告

中国传媒融合创新的现状、问题与发展趋势 ……………………………（3）
 第一节 中国传媒融合创新现状 ………………………………………（3）
 第二节 中国传媒融合创新的突出问题 ……………………………（11）
 第三节 中国传媒融合创新的发展趋势 ……………………………（17）

内容融合创新篇

第一章 凤凰涅槃：凤凰传媒内容融合创新研究 ……………………（23）
 第一节 "书比天大"：凤凰传媒核心竞争力的升级与突破 ………（23）
 第二节 "文化+X"：内容融合经营逻辑的创新与重构 …………（27）
 第三节 借鉴价值：此山之石，可以攻玉 …………………………（31）

第二章 南方报业推进内容深度融合四大战略举措 ………………（35）
 第一节 以先进技术为支撑，强化数据优先战略 …………………（35）
 第二节 以重点项目为抓手，强化移动优先战略 …………………（38）
 第三节 以内容建设为根本，强化产品优先战略 …………………（40）
 第四节 以团队建设为目标，强化人才优先战略 …………………（42）

第三章　《三联生活周刊》融合创新实践研究 ……………………………… (46)
　　第一节　《三联生活周刊》融合发展背景 ……………………………… (46)
　　第二节　《三联生活周刊》的融合发展路径 …………………………… (48)
　　第三节　从《三联生活周刊》看周刊转型融合新趋势 ………………… (53)

第四章　深耕内容生产，短视频行业才能"保鲜" ……………………… (55)
　　第一节　短视频发展脉络与特点 ………………………………………… (55)
　　第二节　短视频的创作特点 ……………………………………………… (60)
　　第三节　短视频面临的主要问题 ………………………………………… (61)
　　第四节　规范短视频发展的有效手段 …………………………………… (63)

渠道融合创新篇

第五章　中国科传融合创新：推进产业链一体化，走向产消融合 ……… (69)
　　第一节　融合发展的理论：从媒介融合到产消融合 …………………… (70)
　　第二节　战略定位：产业链一体化，融入科技创新活动过程 ………… (72)
　　第三节　三大业务集群：智库、教育、医疗健康的融合发展 ………… (74)
　　第四节　融合创新实例："爱医课"教学平台与纸介质教材
　　　　　　两相宜 …………………………………………………………… (76)
　　第五节　三层业务结构：信息服务，知识服务，平台服务 …………… (78)
　　第六节　融合创新实例：科技期刊全流程数字化与集群化 …………… (79)
　　第七节　三类支撑平台：内容资源、技术与经营管理平台 …………… (81)
　　第八节　融合创新实例：按需印刷支撑传统出版转型发展 …………… (83)

第六章　"掌控终端，内容为本"打造党媒集团新标杆 ………………… (86)
　　第一节　战略先行，夯实融媒基础 ……………………………………… (86)
　　第二节　掌控终端，构建融媒格局 ……………………………………… (88)
　　第三节　内容为本，提升新闻"四力" ………………………………… (90)
　　第四节　改革创新，推动深度融合 ……………………………………… (94)

第七章　整合最强声音　讲好中国故事
　　——中央广播电视总台的融合创新研究 …………………………（98）
　　第一节　中央广播电视总台的成立 ……………………………………（98）
　　第二节　组建中央广播电视总台的目的 ………………………………（99）
　　第三节　中央广播电视总台成立后的融合创新举措 …………………（100）
　　第四节　中央广播电视总台成立后面临的挑战及应对策略 …………（105）

第八章　直播答题：2018年现象级网络产品的突破与反思 ……（110）
　　第一节　2018年的第一个现象级网络产品 …………………………（110）
　　第二节　直播答题的产品逻辑和传播创新 ……………………………（111）
　　第三节　直播答题推进的媒介融合 ……………………………………（115）
　　第四节　自律与规制：直播答题如何乘风而行 ………………………（117）

平台融合创新篇

第九章　文化与金融结合，线上与线下结合
　　——中南传媒的融合发展创新实践 …………………………（123）
　　第一节　文化与金融结合 ………………………………………………（124）
　　第二节　线上与线下结合 ………………………………………………（129）
　　第三节　中南传媒融合创新的启示 ……………………………………（133）

第十章　春晚传媒"两新平台"融合创新探索与实践 ……………（135）
　　第一节　春晚传媒推动"两新平台"建设的实践 ……………………（136）
　　第二节　"两新平台"建设对春晚传媒融合转型的影响 ……………（142）
　　第三节　利用"两新平台"建设推动都市类报纸融合转型 …………（145）

产品融合创新篇

第十一章　强化核心竞争力：时代出版传媒的产品融合创新实践与启示 …………………………………………………………（151）
　　第一节　时代出版传媒的产品融合创新实践 ………………（152）
　　第二节　时代出版传媒产品融合创新的主要经验 …………（156）
　　第三节　时代出版传媒产品融合创新的趋势及启示 ………（160）

第十二章　湖北日报传媒集团媒体融合创新发展的经验与特点 ……（162）
　　第一节　湖北日报传媒集团基本概况 ………………………（162）
　　第二节　湖北日报传媒集团媒体融合创新发展经验 ………（163）
　　第三节　湖北日报传媒集团媒体融合创新发展的特点 ……（171）

第十三章　基于"两微两端"的新闻杂志媒介融合发展研究
　　——以《Vista看天下》的融合实践为例 …………………（174）
　　第一节　《Vista看天下》的市场定位 ………………………（174）
　　第二节　《Vista看天下》的内容特色 ………………………（176）
　　第三节　《Vista看天下》的融合发展之路 …………………（180）
　　第四节　《Vista看天下》的融合发展对策分析 ……………（183）

经营管理融合创新篇

第十四章　长江出版传媒股份有限公司经营管理融合创新研究 ……（189）
　　第一节　长江传媒的组织架构和经营情况 …………………（189）
　　第二节　集团管理 ……………………………………………（196）
　　第三节　长江传媒的经营管理之道 …………………………（201）

第十五章 融汇与联动：江苏卫视创新发展之路的实践与思考 (206)
- 第一节 江苏卫视融汇发展实践 (207)
- 第二节 江苏卫视融汇发展存在问题 (210)
- 第三节 江苏卫视融汇发展的特点 (211)
- 第四节 江苏卫视融合发展的启示 (213)

第十六章 《中国新闻周刊》媒体融合创新研究 (217)
- 第一节 《中国新闻周刊》媒体融合创新实践 (217)
- 第二节 《中国新闻周刊》媒体融合创新特点 (224)
- 第三节 《中国新闻周刊》媒体融合存在的问题 (225)
- 第四节 新闻周刊深化融合创新的路径方法 (226)

年度热点观察篇

第十七章 算法新闻：模仿、影响及其使用 (231)
- 第一节 算法新闻在传媒业中的运用 (232)
- 第二节 人与技术：模仿律下的算法新闻 (233)
- 第三节 模仿律视野下算法新闻带来的"风俗"与"时尚" (237)
- 第四节 不确定性中的算法新闻使用 (240)

第十八章 浅谈 VR 对传媒发展的影响 (242)
- 第一节 什么是 VR？ (243)
- 第二节 VR 对人们生活的影响 (243)
- 第三节 VR 的现状 (245)
- 第四节 VR 的前景 (246)

第十九章 人工智能产业在中国的发展和应用 (248)
- 第一节 人工智能发展的三个阶段 (248)
- 第二节 人工智能的主要技术发展情况 (250)
- 第三节 人工智能产业的发展情况及应用领域 (251)

第四节　各国对于人工智能的战略布局和政策重点……………（255）
第二十章　延庆区融媒体建设调研报告……………………………（260）
　　第一节　前期融媒体建设存在问题…………………………（261）
　　第二节　明确延庆区媒体融合目标…………………………（261）
　　第三节　确立实现媒体融合目标的途径……………………（262）
　　第四节　明确工作任务………………………………………（265）
　　第五节　具体保障措施………………………………………（269）
　　第六节　有待探讨解决的问题………………………………（272）

国际传媒融合创新借鉴篇

第二十一章　法国报业融合创新报告………………………………（277）
　　第一节　法国报业的发展现况………………………………（277）
　　第二节　法国报业融合创新发展趋势………………………（279）
　　第三节　法国报业融合创新发展实践——以费加罗报业为例……（282）
第二十二章　澳大利亚近期媒体融合概述…………………………（286）
　　第一节　澳大利亚媒体融合的现状…………………………（287）
　　第二节　媒介融合背景下澳大利亚媒体所有权的改革……（291）
　　第三节　澳大利亚媒体融合环境下的法律与道德问题……（292）
第二十三章　美国公共传播运动与媒介融合创新报告……………（296）
　　第一节　公共传播理论基础与历史回顾……………………（296）
　　第二节　公共传播领域的媒介创新革命……………………（297）
　　第三节　交互的创意…………………………………………（300）
　　第四节　故事的反转…………………………………………（303）

参考文献………………………………………………………………（307）

总 报 告

中国传媒融合创新的现状、问题与发展趋势

黄晓新　刘建华　卢剑锋[①]

2014 年,自党中央出台《关于推动传统媒体和新兴媒体融合发展的指导意见》以来,中国传媒融合创新如火如荼,成效显著。习近平总书记擘画的"相加迈向相融,'你是你我是我'变成'你中有我我中有你,你就是我我就是你'"的融合蓝图正一步步得以实现。经过四年的实践探索,2018 年实现了前所未有的大突破,不论是机构改革、政策推动,不论是技术革新、管理创新,不论是渠道打通、平台构建,传媒融合创新呈现出欣欣向荣的景象,涌现了大批标杆式的融合创新案例。我们秉承已有的研究思路与科学方法,对本年度的主要创新举措进行了梳理归纳,聚焦剖析了迫切需要解决的突出问题,评判预测了中国传媒业融合创新的发展趋势。

第一节　中国传媒融合创新现状

经历了多年来媒体融合的顶层设计和实践探索,当前中国传媒融合创新和发展呈现出百花齐放、气象万千的态势。各级媒体都在积极顺应媒体融合规律和移动传播规律,不断挖掘和释放出传统媒体与新兴媒体融合的发展潜力。

[①] 黄晓新,中国新闻出版研究院党委书记、副院长;刘建华,中国新闻出版研究院传媒研究所执行所长、研究员;卢剑锋,中国新闻出版研究院传媒研究所助理研究员。

一、中央为宣传思想工作划重点、提要求，成为媒体融合的方向和指南

中共中央总书记、国家主席、中央军委主席习近平在2018年8月21日至22日召开的全国宣传思想工作会议上发表了重要讲话，对如何做好新形势下宣传思想工作提出了许多新观点和新要求，都涉及对媒体融合的顶层设计，为媒体融合指明了发展方向。习近平指出了完成新形势下宣传思想工作的使命任务的基本要求，而媒体融合的主旨和初衷之一就是更好地完成新形势下党的宣传思想工作和新闻舆论工作，因此，同样是对媒体融合工作的基本要求。正如习近平所指示的，媒体融合工作必须以新时代中国特色社会主义思想和党的十九大精神为指导，媒体融合政策指导部门和相关部门以及各大媒体从业者都必须增强党性意识和政治意识，让媒体融合工作的过程和结果始终坚持正确的政治方向，不仅要做好媒体融合的基础性、战略性工作，在媒体融合深化阶段和攻坚阶段，更要抓住媒体融合的关键和要害来突破目前媒体融合工作的瓶颈和问题，提升工作的效率、质量和水平。

习近平在会议讲话中，还提出了很多媒体融合需要遵循的基本原则和重要职责。媒体融合工作必须坚持党性原则，必须坚持党管媒体，坚持党对意识形态工作的领导权，要着力宣传新时代中国特色社会主义思想和社会主义核心价值观，不断提高新闻舆论传播力、引导力、影响力、公信力。在推动媒体融合创新发展的过程中，时刻勿忘宣传思想和新闻舆论工作的使命和任务，媒体应坚持把受众放在首位，以人民为中心，用事实说话，用典型说话，用媒体的新闻话语讲好中国故事、传播好中国声音。既要积极主动阐释党和政府的路线、方针、政策，将人民的思想和实践凝聚到中国特色社会主义建设上来；又要实实在在为人民反映并推动解决实际问题，为人民创造美好生活，用实际行动提升人民对社会主义意识形态的信心，增强凝聚力和向心力。全国宣传思想工作会议所提出的做好宣传思想工作的根本遵循，实际上也是媒体融合创新工作的根本遵循，必须长期坚持、不断发展。

会上习近平还特别强调，要科学认识网络传播规律，提高用网治网水平，可见中央对媒体融合规律和手段的重视，同时中央也早已提出，在推动媒体融合的同时也要加强对互联网产业的监督管理，优化改善网络环境。媒体融合的

创新发展与宣传思想工作息息相关，媒体融合创新水平直接决定着宣传思想工作的效果，宣传思想工作的使命和职责也是媒体融合创新沿着正确方向前进的保障，媒体融合的深化发展可使主流媒体牢牢主导舆论阵地，使全体人民在理想信念、价值理念、道德观念上紧密团结一致，从而极大助力于宣传思想工作，推动和促进宣传思想工作的顺利进行和目标实现，新闻媒体也能将宣传思想和新闻舆论职能做到更好，为党和国家的事业作出更大的贡献。

二、中央媒体、省级媒体、地市级媒体整合在持续推进

报刊、广电跨媒体融合发展使媒体融合进入新阶段，通过报刊和广播电视资源整合、优化配置，提升竞争优势。2018 年 7 月 19 日，新组建的辽宁日报社、辽宁报刊传媒集团与辽宁广播电视台、辽宁广播电视集团挂牌。据报道，辽宁报刊传媒集团是整合辽宁报业传媒集团等 17 家单位组建，目前是正厅级省委直属事业单位，实行企业化管理；辽宁广播电视集团是整合辽宁广播电视台等 7 家单位组建而成的正厅级省委直属事业单位，同样实行企业化管理。

随着中央三大台和省级媒体的融合重组，地市级媒体也在融合重组方面动作频频，牡丹江新闻传媒集团、中卫市新闻传媒集团、滨州传媒集团、大庆新闻传媒集团等纷纷成立。不仅如此，地市级媒体多是报业集团和广电集团整合，进一步深化媒体融合，深入全面打造全媒体集团。早在 2008 年 7 月，滨州市委、市政府就整合全市广播电视和报业资源组建了滨州传媒集团，旗下有滨州日报、鲁北晚报、滨州人民广播电台、滨州电视台、滨州传媒网等地方主流媒体，是山东首家市级跨媒体集团。2016 年 4 月，由原银川日报社和银川市广播电视台整合组建的银川市新闻传媒集团，正式成立。2018 年 8 月底，由大连报业集团、大连广播电视台、大连京剧院、大连舞美设计中心、团市委宣传教育中心等 11 家单位融合而成的大连新闻传媒集团成立。大连市这次的媒体融合跨界领域更加广泛，不仅涉及广播电视、报业的整合，还集纳了剧院、设计中心、宣传中心等文娱宣传机构，媒体融合的触角和程度更加广泛。2018 年 9 月 29 日，安徽首个市级传媒集团——芜湖传媒集团成立，其由芜湖日报报业集团、芜湖广播电视台组建而成。

这些传媒集团以打造新型主流媒体为目标，将报业、广播、电视等传统媒体与新兴媒体的资源重新整合和优化配置，大大节省运营和人员成本，实现体

制机制、组织架构、采编流程和考核激励再造，推动媒体融合创新走向新阶段。

三、县级融媒体中心建设在全国范围内迅速展开

2018年8月21日至22日，全国宣传思想工作会议在北京召开，习近平发表讲话指出，要扎实抓好县级融媒体中心建设，更好引导群众、服务群众。从2018年上半年开始，在推动县级融媒体中心建设方面，中央进行了重点部署，将建设融媒体中心作为新阶段深化广电体制改革的重点举措，这在一定程度上意味着媒体深度融合的工作重点在地域上和媒体类型上已经愈加深化，地域范围不断拓展和深入地方，媒体层级不断延伸和深入基层，从中央深入到地方，从省以上媒体延伸到基层媒体，覆盖的受众范围更加广泛，将会有更多的人民群众受益。

早在2018年6月，北京市的各区级媒体就已经开始了融合改革，8月份总体工作已基本完成。从目前全国建设县级融媒体中心的经验来看，整合广播电视台、政府网站、报刊、客户端、微信微博等所有区域公共媒体资源是普遍的操作方法。

与此同时，市级融媒体中心的建设也已经开始。2018年8月11日，济南市中区委宣传部联合济南日报报业集团联手打造的市中区融媒体中心正式揭牌。济南市中区融媒体中心将通过整合宣传平台，再造采编编发流程，侧重精品内容生产，设置"五平台—九中心—三库"执行体系，形成覆盖广播、电视、报刊、网络、移动终端等融媒体发展的战略布局，让内容生产更加多元，技术手段更加融合。

从中央媒体到省级媒体，从城市级媒体到市级、县级融媒体中心，融合范围从中央媒体到基层媒体，将不同层面的传统媒体与新兴媒体的资源优化配置，让平台、产品、渠道、技术、人才等深度融合，加强内容的分众传播和精准投放，必将使媒体融合更好地服务各级受众，更好地发挥媒体的舆论引导作用。然而机构组建和空间融合这仅仅是融合的第一步，推动机制、平台、人才、流程、产品等真正融为一体，做到"你中有我、我中有你"，发扬主流媒体内容优势打造全媒体内容精品，占领新媒体战场，巩固和加强党的意识形态和舆论宣传阵地，更好地服务受众、正确地引导舆论，才是后续工作的重中

之重。

四、党和国家机构深化改革将更加有力于促进媒体融合创新和发展

其中，与新闻出版和媒体融合息息相关的改革方案是，组建国家广播电视总局，承担原国家新闻出版广电总局广播电视管理职责；原国家新闻出版广电总局的新闻出版管理职责和电影管理职责划入中宣部，由中宣部统一管理。

新的深化党和国家机构改革方案不仅有助于建立更为科学的国家治理体系，提升国家治理能力，从推动和深化媒体融合的角度而言，也更加明确了部门职能，可使媒体融合工作更加职能明确、更加协同高效。

首先，新闻出版和广播电视在媒体融合的资源分布、渠道优势、人才优势、政策规制、短板劣势、融合阶段和侧重点等都完全不同，通过机构深化改革可以通过不同部门的职能管理，新闻出版和广播电视融合方面的政策法规、改革措施、统筹规划、监管审查等都能更符合产业特点和行业发展情况，更加具有针对性，从而优化党的相关部门的领导职能，健全完善党的相关部门的领导机制，更好地发挥相关部门的作用，从而促进媒体融合工作的有序推进。

其次，新闻出版承担着新闻舆论和思想宣传工作的职责和使命，而电影在宣传思想和文化娱乐方面也有着特殊重要的作用，因此，通过深化机构改革加强对新闻舆论阵地和思想宣传阵地的管理，加强党对新闻舆论和思想宣传工作的统一领导。鉴于媒体融合在新闻舆论和思想宣传工作中的重要作用，在输入输出、"走出去"等对外合作交流中的重要作用，鉴于媒体融合工作必将更好地被统筹规划和督促落实，这必将对推动媒体融合创新发展、提高和深化媒体融合效率效能起到重要的推动作用。

五、建立融合效果指标体系，检验融合实践

随着媒体融合进入深水区，媒体传播形态不断创新，媒体融合对受众产生的实际影响愈来愈被重视，成为检验融合实践探索的重要依据，传媒市场亟需媒体融合产品效果评估的解决方案。

2017年，为了科学评估党报融合发展的进程，客观呈现党报融合传播的现状和水平，人民网研究院研究发布了全国党报融合传播指数报告，设计了一套党报融合传播指数指标体系，2018年进一步完善了该指标体系，并对全国377家党报的融合传播情况进行考察，根据公开、可获取的指标，抓取了2018年1月1日—5月15日全国三级党报报纸、网站、微博、微信、自有新闻客户端、入驻聚合客户端的相关数据。在377家党报中，中央级报纸12家，省级党报33家，地市级党报332家。评估结果显示，全部党报的网站开通率最高，为92.8%；其次为微信公众号，开通率为76.4%；74%的党报建设了自有客户端（APP）；72.7%的党报入驻了聚合新闻客户端；68.7%的党报开通了官方微博账号。中央级报纸除2家没有创办自有APP之外，其他传播渠道的建设率均为100%。省级党报全部创办网站、开通官方微博账号并入驻聚合新闻客户端，微信和自有APP的开通率也都超过90%。地市级党报各个传播渠道的建设率相对较低，除网站建设率超过90%以外，其他各个渠道的建设率均在70%左右。①

2018年6月，央视市场研究（CTR）也发布了首期10家央媒及38家电视台的新媒体传播效果评估体系及评估结果。据报道，CTR还会将CTR媒体融合效果评估体系逐步扩大到广电机构、频率、栏目，包括纸媒在内的所有传统媒体机构，以及推出针对全媒体生态的评估，将所有媒体属性的机构均纳入评估体系。首期发布的10家央媒及38家电视台的网络传播力指标体系采用两级指标评估策略。其中，五大一级指标分别是官微传播力、官方公众号传播力、自有APP传播力、官网传播力以及第三方平台传播力。经过多轮专家研讨，结合CTR专业的媒介研究经验，并在参考最新受众媒介接触习惯调查结果的基础上，网络传播力的评估体系最终将五大指标的权重确定为微博占比18%，微信占比25%，自有APP占比22%，官网占比15%，第三方平台占比20%。在评估体系的数据监测范围方面，首期网络传播力指数涵盖各评估对象在微博、微信上开设的所有主账号及评估周期正常更新的各分账号，自有APP、官网以及在第三方平台入驻的所有账号，包括10家央媒的468个微博账号，424个微信公众账号，83个自有APP，10家官方网站，以及1 563个第三方平台账号；38家电视台的869个微博账号，1 223个微信公众账号，127个自有APP，38家官

---

① 人民网研究院.2018年全国党报融合传播指数报告.新闻与写作，2018（7）：36-40.

方网站，以及 2 954 个第三方平台账号。①

建立融合效果评估指标体系，用权威指标和科学数据来全面客观评估媒体融合工作的发展进程、传播力水平、融合效果、经济社会效益等，从而指导媒体融合实践，对于推动媒体融合创新和深入发展具有重大的借鉴意义和应用价值。当前，更加完善、权威、科学的评估体系亟需建立，如能获取实时监测的评估数据，对推动媒体融合创新工作并建立相应的激励机制，都具有非常重要的指导作用。

六、采编和经营分开成为大多数媒体对融合机制的选择

融合之后的媒体集团在体制机制上经历了一个很长的探索期，现在有个较明朗的趋势是成立专门的经营性的公司，将采编和经营分开，分类扶持，以经营平台支撑内容平台。上海报业集团的整合重组曾受到万众瞩目，也被认为是融合转型的典型和标杆，其在体制机制改革上的成功经验就是将经营业务和整体发展战略的制定和决策都统筹到集团层面，而三大报纸恢复独立法人建制，以采编业务和内容建设为主，提高媒体传播力和影响力为职责。目前，从实践检验上看，这种模式是可行的。之后的省级媒体、地市级媒体在融合体制机制上的探索与上海报业集团有异曲同工之处。

2018 年 2 月 12 日，江西报业传媒集团有限责任公司、江西广电传媒集团有限责任公司揭牌成立。新组建的江西报业传媒集团有限责任公司为省属国有独资文化企业，与江西日报社按照"一个党委、两个机构、一体化运行"的原则，实现采编与经营两分开。集团公司将按照现代企业制度的要求，主要做好产业经营；江西日报社作为公益二类事业法人单位，继续履行党报的新闻宣传和舆论引导职能。新组建的江西广电传媒集团有限责任公司也是如此。

营口新闻传媒中心引进社会资本参与建设经营平台，也值得思考和借鉴。2017 年 6 月，营口广播电视台、营口日报社（晚报社）等媒体职能、机构整合，组建成立营口新闻传媒中心。剥离广告经营、报刊发行、印刷等经营性辅业职能，引进社会资本营口生活传媒广告有限公司为社会资本方参与合作经营，与隶属于营口市国资委的营口新闻媒体有限公司共同出资，成立辽海文化

---

① 央视网.

传媒有限公司,注册资本金为1 000万元,其中政府方实物资产注资400万元,占股比40%;营口生活传媒广告有限公司以现金出资600万元,占股比60%。①

资本的参与可以积极整合各方资源,促进传统媒体在媒体融合上做强做大做优,这是积极顺应传媒出版产业发展规律的重要趋势。从前几年的挂牌上市,到如今与资本公司合作,以基金、金融投资、融资并购等为手段,建立媒体融合的投融资机制,各类媒体纷纷通过资本运作创新媒体融合的空间。当今世界,信息技术的迅猛发展和广泛应用正在引发新闻出版领域的深刻变革,要推进传统媒体和新兴媒体深度融合,全力打好媒体融合攻坚战,加快推动从"相加"向"相融"迈进。要用好用活新媒体,转变思维方式,改进工作惯性,牢固树立互联网思维,更好适应分众化、差异化、移动化的传播趋势,把线上与线下结合起来,把主动与互动结合起来,着力在精准、特色、有效上下功夫。要用灵思创意和工匠精神,倾心竭力打造融媒体精品,使内容优势和传播优势相互促进、相得益彰。

七、媒体智能化已成为媒体融合发展的主要路径

从20世纪90年代起,美国就出现了"计算机协助报道"的新闻,如今"机器人写稿"早已不是什么新鲜事,人工智能现在已经成为传媒业热词。我国传统媒体和新兴媒体也都纷纷研发自己的人工智能平台,今日头条研发的机器人名为xiaomingbot;封面传媒推出了自己的机器人"小封";南方都市报社、凯迪网络和北京大学计算机科学技术研究所联合成立的"智媒体实验室",首个重要成果就是南方都市报的机器人"小南"。

2017年年底,新华社研发出"媒体大脑",通过"媒体大脑"扮演新闻生产基础设施的角色,融合大数据、AI、云计算、物联网等多项技术,让新闻信息生产更为智能化,促进媒体的深度融合、跨界融合,改变媒体行业的生产模式。据报道,"媒体大脑"目前已经发布了覆盖新闻生产、分发、监测、反馈各环节的8项产品和功能,包括:自动采集生产新闻的2410智能媒体生产平台;实时语音识别及自动转写的工具"采蜜",帮助记者提高采访及新闻生产

---

① https://www.jzwcom.com/jzw/46/19453.html.

效能；从图片、视频中识别特定人物身份，特殊标识的图片识别工具；监测新闻信息内容在接近全网 300 万个网站及头部自媒体的传播、版权行为状况；面向未来的新闻信息传播场景的新闻分发，以及基于用户阅读偏好的新闻分发系统；为媒体机构描绘自身用户群体特征、偏好的用户画像服务等。①

传播技术一直是推动媒体融合创新发展的关键因素，技术可以直接优化生产流程和组织结构，提高信息生产和传播的效率。当前，基于大数据、云计算、算法推荐、人工智能等互联网技术的媒体智能化应用，可以实现满足个性化、多元化个人需求的精准推荐与传播，节省用户在繁杂海量信息中选择的时间成本，从而优化用户体验，提升用户黏性，实现了媒体的价值增值。不仅如此，基于海量数据所作的内容定制和增值服务也可以拓展媒体的盈利模式，实现媒体经营多元化。内容数据和用户数据可以通过数据库运营有效变现，用于提供商业信息服务可以实现定制化销售，精准把握用户需求并据此进行推荐，也可以实现传播效果的准确测量。随着媒体智能化的发展，根据用户画像所提供的个性传播、根据用户社交数据所提供的社交传播、根据用户数据所提供的场景服务已成为融合媒体的优势所在。

第二节 中国传媒融合创新的突出问题

2019 年 1 月 25 日，中共中央政治局就全媒体时代和媒体融合发展举行第十二次集体学习。习近平强调，"推动媒体融合发展、建设全媒体成为我们面临的一项紧迫课题。要运用信息革命成果，推动媒体融合向纵深发展，巩固全党全国人民共同思想基础"。习近平对当下媒体融合发展做出了正确的历史判断，"全媒体不断发展，出现了全程媒体、全息媒体、全员媒体、全效媒体，信息无处不在、无所不及、无人不用，舆论生态、媒体格局、传播方式发生深刻变化"。②

近年来，中国传媒融合创新发展成绩显著，但也存在迫切需要解决的突出

---

① http://www.xinhuanet.com/newmedia/2018-06/20/c_1123007785.htm.
② 转引自《中国新闻出版广电报》2019 年 1 月 26 日版。

问题，站在2019年新的历史起点，乘着习近平在中共中央政治局第十二次集体学习讲话的东风，我们需要更加清醒地了解这些问题，从而科学地助推媒体融合创新的未来发展趋势。

随着智能化、网络化、数字化技术不断革新，媒体融合创新的目标与进路日益清晰，媒体管理者、从业者与研究者思考的已不是要不要融合、怎么融合的问题，而是融合创新的传媒形态、传媒角色、传媒功能、传媒生产流通等一系列战略安排与生存发展的问题。当下，传媒融合还不能冲破一些观念与行动上的障碍，融合创新过程进入"温水煮青蛙"的死局，需要我们以前所未有的历史担当、剥开浑沌的无畏精神、大彻大悟的未来智慧，尽快结束融合创新初级阶段的胶着状态，在全新的传媒组织体系基础上，配置合适的传媒制度体系、运行体系、保障体系与评估体系，生产出质优价廉的传媒内容，更好地为党和人民服务。当前，在突破传媒融合初级阶段胶着状态的进程中，存在以下四个迫切需要解决的问题。

一、对"举旗帜、聚民心、育新人、兴文化、展形象"的使命任务认识还不够深入

习近平总书记在全国宣传思想工作会议上强调，"做好新形势下宣传思想工作，必须自觉承担起举旗帜、聚民心、育新人、兴文化、展形象的使命任务"。这"15字"使命任务是传媒的本体所在，是传媒发挥其功能作用的出发点，解决了传媒的政治站位与生存之基的问题。2014年8月18日，《关于推动传统媒体和新兴媒体融合发展的指导意见》揭开了传媒融合创新发展的大幕。在这个征程中，所有媒体"仓啷"一声拔剑而起，融合创新举措此起彼伏，谁也不愿意在融合创新中掉队。然而，在融合过程中普遍遭遇了一些实际操作上的问题，融合创新进程似乎遇到了一个前所未有的瓶颈，全行业融合创新处于一个胶着状态。

究其根源，导致融合创新这一胶着状态的原因是媒体未能充分认识清楚"举旗帜、聚民心、育新人、兴文化、展形象"的使命任务。"举旗帜"解决的是推动当代马克思主义、21世纪马克思主义深入人心，落地生根。"聚民心"解决的是正确舆论导向问题，鼓舞全党全国人民士气，团结一心去实现党中央确定的宏伟目标。"育新人"解决的是培养能够担当民族复兴大任的时代

新人。"兴文化"解决的是建设社会主义文化强国。"展形象"解决的是增强国际传播能力，提高国家文化软实力和中华文化影响力。要完成以上五个方面的使命任务，已有的传媒格局、传播体系及传媒生产流通方式是无法胜任的，需要进行融合创新，构建一个全新的传媒格局、传播体系与传媒生产流通方式，这就需要打造出具有强大传播力、引导力、影响力与公信力的新型主流媒体集团。任何不具备此"四力"、不能在完成"15字"使命任务大业中发挥作用的媒体，必然被淘汰。在当下的融合创新道路上，媒体的动因不一而足，或者是履行上级组织提出的"规定动作"，或者是"赶时髦"贴上技术革新先锋标签，或者是"剑走偏锋"偏重非主营业务，或者是政策跟风"摘苞谷丢桃子"，或者是在新媒体面前缴枪投降无所作为，或者是"挂羊皮卖狗肉"以经济效益换社会效益。殊不知，传媒的本体是以人民为中心的导向，根本原则是党性与人民性的统一，作为一种宣传思想工作，中心环节是统一思想、凝聚力量，为服务党和国家事业全局做出更大贡献。因此，传媒融合创新的最终指向与衡量标准是是否使传媒提升了传播力、引导力、影响力与公信力，以及"四力"的提升是否有利于完成"举旗帜、聚民心、育新人、兴文化、展形象"的使命任务。只有当所有媒体把"15字"使命任务始终作为融合创新的目的指向与评判标准，才会彻底摆脱当下浑沌胶着的融合死局，进入脱胎换骨的传媒格局、传播体系与科学的媒体生产流通新时代。

二、对"智能化网络化数字化"的时代趋势认识还不够深入

媒体发展史就是一部媒介技术革新史。人类发明了书写之后，各种信息承载和传播技术与人类文明史如影随形，人们也在不疾不徐的生活节奏中不断接受并享受媒介技术带来的信息获得与传播权的快乐，接受并享受日益现代化的快速便捷的生活方式。进入21世纪，互联网的快速发展，门户网站、电子邮箱让全世界的人们足不出户就能感受地球另一边的鲜活世界；移动互联网、智能手机的出现，实现了真正的"地球村"；近10年来，微博、微信等社交自媒体的出现，云计算、大数据、区块链等黑科技的迅猛突入，VR/AR技术、智能技术的晴天霹雳，让人们突然觉得无法掌控自己的生活，对自己所生活的世界越来越觉得陌生，唯恐一觉醒来，世界翻天覆地变了样。网络化的生存方式让人们失去了从容思考的时间与空间，微信、Facebook等社会媒体夺去了人们

大量的现实生活交流时间，到处充满了危机感，到处充满了焦虑感，到处充满了空虚感。人们在一波又一波的技术革新与媒体新概念的冲击下，由最初的激情四射、步履匆匆、斗志昂扬，逐渐变得神情呆滞、举步维艰、垂头丧气。"变变变""快快快""强强强"使人们极为紧张，却又颇为无奈。

由是，网络时代、二维码时代、数字时代、云计算时代、3D打印时代、大数据时代、自媒体时代、互联网加时代、区块链时代、VR/AR时代、人工智能时代、黑科技时代、融媒时代、智媒时代、智库媒体时代……这些新概念层出不穷，让人应接不暇。真是应了一句话，站在风口上，猪都能飞起来。于是乎，一些站在传媒浪尖滩头的弄潮儿与舆论领袖，不断地兜售一个又一个新概念，让政府管理者、行业操盘手、学界研究跟随者以及社会公众，去认识、研究并接受这些新概念，没等这些追随者弄清这是怎么一回事后，弄潮儿们换了风口鼓吹又一个新概念。结果是全社会全行业都进入一个技术大爆炸、新概念大爆炸时代，为了追随研究这些新技术新概念，消耗了全社会全行业的大量资源。这些新概念大轰炸导致两个严重后果，一是人们如同关在笼子被不断戏弄的老鼠一样，变得麻木不仁，对一切新技术都毫无兴趣，处于自我放弃境地，在媒体技术革新的时代浪潮中无所作为；一是人们形成了"快鱼吃慢鱼"的定势，认为"变化是唯一不变的东西"，总期待明天又会出现更好更新的技术，从而实现弯道超车、后来居上，这种"毕其功于一役"的想法最终是依然无所作为，传媒融合创新必然停留在隔靴搔痒的境地。因此，我们必须要做减法，把复杂事件简单化，剥开媒体新技术层出不穷的重重迷雾，我们只要抓住"智能化网络化数字化"这个牛鼻子，一切问题都可以获得解决。可以预见，在未来100年，"智能化网络化数字化"就是人类的基本生存方式，我们要紧紧围绕这个轴线，加快传媒融合创新，以全新的媒体格局与传播体系，打造具有强大传播力、引导力、影响力、公信力的新型主流媒体阵地。

三、对"受众在网上"的消费现实认识还不够深入

传媒是一种产品，也是一种商品，好的商品必须是能够让消费者自觉自愿地购买，这样才能真正地入脑入心，产生经济效益与社会效益。在现代营销管理中，以生产者为导向的生产模式逐步演进到以市场为导向、以消费者为导向的生产模式。社会主义国家的新闻传媒，是党和人民的喉舌，所有工作都要以

人民为中心,以正确的舆论导向传播主流意识形态,形成共识,统一思想,凝聚力量。新闻传媒是做人的精神工作的,必须有符合人们精神消费需求的内容产品,才能打动人的心灵,为人们所认可,也才能留住消费者,拥有自己稳定的媒体粉丝群。

不同类型的传媒都有自己的受众范围,拥有固定的消费群体。当然,受众选择何种类型媒介,选择何种类型中的具体媒体,也是变动不居的。据统计,"从产生到拥有5 000万受众的发展规模,报纸用了50年,广播用了38年,电视用了13年,而互联网只用了4年"①。相关数据显示,"2018年3月份,移动互联网用户数已经接近11亿"②。随着5G技术的到来与智能手机的普及,全民移动网民时代已成为现实。习近平总书记指出,人民在哪里,新闻宣传就在哪里,人民上了网,新闻宣传就应该上网。互联网作为人类的一种生存方式已毋庸置疑,消费者通过网络获得工作生活所需要的信息,通过网络进行社会交往,通过网络购物,已成为社会常态。由电商阿里巴巴、京东打造的"双11"日益成为一个全民狂欢节日的事实,凸显了日常消费对网络的极端依赖性,"人民在网上"的消费现实必须引起传媒业的极端重视。只有认识清楚了这一点,才能彻底进行融合创新,以新技术改造传播体系与传媒生产模式,完全进入新媒体主阵地,找回自己的受众群体,更好地为消费者服务,真正彰显自己应有的传播力、引导力、影响力与公信力。

四、对"全媒化复合型专家型"人才的极端重要性认识还不够深入

人才是企业和社会发展的核心因素,是经济社会发展的最大资源与资本。马克思主义所说的"历史是由人民创造的"本质上也是讲人才的不可替代性,"有人就有天下"既是一句大俗话又是一句大实话。习近平总书记指出:"国家发展靠人才,民族振兴靠人才,人才是兴国之本、富民之基、发展之源。"③

---

① 报业"短板"与"数字化"创新. https://wenku.baidu.com/view/c01dbbe9172ded630b1cb6d9. html,2018 - 11 - 19.

② 2018中国移动互联网春季报告:总量逼近11亿. http://www.ebrun.com/20180418/273027.shtml,2018 - 11 - 19.

③ 人才的重要性. 人民网 http://sh.people.com.cn/n2/2018/0403/c375987 - 31420690.html,2018 - 11 - 19.

2018年8月，教育部中宣部《关于提高高校新闻传播人才培养能力 实施卓越新闻传播人才教育培养计划2.0的意见》指出：要"坚持马克思主义新闻观，培养造就一大批具有家国情怀、国际视野的高素质全媒化复合型专家型新闻传播人才"。为此，通过增设20个国家新闻传播融媒体实验教学示范中心，50个新闻传播国家虚拟仿真实验教学项目来实现这一目标。

国家领导人及相关部委对"全媒化复合型专家型"新闻传播人才的高度重视与相关举措，发挥了促进全行业人才快速成长的风向标作用，有利于传统媒体与新兴媒体的融合发展，有利于推动主流媒体尽快到位新媒体主阵地。然而，业界与学界依然对"全媒化复合型专家型"人才上极端重要性的认识不够充分。表现之一是很多媒体热衷于讲概念，融媒体、智媒体、智库媒体等新词不绝于耳，在他们看来，似乎有了技术就可以通吃一切，不能认识到人才的独特性与主导性，传媒是内容产业，再好的技术，如果没有好的人才，也就不能有好的创意，也就难以生产出适销对路满足人们需求的个性化产品。表现之二是高校在培养"全媒化复合型专家型"人才上的结构性缺陷，按照现有的师资力量与课程体系，4年学习毕业的本科生，甚至是再学习2—3年的研究生，离这个要求似乎太远，新闻传播专业的学子陷入无限沮丧迷惘之中，而高校却又无能为力。原因在于，新闻人才的培养，急需学界与业界两方面的深度合作，构建科学完整的结构性教育体系，确保"全媒化复合型专家型"人才的顺利培养。表现之三是媒体没有足够好的待遇留住真正的"全媒化复合型专家型"人才，试想，个体如果没有投入大量的时间、精力与资本，是难以达到这种人才水平的。投入回报应该是均衡合理的，传统主流媒体往往在回报方面有不尽人意之处，最后成了培养"全媒体复合型专家型"人才的"黄埔军校"，这些人才大量流向新媒体，传统主流媒体已有的内容优势势必萎缩，处于恶性循环的万劫不复境地。在传媒融合创新征程中，一个高度重视并积极储备"全媒化复合型专家型"人才的媒体，其融合转型华丽变身的过程不会太长，人才会发挥其无极限的创造性，整合媒体内外资源，不断进行内容创新、技术创新、管理创新、平台创新与渠道创新，快速走出具有自己发展特色的融合创新之路，强力突进新媒体主阵地，成为新型主流媒体，圆满实现"15字"使命任务。

第三节　中国传媒融合创新的发展趋势

传媒融合创新是进行时，没有休止符，需要政策、技术、资本、人才、生产者、消费者共同发力，才能不断推进整个传媒业的转型变脸，以全新的传媒格局、传播体系及生产流通方式履行自己的社会角色并发挥应有的社会作用，为中华民族伟大复兴大业服务。今后一段时间，传媒融合创新定会异彩纷呈，发力各个领域，整体上将朝以下四大趋势迈进。

一、融合创新要极大提高传媒的传播力、引导力、影响力与公信力

传媒融合创新主要是指在传统媒体与新兴媒体融合发展的过程中产生的理念创新、管理创新、技术创新、产品创新与服务创新等，通过不断的创新举措，促使传统主流媒体转型变脸，掌握新媒体阵地中的话语权，有效引导舆论导向，传播主流意识形态，统一认识，凝聚力量，为党和国家各项事业服务。由此可见，融合创新不是对既有媒体的修修补补、苟延残喘，不是"老旦"变戏法表演新技术，不是"脑残"粉丝表忠心喊口号，而应该是在整合资源的基础上促进传统媒体进行革命性的转型。融合转型成功的唯一标准是看媒体是否具备了传播力、引导力、影响力与公信力。要成为一个有较强传播力、引导力、影响力与公信力的新型主流媒体，一是要"变血变基因"，加快建设新媒体技术基础设施，用新媒体技术血液与基因完全替代传统媒体血液与基因，这方面的成功案例如脱胎于《东方早报》的澎湃新闻。澎湃的整个结构体系灌注了新的血液和基因，彻底摆脱了旧有的生产理念与生产模式的羁绊，成为全国首屈一指的现象级融合转型媒体样板。二是要"变脸变灵魂"，加快采编人才与经营管理人才的换代更替，引进并培养全媒化复合型专家型人才，"一代新人换旧人""长江后浪推前浪"，让新时代的年轻人快速准确进入合适的社会岗位，以全新的脸孔狂热的灵魂充实采编人才队伍，利用智能化、网络化、数字化的先进技术，不断推出有时代温度、有政治态度、有社会深度的报道，引领时代风潮，引导公众行为，引发人民信赖，服务党和国家各项事业，满足人民

群众美好的精神生活需求。三是要"变形态变市场",融合创新后的媒体形态应该是"阳光媒体",如同阳光是由红、橙、黄、绿、青、蓝、紫七色光融合而成一样,"阳光媒体"也具备随时呈现报纸、期刊、图书、广播电视、视频、新媒体等不同形态产品的能力,只要有某种形态产品的需求,个性化定制产品便会随时奉上,不造成任何资源浪费。未来市场必然在网络,移动互联网的生存方式是不可阻挡的历史潮流,并将持续很长时间,融合转型后的媒体市场也必然在网上,要以信息服务为主导,同时打造平台型媒体,满足网络多元生活需求,紧紧黏附受众。

二、融合创新要构建国家、省市、县区三级贯通的"传媒电网"体系

传媒融合创新的关键在于体制机制改革下的机构融合,在组织形式上整合相关实体,构建资源共享的新型媒体组织。在这方面,2018年的改革力度前所未有,实现了深层次的突破。在国家级层面,根据中共中央的《深化党和国家机构改革方案》,把中央电视台、中央人民广播电台、中国国际广播电台三台合并,组建中央广播电视总台,在总台"三定"方案中,25个中心有3个新媒体中心,分别是融合发展中心、新闻新媒体中心、视听新媒体中心,总台在融合转型中的改革决心很彻底,改革力度空前。在省市级层面,早在2013年,上海整合了解放日报集团、新民文汇集团及一些出版社,组建上海报业集团,旗下有20多个报刊、2家出版社、10家网站、18个APP应用、50多个微信公众号,全力挺进新媒体,拥有现象级新媒体"澎湃新闻"和"上观新闻",成为传统主流媒体融合创新转型变脸的标杆。2018年7月,辽宁整合报业传媒集团等17家单位组建辽宁报刊传媒集团,通过机制改革推动深度融合。2018年8月,大连报业集团、大连广播电视台、大连京剧院等11家单位实现融合,组建大连新闻传媒集团。2018年11月,天津几乎所有的传统媒体将进行整合,成立天津海河传媒中心。至此,省市级层面媒体融合达到了前所未有的高峰。在县区级层面,习近平总书记在"8.21"宣传思想工作会议上指出:"要扎实抓好县级融媒体中心建设。"2018年11月14日中央深改委第五次会议通过的《关于加强县级融媒体中心建设的意见》指出:"要深化机构、人事、财政、薪酬等方面改革,调整优化媒体布局,推进融合发展,不断提高县级媒体传播

力、引导力、影响力。"总体来看，传媒深度融合已在国家、省市、县区三个层级全面展开，但是，这还只是初级阶段的第一步，还只是浅层次物理意义上的机构改革。真正深层次的化学意义上的机构改革应该是以融合为契机，全面贯通国家、省市、县区三个层面的架构体系，构建全国性"传媒电网"。如同国家电网一样，所有发电站发出的电，不论强弱，只要并入这个大网中，就会以统一标准的电压，进入千家万户，进入工厂企业，为社会生产生活建设服务。在"传媒电网"中，三大层面的媒体既是信息的采撷者与生产者，又是信息的整合者与传播者，都发挥着上情下达与下情上达的信息枢纽作用，这些大大小小的媒体，如同触角一般布满社会的各个角落，监测传达与引导社会舆情，把有利舆情与不利舆情随时上达给政府管理者，有利于决策者进行主动的舆情干预和引导，使有利舆情长起、不利舆情消落，以维持社会稳定。同时，各个层级的媒体及时传播从中央到地方各级政府的政策规定，有效传播社会主义主流意识形态，统一认识，凝聚力量。在"传媒电网"中，不同级别不同区域不同行业的信息只要一并网，就会分门别类汇聚在相关主题下，放大信息原有价值与意义，成为全社会共同关心的话题，产生无极限的产品形态，以特殊的传播力、引导力、影响力与公信力，影响广大受众，满足网络时代人民群众无极限的个性化、碎片化、多元化精神需求，促进党和国家各项事业的顺利开展。

三、融合创新要大刀阔斧撤并现有"传媒番号"，全面进入新媒体主阵地

智能化、网络化、数字化技术时代，媒体资源无限扩大，可以说是取之不尽、用之不竭。原有的报刊号、书号、频率、频道、卫星等不再是稀缺资源，这些已有的报刊广播电视等传统媒体在新媒体的冲击下，生存都岌岌可危，更遑论传播力、引导力、影响力与公信力了，处于可有可无的尴尬境地。当下中国，有近2000种报纸，1万多种期刊，500多家出版社，以及分布在各个行政区域各个行业的大大小小的广播电视台，这些存量资源到了该做减法的时候。2014—2017这三年，报纸陆续关停并转了30多家这个事实，也说明了这一点。2018年11月传言成立的天津海河传媒中心，实现了"播、视、报、网"的全媒体融合，天津日报社（天津日报报业集团）、今晚报社（今晚传媒集团）、天津广播电视台等重要媒体将取消"番号"。如果消息属实，作为省级党媒的

天津日报、天津广播电视台将成为中国传媒融合转型中的第一个"吃螃蟹者",具有历史标杆意义。总体而言,在政策、技术、资本、市场的多边压力下,现有媒体如果还是采取"抱团取暖"的办法,把大大小小的小舢板捆成一个物理意义上的"航空母舰"的话,只需小小风浪,必定土崩瓦解,沉于大海。比较彻底的办法就是大刀阔斧撤并现有"传媒番号",轻装上阵,打造新型主流媒体集团,抓住融合转型的历史机遇,快速挺进新媒体主阵地,掌握新媒体传播话语权。

四、融合创新要致力于创建全球网络空间命运共同体

在2015年12月16日的第二届世界互联网大会开幕式上,习近平总书记提出了全球网络空间命运共同体的中国方案:一是要推动互联网全球治理体系改革;二是要尊重网络主权;三是要实施全球网络基础设施建设互联互通。在"8.21"全国宣传思想工作会议上,习近平总书记强调,要使互联网这个最大变量变成事业发展的最大增量。《人民日报》副总编辑卢新宁撰文指出,要让互联网这个最大变量成为最大增量,主流媒体要处理好"技术驱动"与"价值引领"、"内容定力"与"内容魅力"、"平台创新"与"生态优化"这三对关系。以上阐述突出强调一点,即互联网生存包罗万象,任何人与物都无法置身于互联网之外。传媒融合创新与转型变脸能否成功,看是否有利于创建全球网络空间命运共同体;是否在全球互联网空间占据中国传媒应有的方位;是否能够建立互联网空间新型媒体治理体系,以强有力的组织体系、制度体系、运行体系、保障体系与评估体系为中国媒体保驾护航;是否具备一定的全球网络传播力、引导力、影响力与公信力,掌握应有的网络话语权,捍卫自己的网络主权;是否能利用好互联互通的全球网络基础设施,讲好中国故事,传播好中国声音。通过不断的传媒融合创新,加快中国传媒的转型变脸,建设新型主流媒体集团,占据全球互联网空间阵地要塞,做好国内国际两个市场的信息传播与舆情监测,应对国际传媒挑战,让世界人民能够听到并听清中国声音。在全球互联网空间命运共同体这个场域中,中国媒体越是掌握了话语权,越是彰显了自己的声音,就越能够打破垄断,中国媒体就越拥有自主性,从而使这个全球网络场域的语言越具有科学性,如此,全球网络空间命运共同体便会遵循"是非"逻辑,而非"敌友"逻辑。所有这一切的实现,都依赖于中国传媒融合创新与转型变脸的成功与否。

内容融合创新篇

第一章　凤凰涅槃：凤凰传媒内容融合创新研究

吴　琼[①]

江苏凤凰传媒股份有限公司[②]成立于2004年3月17日，历经14载的风雨征程，业已成为全国最具影响力、规模最大的出版发行企业之一，是我国目前唯一同时入选沪深300和上证180两大指数样本股的传媒类公司。该公司或全资或控股公司总计209家，参股公司15家，含出版机构20余家，其中6家出版社为国家一级出版社并位列百家出版社之内，拥有销售网点1066个，总面积愈80万平方米。2017年凤凰传媒成功入选"中国文化企业品牌价值TOP50"，其以55.44亿元位列品牌价值排行榜11位，为新闻出版类企业中的NO.1（见表1-1），已然成为互联网时代完成自我救赎的翘楚。[③] 由此，分析凤凰传媒背后的商业逻辑，破解其逆潮而上的"达·芬奇密码"十分必要，极具理论价值和现实指导意义。

第一节　"书比天大"：凤凰传媒核心竞争力的升级与突破

互联网时代要求企业经营思维由"产品为主导"转为"消费者为主导"，

[①] 吴琼，安徽财经大学文学院新闻传播系主任，副教授；南京大学历史学院中国史专业2017级博士研究生，研究方向：传播与出版。

[②] 简称"凤凰传媒"。

[③] 凤凰出版传媒股份有限公司简介. 中国新闻出版广电报，2018-5-20. http://www.ppm.cn/Html/Article/338/.

以"服务主导逻辑"(Service-Dominant logic)[①]为指导进行转型升级。融合,融的是理念和思路,合的是技术和路径,既可以是技术融合,亦可以是内容融合,更可以是理念融合。面对震荡的出版市场,凤凰传媒"守正创新"的积极思考突破"旧"思维的"新"逻辑,一切以消费者利益为旨归,"以'用户'与'服务'为基本点"[②]。凤凰传媒的融合之径,并未割裂技术、内容、理念三者之间的关联,而是将三者有机结合,以理念融合为基,以内容融合为核,以技术融合为径,"媒介融合的产品生产及其结果,就代表着媒介融合思考及其实践的所有意义"[③]。

表1-1 2017中国文化企业品牌价值TOP50(前36)

排名	企业名称	品牌价值	排名	企业名称	品牌价值
1	腾讯	281 470.49	19	畅游	2 759.35
2	网易	61 438.49	20	奥飞娱乐	2 606.77
3	华侨城	33 482.19	21	中文传媒	2 563.80
4	百度	29 568.91	22	光线传媒	1 667.04
5	东方明珠	14 527.71	23	江苏有线	1 652.10
6	老凤祥	8 444.99	24	浙数文化	1 426.77
7	欢聚时代	7 913.28	25	华强方特	1 422.91
8	华谊兄弟	7 238.19	26	掌趣科技	1 391.44
9	宋城演艺	6 569.32	27	歌华有线	1 197.01
10	分众传媒	5 941.63	28	保利文化	1 151.41
11	凤凰传媒	5 544.34	29	游族网络	1 119.43
12	完美世界	4 944.47	30	皖新传媒	1 066.95
13	万达电影	4 915.60	31	大地传媒	989.74
14	中南传媒	4 236.94	32	文投控股	971.08
15	巨人网络	4 163.51	33	科大讯飞	921.52
16	华闻传媒	3 199.95	34	吉视传媒	788.68
17	三七互娱	3 186.21	35	华数传媒	780.68
18	中国电影	3 159.06	36	新华网	754.99

资料来源:《2017中国文化企业品牌价值TOP50榜单在京发布》,http://www.ce.cn/culture/gd/201712/29/t20171229_27494117.shtml,表中"品牌价值"单位为"百万元"。

[①] Stephen L. Vargo & Robert F. Lusch. Evolving to a new dominant logic for marketing. Journal of Marketing Vol. 68, January 2004:1-17.

[②] 曹继东. 融媒体时代出版媒介融合发展的多元路径选择. 图书情报工作,2014,(6):260.

[③] 黄旦,李暄. 从业态转向社会形态:媒介融合再理解. 现代传播,2016,(1):14.

凤凰传媒董事长张健康认为："书比天大。作为一家主业'做书'的企业，坚持有价值的内容生产和内容服务是我们（凤凰传媒）始终坚持的理念。"①出版传媒究其本质乃为内容产制与传播，其不仅要为社会公众提供所"需要"的"内容产品"，更需要为文化强国建设、和谐社会建设提供有效支撑，"传媒是进行精神产品生产的行业，'内容为王'依然是王道"②。2014年10月，习近平总书记提出文艺工作者要"创作生产出无愧于我们这个伟大民族、伟大时代的优秀作品"③。2014年至今，凤凰传媒已然成为社会主义核心价值观与习总书记文艺座谈会讲话精神的伟大实践者，其盈利不忘文化、不忘社会责任，在保证经济效益的同时充分注重社会效益，先后出版了大量精品图书，好评如潮。例如，国家广播电视总局新广发（2018）1号文件《关于第四届中国出版政府奖表彰决定》表彰名单显示凤凰传媒共获图书奖2种，占全部57种的3.51%，分别为《童眸》与《李太白全集校注》；图书提名奖5种，分别为《中国美学通史》《世界现代化历程》《食品高效优质干燥技术》《陈从周全集》《外国文学学术史研究》；并且《长城——中国的故事》《侠客风云传》《东方娃娃》《学而不厌》分别获得音像制品提名奖、网络出版物提名奖、期刊提名奖、装帧设计奖，其中《长城——中国的故事》还获得印刷复制奖；并有顾爱彬、王泳波、张在健、曹志强四人获得出版人物奖，占总数比例的5.97%。④

李克强总理将"全民阅读"连续五年写入国务院《政府工作报告》。2015年十八届五中全会将该主张列为"十三五"时期的重要工作。2016年国家新闻出版广电总局发布的《全民阅读"十三五"时期发展规划》中着重规划了时期内全民阅读的十项任务。⑤2017年《江苏省全民阅读"十三五"发展规划》提出至2020年江苏将建成与小康社会相适应的全民阅读推广服务体系，

---

① 张建康董事长：书比天大．http：//www.ppm.cn/Html/Article/8517．
② 黄晓新，刘建华，卢剑锋．中国传媒融合创新研究（2015—2016）．中国书籍出版社，2017：253．
③ 习近平．在文艺工作座谈会上的讲话．http：//www.xinhuanet.com/politics/2015-10/14/c_1116825558.htm．
④ 关于第四届中国出版政府奖表彰决定．http：//www.gapp.gov.cn/sapprft/contents/6588/357604.shtml．
⑤ 国家新闻出版广电总局．关于印发《全民阅读"十三五"时期发展规划》的通知．http：//www.sapprft.gov.cn/sapprft/contents/6588/311617.shtml．

全省居民综合阅读率达到90%，提升人民群众的科学文化素质和精神文明素养。① 2017年《政府工作报告》将"倡导"全民阅读改为"大力推进"全民阅读，而2018年《政府工作报告》将"建设书香社会"更易为"建设学习型社会"。此二更易既是"倡导全民阅读，建设书香社会"的继承和发展，更为全国全民阅读推广工作指明了新方向。凤凰传媒子集团江苏凤凰新华书业股份有限公司旗下的1 721家书店已经成为"倡导全民阅读，建设书香社会"与"倡导全民阅读，建设学习型社会"的重要力量，其在"书香城市、书香乡镇、书香乡村、书香机关、书香校园、书香家庭、书香军营"② 建设中居功至伟，魅力超凡。2018年1月至7月凤凰传媒积极参与、举办各类文化建设活动66次，涵盖新疆克州、江宁、连云港、常州、丰县、灌南、通州、洪泽、金湖、阜宁、兴化、淮安、南通、建湖、宿迁、响水、无锡、盐城、金坛、沛县、泗阳、句容、苏州等地区，而其活动更是精彩纷呈，支教支农、书香监狱、书香社区、文化惠民、读书月、读书周等精彩纷呈。"互联网+出版"要求传统出版业必须转变思维与逻辑，不仅为消费者提供产品或服务，更应该充分利用"消费者洞察力"和"同理心"深入了解消费者的"问题"，并积极探索满足消费者需求和解决消费者问题的路径。2018年6月16日，南京新华书店携手美乐英语独树一帜地举办了一场"书店+夜宿+体验"的夜宿书店活动。活动当天精选的27组家庭在父亲的陪伴下跟随英语教师深入了解中国传统节日端午节的由来，而且书店还为参加者提供DIY粽子、帐篷等。6月17日，新街口旗舰店为小朋友提供了一次亲身体验图书的机缘，活动中小朋友被赋予"小小图书管理员"的角色，他们不仅可以免费阅读自己喜欢的绘本故事，更可以参与图书整理等工作。③

融合是一般意义的收敛④，更是"人化"的构建。虽说融合的路径和方法是多元的，并无章据可循，但其文化基元的"本"却不容更易，"皮之不存，

---

① 江苏省全民阅读活动领导小组. 关于印〈发江苏省"十三五"全民阅读发展规划〉的通知. http：//jsxwcbgdj. jiangsu. gov. cn/art/2017/4/1/art_5629_1049038. html.
② 江苏省全民阅读活动领导小组. 关于印发《江苏省"十三五"全民阅读发展规划》的通知. http：//jsxwcbgdj. jiangsu. gov. cn/art/2017/4/1/art_5629_1049038. html.
③ 南京新华书店首次开展"夜宿书店"亲子活动. http：//www. ppm. cn/Html/Article/8951/.
④ Gunnar Liestol, Andrew Morrison and Terje Rasmussen. Digital Media Revisited：Theoretical and Conceptual Innovations in Digital Domains. Massachusetts：MIT Press，2003：297.

毛将焉附"，毕竟出版是核心，阅读是基础，盈利是保障，否则就会成为"治标"非"治本"之策。"文化 Mall 的修炼当以书籍为核心的文化之魂为'气'，以关联商品为卖点的多元业态为'皮'。"① 融合的最终目的和落脚点是在保证经济效益的同时，实现其文化塑造、公益传播、文明传承、价值培育等社会效益，"产生一加一大于二的效益"②。

第二节 "文化+X"：内容融合经营逻辑的创新与重构

融合"是指出版媒介形式、形态、业态之间的互相渗透、互相影响和互相融合，是全方位融合、全媒体融合"③。引入"文化+X"综合与多元经营模式乃为出版业救赎的"治本"之策。融合的真正意义不是执迷于快速的获取财富与利益，而在于一种有灵魂的存在。凤凰传媒独具慧眼的选择了理念融合这一利器来塑形其超凡的"神性"。凤凰传媒的内容融合并非内容的简单叠加，而是各内容之间相辅相成，有机契合与交融。这就需要经营者从顶层设计优化、再定位生产者、内容产制重构、互联网基因培育、技术应用创新等方面进行考量。④

互联网解构传统产业的同时，新零售已经悄然来临。新零售意即以消费者体验为中心的数据驱动泛零售状态。其核心要义为线上（on the line）与线下（off the line）进程一体化，进而形成互联网与实体终端互为促进、彼此交融的合力，最终完成实体终端和电商平台商业维度上的优化与升级。⑤ 出版业必须具备"+X"思维以应对新零售所带来的机遇与挑战。"+X"不是基于图书的销售利润而是基于总体消费升级的态势以及阅读与理想生活的密切相关性进行

---

① 方卿等. 实体书店的生存与发展——国外"文化+书店"的启示. 科技与出版, 2015（12）: 17.
② 黄旦, 李暄. 从业态转向社会形态: 媒介融合再理解. 现代传播, 2016（1）: 14.
③ 曹继东. 融媒体时代出版媒介融合发展的多元路径选择. 图书情报工作, 2014（6）: 260.
④ 严三九. 中国传统媒体与新兴媒体内容融合发展研究. 新闻与传播研究, 2017（3）: 101.
⑤ 黄志申. 图书新零售: 一场"个性化+体验"的自我升级与突破. 中国出版, 2018（4）: 3-6.

考量。①"出版+X"就是说以出版为内核（core），将赢利点扩展到出版及文化产品的外围，通过其他"货币流"②的引入增加经济效益的同时增加社会效益。目前，凤凰传媒已经形成"出版+影视传播""出版+文化酒店""出版+文化地产""出版+金融投资""出版+艺术品经营"等综合产业生态圈，智慧教育、影视、职业教育、云计算、大数据、游戏、娱乐等产业一应俱全。出版"是盈利网络空间，而非线性排列。每一种盈利网络在价值和符码上相互渗透融合，呈现叠加的存在状态"③。凤凰传媒的产业模式和经营模式颇受称道，近年来经营业绩屡获增加（见表1-2），已经成为互联网时代与新零售时期传统出版成功转型与升级的代表。

表1-2 13家出版公司（上市）2017年经济效益统计表

序号	企业名称	营业收入（亿元）	增战率（%）	净利润（亿元）	增长率（%）
1	中文传媒	133.06	4.51	14.52	13.46
2	长江传媒	112.32	-18.86	6.34	5.19
3	凤凰传媒	110.50	4.78	12.11	0.11
4	中南传媒	103.60	-6.70	16.13	-15.12
5	山东出版	89.01	10.79	13.59	29.74
6	中原传媒	81.74	3.61	7.00	4.32
7	时代出版	66.07	-2.37	3.04	-25.03
8	南方传媒	52.51	6.18	6.50	29.31
9	中国出版	46.79	12.99	5.26	-7.96
10	中国科传	20.22	11.85	3.60	26.36
11	城市传媒	19.69	11.03	3.32	19.06
12	出版传媒	19.31	10.04	1.61	19.57
13	读者传媒	7.90	5.18	0.71	-11.01

资料来源：朱伟峰所作《上市公司经营状况研究分析 出版企业高质量发展见微知著》，载于《中国新闻出版广电报》，http://data.chinaxwcb.com/epaper2018/epaper/d6764/d3b/201806/88171.html。

营销3.0要求传统出版业不仅要转型与升级，更应该着陆于读者至上、人

---

① 付国帅. "书+X"：实体书店复合式经营发展新路径. 出版广角, 2018 (5)：55-57.
② 王炎龙, 吕海. 基于空间生产视角的实体书店转型探究. 中国出版, 2016 (4)：23-24.
③ 吴琼, 朱松林. 基于4A营销视角下的实体书店创新转型研究——以安徽地区实体书店创新为例. 编辑学刊, 2017 (5)：104.

文精神至上。① 凤凰传媒的整个产业生态圈以"文化"为内核,并以"文化"为媒对其他相关产业进行"意义赋值",效益斐然(见表1-3)。例如,苏州凤凰广场不做卖场,而作文化综合体(Mall)。2017年7月至8月凤凰广场利用暑假时机推出暑期营销活动和体验活动,其中包括"凤凰儿童成长体验营""夜宿凤凰书城""朗读者计划""江苏书展之旅""开笔礼"等文化活动49场。另外凤凰广场还举办"凤凰悦读·书道"系列讲座10场,此活动直接吸引2 000余人次参加,亲子家庭700组。实践证明,苏州凤凰广场此举极为成功,活动期间广场总人流量达到70万人次,同比增加16.3%,广场营业额则为2 738.17万元,同比增加16.7%。②

表1-3 13家出版公司(上市)基础业务(出版、发行、印刷)经营状况表

序号	公司名称	占公司应收比例(%)	增长率(%)	占比较上年增减(百分点)
1	城市传媒	96.36	11.10	-0.16
2	凤凰传媒	89.44	6.29	0.45
3	中国出版	83.98	10.36	-2.01
4	中南传媒	81.39	-3.49	-1.48
5	南方传媒	77.52	14.98	2.59
6	山东出版	74.71	15.33	2.94
7	出版传媒	73.90	8.67	-3.82
8	中原传媒	71.51	9.02	2.10
9	读者传媒	63.61	-0.88	-3.81
10	中国科传	50.40	7.06	-2.25
11	中文传媒	46.39	9.58	1.96
12	长江传媒	36.67	6.51	7.72
13	时代传媒	30.48	6.38	2.51

资料来源:朱伟峰所作《上市公司经营状况研究分析 出版企业高质量发展见微知著》,载于《中国新闻出版广电报》,http://data.chinaxwcb.com/epaper2018/epaper/d6764/d3b/201806/88171.html。

2017年,出版、发行、印刷等核心主业仍是出版传媒上市企业的主要收入

---

① 时晨,吴琼.结构变革与价值共创:日本中小型书店的生存之道.编辑之友,2017(06):106-107.
② 苏州凤凰广场59场暑期活动提升文化MALL人气.http://www.ppm.cn/Html/Article/8679/(2017-9-7).

来源，发展稳健。① 13家出版上市公司出版主业务收入增长7.13%，超过整体营业收入0.19%的增速，平均资产收益率增加稳定（见表1-4）。13家出版上市公司出版主业务收入占营业收入比例平均为65.92%，同比增加3%。② 其中凤凰传媒出版主业务总收入的89.44%，同比增加6.29%，位列13家出版上市公司第二位。麦克卢汉认为"媒介即讯息"③，网络媒介的飞速发展极大影响了社会公众的生活形态和生活轨迹。网络媒介带来的直接影响是读者不再将知识获取与文献搜索作为书籍消费的唯一目的，而是更加关注如何汲取解决问题的信息内容，并将这些信息动态重组为"问题"的"解决方案"。

时下，不再基于理性经济计算的消费者更加关注的是"感知的成本"与"感知的利益"之间的差值。④ 消费者与传媒企业的关系一定是消费者和传媒获得与投入的"公允价值"。"价值主导的营销3.0"⑤ 时代，传媒企业不能再视消费者为被动的顾客，而是具备独立思想、独立人格、独立精神的主动个体。因此，每个经营细节均应实现价值赋予，升级消费者的让渡价值。⑥ "阅读是带有私人印记的，没有最好，只有最适合的，所谓众口难调……有口碑、有市场、有影响，能够产生社会效益和经济效益。"⑦ 张健康如是说。布尔迪厄之"场域理论"说："一个场域可以被定义为在各种位置之间存在的客观关系的一个网络（network），或一个构型（configuration）。"⑧ 身处转型升级中的凤凰传媒不仅要适应"场域"的要求，更应做到别具一格、独具特色（USP）。媒介融合"要加以拓展，从媒介机构的内容生产链条往外拉，延伸到社会接收或者消费这一环节，放大到整个产业文化形态"。凤凰传媒所选择的"文化+X"

---

① 李薇. 中国出版业资本运作大年——2017中国出版传媒企业上市回顾. 出版广角，2018，2月下：29.

② 朱伟峰. 上市公司经营状况研究分析　出版企业高质量发展见微知著. 中国新闻出版广电报，2018-6-19. http://data.chinaxwcb.com/epaper2018/epaper/d6764/d3b/201806/88171.html（2018-6-5）.

③ [加] 马歇尔·麦克卢汉. 理解媒介——论人的延伸. 何道宽译. 北京：商务印书馆，2004：33.

④ 吴琼. 基于4R营销视角的日本实体书店经营策略研究. 出版科学，2017（6）：79.

⑤ Bourdieu P. *The Logic of Practice*. R. Nice，Trans. Stanford University Press，1990：61.

⑥ 吴琼，时晨. 日本实体书店走出困境的路径研究. 编辑之友，2015（11）：109-112.

⑦ 张建康董事长：书比天大. 2018-6-26. http://www.ppm.cn/Html/Article/8517/（2017-5-4）.

⑧ [法] 布尔迪厄，华康德. 实践与反思——反思社会学导引. 李猛，李康译. 北京：中央编译出版社，1998：134.

路径,能有效和读者"关联"(Relevance)①,其"人文性价值"并未被"工具性价值"所僭越,消费者在此不仅可以购买到自己心仪的书品(Product),更可体会到作为"灵魂栖居"的精神与价值。②

表1-4 中国内地上市的出版公司平均资产收益率

排名	公司名称	股票简称	股票类型	收益率
1	山东出版传媒股份有限公司	山东出版	上证A股	19.70
2	青岛城市传媒股份有限公司	城市传媒	上证A股	14.84
3	南方出版传媒股份有限公司	南方传媒	上证A股	13.90
4	中国科技出版传媒股份有限公司	中国科传	上证A股	13.36
5	中文天地出版传媒股份有限公司	中文传媒	上证A股	12.30
6	中南出版传媒集团股份有限公司	中南传媒	上证A股	11.85
7	长江出版传媒股份有限公司	长江传媒	上证A股	10.67
8	中原大地传媒股份有限公司	中原传媒	上证A股	10.08
9	江苏凤凰出版传媒股份有限公司	凤凰传媒	上证A股	9.51
10	中国出版传媒股份有限公司	中国出版	上证A股	8.99
11	北方联合出版传媒(集团)股份有限公司	出版传媒	上证A股	8.12
12	时代出版传媒股份有限公司	时代出版	上证A股	6.05
13	读者出版传媒股份有限公司	读者传媒	上证A股	4.15

资料来源:《2017年新闻出版产业分析报告:出版传媒上市公司分析》,http://www.chuban.cc/yw/201807/t20180730_179162.html.

第三节 借鉴价值:此山之石,可以攻玉

正如彼得·德鲁克(Peter F. Drucker)所云:"身处动荡时代,最大危险不是动荡,而是依照过去逻辑做事。"③凤凰传媒在激烈的市场竞争中紧跟媒介融

---

① 21世纪伊始,美国著名营销学者艾略特·艾登伯格在其《4R营销》中基于唐·舒尔茨4C营销理论提出新的4R营销组合理论,其中4R分别指代Relevance(关联)、Reaction(反应)、Relationship(关系)和Reward(回报)。该营销理论的核心是"关系",其核心思想是企业要想在现代竞争中获得一席之地,须与顾客建立一种新型的主动关系——利益共同体。资料来源:[美]艾略特·艾登伯格. 4R营销(第2版),文武,穆蕊,蒋洁译. 北京:企业管理出版社,2006.
② 朱松林. 用户观念推动传统出版与新兴媒体融合:前提和路径. 编辑之友,2015(6):18-22.
③ Peter F. Drucker. *Managing in Turbulent Times*. Harper Business,2006:10.

合大潮，以内容融合为桨，积极进行经营模式解构和重建，硬是在"红海"市场中厮杀出一涡"蓝湾"。凤凰传媒的成功经验极具参考价值和借鉴意义。

一、加强党的领导，坚持正确的政治方向

国家新闻出版广电总局2017年9月印发的《新闻出版广播影视"十三五"发展规划》指出："正确的政治方向是新闻出版广播影视工作的灵魂和统帅。"[1] 出版业需要肩负"高举旗帜、引领导向、围绕中心、服务大局、团结人民、鼓舞士气、成风化人、凝心聚力、澄清谬误、明辨是非、联接中外、沟通世界"[2] 的历史使命。并且"新闻出版广播影视的一切工作都要坚持党性原则，体现党的意志、反映党的主张，维护党中央的权威、维护党的团结，在思想上、政治上、行动上同党中央保持高度一致，做到爱党、护党、为党"[3]。研析凤凰传媒的"涅磐"之径，可发现加强党的领导，坚持正确的政治方向是根因之一。例如，2016年1月至1017年12月，凤凰传媒及其子集团分别举办了"党章党纪党规知识测试活动"[4]、"重温抗战历史，缅怀革命先烈"[5] 等主题活动，涵盖了洪泽、苏州、南京、通州、姜堰、句容、盐城、常州、灌云、泰兴、常州、宿迁等地区。通过主题活动，使党的领导深入人心，为自己培养了大量政治立场坚定的专门化、复合型人才。

二、内容为王、质量第一，产制优秀文化产品

消费者在文化产品消费时，其更加关注的是文化产品的核心价值。[6] 内容

---

[1] 新闻出版广播影视"十三五"发展规划. 2018-6-19. http://www.sohu.com/a/195178581_160257.

[2] 新闻出版广播影视"十三五"发展规划. 2018-6-19. http://www.sohu.com/a/195178581_160257.

[3] 新闻出版广播影视"十三五"发展规划. 2018-6-19. http://www.sohu.com/a/195178581_160257.

[4] 洪泽新华书店举行在职党员党章党纪党规知识测试活动. 2018-6-26. http://www.ppm.cn/Html/Article/7940/ (2016-1-16).

[5] 凤凰传媒物流分公司党支部开展"重温抗战历史，缅怀革命先烈"活动. 2018-6-26. http://www.ppm.cn/Html/Article/8172/ (2016-6-27).

[6] 吴琼. 基于"实体书店+"视角的日本实体书店经营策略研究. 科技与出版, 2016, (12): 113.

融合的本质属性不在于渠道（Place）的整合，而在于内容为王，质量第一，以文化精品满足消费者的需求。2017年，各出版公司围绕党的十九大、改革开放40周年、建党百年坚持内容为王，纷纷推出彰显主流价值、弘扬时代精神的高质量文化产品，其中凤凰传媒的《党章知识选粹》颇具代表性。[1] 媒介是社会文化传承的基元，凤凰传媒文化传承方面表现卓绝，已经成为知识普及、民智培育、文化传承的重要力量。例如，2017年凤凰出版社重点出版的《南京古旧地图集》系"两岸"学者合力完成的国家古籍专项项目成果，该书主编为南京大学历史学院胡阿祥教授[2]。此《图集》史料翔实、深入浅出、图文并茂，能为读者提供南京社会发展、历史变迁、文化传承的全景呈现。此书一经出版，顿时引起极大社会反响，先后获得2017年"苏版好书"与2018年"南京最美图书"称号。[3] 不仅如此，凤凰传媒着力教科书出版，"凤凰教材"目前已经成为公司的重点品牌和文化资产，极受欢迎。

三、"走出去"与"走进去"："志合者，不以山海为远"

习近平总书记说："提高国家文化软实力，要努力展示中华文化独特魅力。把跨越时空、超越国度、富有永恒魅力、具有当代价值的文化精神弘扬起来，把继承传统优秀文化又弘扬时代精神、立足本国又面向世界的当代中国文化创新成果传播出去。"[4] 中国出版业自觉承担起了出版"走出去"的重担，以此来塑形文化自信的魅力。[5] "出版界自觉担当起'丝路故事'的讲述者、'丝路文化'的传播者、'丝路精神'的弘扬者，力求在深层次、全方位的出版交流合作中促进'一带一路'沿线国家的文化交流、文明互鉴。"[6] 2017年是中国

---

[1] 朱伟峰. 上市公司经营状况研究分析，出版企业高质量发展见微知著. 中国新闻出版广电报, 2018-6-19. http://data.chinaxwcb.com/epaper2018/epaper/d6764/d3b/201806/88171.html（2018-6-5）.

[2] 胡阿祥系南京大学历史学院教授，博士生导师，并为中国地理学会历史地理专业委员会委员、中国魏晋南北朝史学会副会长、中国唐代文学学会韩愈研究会常务副会长、江苏省六朝史研究会会长、南京六朝文化研究中心主任.

[3] 《南京古旧地图集》新书研讨会在南京大学召开. 2018-6-29. http://www.ppm.cn/Html/Article/8940/.

[4] 建设社会主义文化强国，着力提高国家文化软实力. 人民日报, 2014-1-1 (1).

[5] 罗红玲. "一带一路"相关图书海外出版发行分析——兼谈对"一带一路"主题图书走出去的启示. 中国出版, 2018 (5): 5.

[6] 编者按. 中国出版, 2018 (5): 5.

出版"走出去"的大年。① 凤凰传媒一直重视文化交流、文化自信、出版走出去工作，并取得显著效益。"十二五"以来，凤凰传媒版权输出30多个国家，其中包括越南、韩国、英国、美国、加拿大等。2016年，凤凰传媒版权输出呈现"一带一路"之态，涉及匈牙利、捷克、塞尔维亚、埃及、土耳其、印度等14个国家。"十三五"期间，凤凰传媒版权输出的目标为：一是年增长10%。二是引进：输出为1.5∶1。三是"欧美国家、周边国家，一带一路并举"。2017年7月14日，"走向国际的江苏出版"高峰论坛在江苏苏州举行，佘江涛发表《走向世界的凤凰出版》主旨演讲，其着力介绍凤凰"走出去"的成功经验，引起业界和学界的广泛关注。② 再如，2018年，哈瓦那国际书展上，凤凰传媒共有500余种精品图书参展，其中包括主题出版、传统文化精品、儿童文学、儿童绘本、文学艺术作品等板块。其中《学好用好社会主义政治经济学》《中国未来十年的改革之路》等以十九大为主题的精品图书颇具影响力，着实成为古巴人民以及世界人民"知中国，爱中国"的重要窗口与门楣。③

互联网以其强大的优势植入社会生活的各个疆界，解构着传统产业的产业规则并重塑新的产业逻辑。④ 此语境下，各行各业"鸣呼哀哉"，出版业亦不例外。2016年584家出版社出版物库存65亿册（张）占总印数90亿册（张）的72.22%。2017年全国年销量少于5本的图书占图书总数的1/3。⑤ 由此可见，笼罩在出版市场上空的"阴云"至今未散，短期内不可能"烟消云散"。"路漫漫其修远兮，吾将上下而求索"。凤凰传媒自我救赎的实践证明，即使市场竞争环境恶劣，如若以自身优势资源为基，积极进行转型升级，效益依然可观。

---

① 曹志伟. 2017中国出版业变革与发展回顾. 现代视听，2018（1）：28.
② 王洪波，佘江涛. 凤凰出版的国际化战略. 中华读书报，2017-8-2（6）.
③ 樊文. 志合者，不以山海为远——访凤凰出版传媒集团总经理周斌. 国际出版周报，2018-3-12（9）.
④ 时晨，于雪. 解构与重塑：搅动日本出版市场的BOOK OFF. 编辑之友，2016（01）：109-112.
⑤ 孙叶，徐鹏，张宣剑，张秋实. 柳暗花明"出版＋"：中国出版业的"突围之路"——安徽出版集团报道（中）. 2018-6-29. http：//www.cnr.cn/ah/tt/20180110/t20180110_524093396.shtml（2018-1-10）.

第二章 南方报业推进内容深度融合四大战略举措

柳剑能[①]

近年来,按照中央和广东省委的部署,南方报业传媒集团加快推进深度融合、全面转型,牢牢坚持正确政治方向和舆论导向,围绕主题主线,有力地唱响主流舆论南方声音,智慧型文化传媒集团初见雏形。在内容融合创新上,南方报业所理解的深度融合,既不是在传统媒体旧肌体上生长出新媒体产品,也不是简单的"传统媒体+新兴媒体",而是一个全新的生态系统再造过程。随着移动互联网技术的飞速发展,传媒业的内容生产不断面临新形势、新问题,南方报业紧紧把握技术、渠道、产品、人才等四个维度的新趋势,以互联网思维重新建构融媒体生态系统,建立起以先进技术为支撑、以重点项目为抓手、以内容建设为根本、以团队建设为目标的开放、共享、智能化的内容生产体系,逐渐形成特色鲜明的"南方融媒模式"。

第一节 以先进技术为支撑,强化数据优先战略

按照中央关于媒体融合的部署指引,当下媒体融合需要整合的先进技术,首先是考虑利用大数据和云计算技术来推进新闻内容生产,在制作、储存、分发等流程作出优化,进一步加强数据采集、存储、过滤、查找、加工、变换、展示的能力,为内容生产和传播的全环节奠定坚实的基础。

[①] 柳剑能,南方新闻网党委委员、副总编辑,兼南方报业传媒集团战略发展部主任,硕士生导师,高级编辑。

过去传统媒体经常有这种情况：由于记者、编辑有一定的流动性，同一个领域或者条线，甲记者采访一遍，丙编辑觉得选题不成熟没有采纳；过一阵子乙记者也采访一遍，丁编辑重新提出意见，丙和丁编辑分别与甲乙记者对接，并不清楚彼此之前做过哪些讨论和判断，导致重复劳动，效率低下。这是从事信息生产的单位却没有知识（数据）管理系统的典型场景。随着传播环境的深刻变化，特别是突发事件现场需要专业知识辅助时，一名记者在前方单打独斗往往是行不通的，需要后方的编辑快速调用或梳理相应的知识、信息，才能较好地完成相应的深度报道。在这个过程中，信息、数据、知识的结构性积累和随时在线取用的必要性大大凸显了。

南方日报、南方新闻网、"南方+"客户端在推动党媒系统报网端深度融合过程中，较早地意识到了数据优先战略的必要性，在2016年已建成中央厨房1.0，实现统一稿库的基础上，2017年9月建成并启用中央厨房2.0，打通报、网、端，实现"移动优先"目标。按照"四个一"的建设标准，实施技术赋能策采编发，即建设一个报网端联动机制、一个采编指挥调度平台、一个全媒体内容管理系统和一个传播效果监测反馈体系，在决策上实现全媒体一体化统筹，在采访上实现全媒体实时在线调度，在编辑上实现全媒体高度衔接，在发布上实现全媒体多样呈现，在传播上实现全媒体数据监测。[①]

同一时间段，集团旗下的市场化媒体——例如南方都市报，也抓住了数据战略转型的契机，于2016年率先推出带有"中央厨房"理念的新型采编指挥平台，并在实践中不断迭代升级。在报社的统筹指挥下，深度新闻部被列为首批试运行的部门，一开始就强制要求记者使用，从接报料、发起采访到成稿、交稿，全程留痕。同时，要求记者在月度总结中专辟一块"数据库总结"，再次汇总、分析重要的采编数据，并开放给部门其他同事。这样做的目的，就是以组织的力量确保媒体生产全过程中的信息、数据能够得到系统性的累积和分类，并且通过现代化的信息系统，让记者与记者之间、采编之间的协同生产变得更为方便。

以整合报料为例，南方都市报的采编指挥平台通过对电话报料、QQ报料、邮件报料、南都APP报料和记者个人收到的线索报料进行汇总，更为直观地反

---

① 郝天韵. 南方报业传媒集团融合发展走出新路径. 中国传媒科技，2018（7）：16-19.

映出一些领域的变化。2017年年底,深度新闻部就基于报料情况全面关注了"现金贷"行业的突出问题,从事件、调查、行业分析等角度连续发出稿件10余篇,最终于12月初迎来了中国人民银行互联网金融风险专项整治工作领导小组办公室、银监会P2P网贷风险专项整治工作领导小组办公室联合下发的《关于规范整顿"现金贷"业务的通知》,该通知要求开展对网络小额贷款业务清理整顿工作、进一步规范银行业金融机构参与"现金贷"业务。①

为推动党媒系统的报网端融合而建设的"中央厨房",侧重的是打破不同介质之间的界限;南都自行研发的采编指挥平台,则侧重一份主流媒体自身的数据库管理,从而具备全介质传播的基础,两者相互借鉴,进一步提升了南方报业传媒集团数据优先战略的实用性、系统性和前瞻性。总体而言,经过将近70年的发展,一代又一代的记者通过手中的笔和镜头,累积了海量的原始素材资源,这是南方报业最宝贵的数据矿产资源。要把这些散落在各处的信息资源集中起来,并努力整合社会上的其他资源,优势互补,逐步打造具有专业化、规模化、现代化特点的新型内容数据库,并提升数据收集和处理的能力,为融合发展和智慧化管理提供强大的信息资源支撑。

南方报业充分发挥国家新闻出版广电总局授牌的媒体大数据应用实验室和出版融合发展重点实验室两个国家重点实验室的研究成果,率先探索集聚海量媒体数据资源的新模式,于2018年6月29日举办首届南方传媒智库高端论坛时,正式上线中央数据库(大数据服务中心)1.0版本。

该数据库以南方报业旗下各子媒每日生产的海量内容数据为基础,通过统一收集、二次利用、交叉分析,实现南方报业内容数据的关联聚合、效用倍增。主要功能包括:(1)11个基础信息库,含报纸库、杂志库、网站库、微博库、微信库、APP库、优秀报道库、图片库、视频库、历史线索库、文献资料库等,为内容生产提供准确及时的数据来源;(2)3个专题知识库,采用实体识别、关键词自动抽取等先进技术,打造广东省人物报道库、地域报道库、机构报道库,为新闻、智库等内容生产提供更有价值的内容汇聚和更有针对性的信息库服务;(3)开放的服务接口,打造多种数据服务接口,提供企业级的接口服务,即时响应各数据产品、数据服务的创新需求;(4)简便易用的"数

---

① 王佳. 南都深度的采编数据库建设探索. 南方传媒研究, 2017 (6): 80-84.

据工具箱",含各种媒体数据处理和分析工具,强化对数据的挖掘、分析和运用,实现"用数据思考,用数据说话"。

第二节　以重点项目为抓手,强化移动优先战略

进入移动互联网时代,广大用户主要通过智能手机、平板电脑以及智能穿戴设备来获取信息。根据 QuestMobile 春季大报告,总体上看,2018 年 3 月份,中国的移动用户数已达 10.9 亿。2018 年 5 月 18 日,易观发布了《中国移动互联网数据盘点 & 预测专题分析 2018》专题分析,主要对 2017 年中国移动互联网市场的发展现状及未来发展趋势进行了详尽的分析解读,包括移动营销、移动游戏、移动音乐、移动阅读、移动网购、移动旅游、移动团购、移动招聘、移动婚恋交友、移动教育、移动医疗、移动出行市场及移动支付等 13 个领域,都出现了大幅度的增长。业界推断"未来的世界是移动互联的世界"并不夸张,中国网民对移动互联网的依赖越来越深已经是不争的事实。

2017—2018 年,纵观国内外,无论是发达国家还是发展中国家,大中型传媒机构,甚至是小型的传媒机构都在布局移动互联网。综合起来看,我国传统媒体拥抱移动互联网的起步时间、统筹运用能力与国外媒体相比差距并不大。只要抓住移动互联网这个千载难逢的机会,狠下功夫,实现弯道超车并不是没有可能。近年来,客户端、小程序、公众号等都是抢占移动互联网入口的可靠手段。

利用移动互联技术实现弯道超车,既是中央主管部门和省委的要求,也是南方报业根据市场趋势做出的战略抉择。集团顺应移动互联网发展大势,坚定不移地实施移动优先战略,充分发挥先进传播技术的引领作用,着力打造具有领军作用的龙头新媒体。南方报业较早意识到布局移动互联网的重要性,早在 2015 年就酝酿推出了"南方+"客户端,并且明确了在报网端的深度融合中,"南方+"是重中之重。

"南方+"定位为广东省委省政府权威移动发布平台。它利用党媒深度融合的政策优势,整合全集团 2 000 名专业记者编辑,全天候为用户提供原创新闻、权威资讯和深度分析。全天候生产与播发原创新闻、权威资讯和深度分

析，第一时间传播广东官方与社会动态，21个地市频道全方位全天候提供新闻和生活资讯。视频直播热点内容，突出独家、尊重原创、传递思想，24小时为用户提供贴心政务及生活服务。

除了原创新闻资讯，"南方+"客户端根据移动互联网市场的特点和趋势，还大力加强对用户的贴身服务，开设了吸引流量的三大平台：一是"南方号"，即广东权威自媒体分发与办事服务平台，按功能与呈现形态的差异"发布号"与"服务号"，汇聚了全省政务与服务精选订阅号，覆盖了21个地市最新的政务动态和服务窗口；二是"直播"，即全媒体移动直播平台，新版本推出的视频直播第一时间呈现采集的新闻现场信号，给用户带来身临其境的新闻现场感，触手可及的用户参与感；三是"福利"，即回馈用户的方式，比如"千万个流量包、全民壕礼等你来拿"等线上线下结合的市场活动。

2017年，"南方+"客户端推出两年多以后，实现三个"3000"目标，下载量和支撑营收双双突破3 000万，"南方号"入驻自媒体超过3 500家，成为名副其实的"广东第一权威移动发布平台"。根据《2017年全国党报融合传播指数报告》显示，"南方+"客户端的渠道传播力仅次于"人民日报"和"光明日报"客户端。

2018全国"两会"报道，"南方+"客户端突出核心意识，充分展现报网端深度融合优势，启动微视频、H5、原创图文等多条新媒体生产线，打好"组合拳"，使新媒体产品做到"融、新、深"。为使两会主旋律更响亮，"南方+"客户端生产了《两会TALKS》《2018全国两会学习日记》《总书记寄语广东"四个走在全国前列"有何深意？》《你好，2018政府工作报告民生大红包，了解一下？》等多个新媒体爆款。3月3日全国"两会"开幕至3月20日，"南方+"客户端"新时代 新气象 新作为——聚焦2018全国两会"大型新媒体专题，专题发稿量超400条。经统计，"南方+"客户端2018全国"两会"专题点击量已超300万、新媒体产品全网点击量超过6 000万。①

在2018年度，集团报、刊、网、端内容一体化生产、技术一体化支撑、经营一体化统筹持续推进。截至2018年7月底，"南方+"下载量突破4 000

---

① 张西陆."南方+"客户端：深融合带来全国两会"热"传播.南方传媒研究，2018（3）：79-84.

万，入驻南方号机构自媒体超过 4 000 家，"广东第一权威移动发布平台"金字招牌越擦越亮。

第三节　以内容建设为根本，强化产品优先战略

推动媒体融合发展的过程中，必须始终坚持以内容建设为根本，把内容建设放在最为显著的位置，把媒体对技术、对用户需求的理解凝结为具有竞争力、吸引力的产品，这才是媒体转型发展的根本之道。在这个意义上讲，以内容优势赢得发展优势，就是新媒体时代的产品优先战略。以内容建设为根本，重点包含以下几个层次。

一、品质上追求权威性和专业化

党媒集团依托强大的新闻采写队伍、权威的信息渠道、标准化的采编流程，进行专业化的新闻生产，打造出质量过硬的新闻产品，是围绕中心、服务大局的职责使命之所在。

2018 年，南方日报推出 19 个版的"沿着总书记指引的道路奋勇前进"特别报道，站位高、规模大、效果好，获得中宣部高度评价；推出奋力实现"四个走在全国前列"深调研系列成果，广度与深度并存，传播与研究并重，有效发挥记录者、宣传队、参考书作用，彰显新形势下主流媒体服务中心工作的新能力和新价值，相关系列报道结集出版为《重整行装再出发》，成为广东省委全会的参阅材料，得到广东省委书记李希同志的高度肯定，充分证明了主流媒体深耕内容必然能进一步增强新闻舆论传播力、引导力、影响力、公信力。

二、内涵上体现实用性和智库化

传媒发展下一个制高点，是从提供信息产品向提供思想产品迈进，传媒办智库的潮流正是这一趋势的生动体现。南方报业把传媒智库定位为新时代新闻舆论工作的有机组成部分和党报集团服务党委政府的重要阵地，必须坚持正确的舆论导向，必须把围绕中心、服务大局体现在智库工作的方方面面。

南方日报在佛山区域进行了智库转型试点，以"佛山城市智库"与"新媒体服务平台"作为两个探索的方向：一方面，"佛山城市智库"重点尝试将传统媒体的调研、观察、解释、专业分析能力做到极致；另一方面，"新媒体服务平台"以"南方+"客户端和南方网为中枢，用"互联网+"的方式来重构流程、重塑生产力。① 在一年多时间里，南方日报佛山新闻部总共承揽并完成了 66 个智库产品，成为佛山市委、市政府不可多得的智囊团，自身也获得了超出预期的市场回报，年经营收入突破了 5 000 万元。

南方报业抓住时代脉搏，发挥媒体的资源优势和传播优势，使智库产品成为激活传媒功能的新力量、资源要素聚合的新平台、研究成果转换的新路径、信息采集传播的新方式、产业经营创新的新模式。2018 年 6 月，首届南方传媒智库高端论坛成功举行，由十大智库组成的南方传媒智库矩阵正式对外亮相，涵盖了经济、法治、教育、城市、党建、数字政府、乡村振兴、军事、大数据、舆情等方向，从"融媒"到"智媒"的转型取得了初步阶段性成果。②

三、形式上注重创新和多媒体化

内容为王不等于"酒香不怕巷子深"，在新媒体环境下进行新闻生产，在宣传方式手段创新方面，媒体也要跟随融合发展的步伐，在用好传统看家本领的基础上，努力创新传播主旋律的手段和方式，如直播、短视频、H5、小程序、轻应用、GIF 图片、数据新闻等，生产出叫好又叫座的产品。③

"南方+"客户端以"短视频脱口秀+大数据动画"的形式，展示体现广东成就的《两会 TALKS》，4 集节目总点击量超过 5 000 万。南都的小程序"南都马上问"、数据动图等将细节表达加强，使新闻更加活泼；南方网的"H5 新媒体实验室"等，将正面宣传做出了新高度，多次创下超过 10 万、甚至 100 万的浏览量，受到广泛关注。④ 在媒体融合发展的过程中，南方报业旗下各媒体通过灵活运用文字、图片、示例图、表格、卡通形象、音乐、短视频等多种

---

① 郑佳欣，林焕辉. 66 个智库产品是如何炼成的：南方日报在佛山区域的全媒体智库建设实践. 南方传媒研究，2017（6）：132-138.
② 刘红兵. 推进智慧转型需加快创新布局. 中国新闻出版广电报. 2018-08-07（6）.
③ 刘红兵. 坚持创新引领，壮大主流阵地. 中国报业，2017（9）：25-27.
④ 支庭荣，陈钊，尹健. 媒体融合升级的挑战与进路. 南方传媒研究，2017（5）：98-106.

受众易于接受的形式，实现内容产品从静到动、从抽象到形象、从一维到多维的品质飞跃，满足不同终端、不同用户、不同体验的需求。

四、传播上突出分众化立体化

在媒体融合发展的过程中，南方报业注意个性化新闻与共性新闻之间的差异性，各媒体根据自身的细分定位，针对不同的用户需求，将产品内容进行差异化处理，实现"千人千面"点对点传播，量身订做、精准传播，在新闻实效性上狠下功夫。南方日报、南方都市报、南方周末等媒体进一步整合各媒体各单位的行业资源，找准跨界融合发展的最佳结合点，以"传媒＋产业"切入细分市场，拉长价值链，形成以新闻传媒为核心，融合教育、旅游、体育、娱乐、健康等在内的"1＋N"新媒体产品格局。

立体传播包括线上线下两大板块：线上是顺应互联网传播移动化、社交化、视频化、互动化趋势，借助个性化、差异化的精准推送方式，统筹报、刊、网、端、微、屏等多种传播渠道，实现资源共享、信息互通、传播互补；线下则是通过会展、讲座、论坛、评选、颁奖等开展多种形态的体验式传播，从而更加全面地覆盖目标用户。通过线上线下联动，构建起聚合集团所有内容、所有渠道的立体传播平台，实现内容产品和服务的多样化展示、多介质推送、多元化传播。

第四节 以团队建设为目标，强化人才优先战略

不管是数据优先、移动优先，还是产品优先，最终都要靠人来实现。因此，"人才是第一资源"，推进媒体深度融合全面转型，首要的是强化人才优先战略，进一步激发媒体从业人员的主观能动性。如何实现平台共建、资源互通、人才共育、红利共享，打造区域融合、产品体系、资源格局、组织管理和人才团队的升级版？这是南方报业传媒集团在推进媒体深度融合、全面转型过程中一直以来孜孜不倦思考和探索的主题、主线。

2016年2月19日，习近平总书记在党的新闻舆论工作座谈会上强调，"媒

体竞争关键是人才竞争,媒体核心优势是人才优势"。当前,中国正处在媒体融合发展、产业转型升级的关键时期,加快培养造就一支政治坚定、业务精湛、作风优良、党和人民放心的新闻舆论工作队伍,培养一批具有媒体深度融合采编运营能力的全媒型专家型领军人才,事关中国传媒业改革发展大计。

新兴媒体的蓬勃发展对复合型人才提出了更高要求,主流媒体集团人才结构性失衡的问题,在融合发展的新时期,显得愈发突出。近五年来,有三种趋势令人越发担忧:一是传统媒体行业的发行量、收视(听)率、广告收入继续呈现陡坡式甚至是断崖式下滑的势头,导致传统媒体对人才不再具有强大的吸引力,承载能力也同步下滑;二是新兴媒体蓬勃发展,形成磁吸效应,传统媒体专业人才鱼贯而出;三是全国大专院校的新闻传播类专业继续扩大招生,导致新闻传播专业毕业生数量与实际市场所需数量之间的"供过于求"矛盾更为突出。[1]

在这一背景下,全国各级媒体集团纷纷努力加强干部员工的新知识、新技能培训,搭建优秀人才成长平台,培养、选拔具有强烈用户意识、创新意识、产品意识、市场意识,符合融合创新与转型发展所需的全媒型、专家型、复合型领军人才。

比如,人民日报中央厨房开设了"麻辣财经""学习大国""国策说"等40多个融媒体工作室,对外统一使用"人民日报中央厨房出品"LOGO,其运行机制概括起来是"四跨"和"五支持"。"四跨"即允许记者和编辑跨部门、跨媒体、跨地域、跨专业组成小规模的工作团队;"五支持"是以中央厨房为孵化器,负责提供资金、技术、推广、运营、经营等五方面支持。[2] 南方报业既充分学习借鉴中央媒体的优秀经验,又充分结合广东媒体的实际,独创了从"南方名记"到"南方网红"的人才培养模式。

2016年10月,南方报业传媒集团正式启动"南方名记培育工程",旨在挖掘全媒型、复合型、专家型人才。经过自荐报名、部门推荐等环节,10月17日集团举行终审评议会,由此诞生了"南方名记工作室"制度。工作室立足于被培养对象所在部门,可广泛调动集团内包括采编、经营、技术等其他岗位的

---

[1] 柳剑能. 媒体融合背景下加强采编队伍建设的分析与对策. 传媒, 2017 (23): 20-22.
[2] 张旸. 人民日报"中央厨房"构建行业新生态. 青年记者, 2017 (7): 19-21.

人员组成虚拟团队。集团各职能部门予以充分支持并有针对性地开展多方面培训。"南方名记"培养对象在集团旗下主要媒体开辟专门栏目,内容成品统一冠以"×××(记者姓名)工作室出品"标识,形成品牌。

接着,南方报业顺应线上传播方式的新趋势,又首创了"南方网红"的概念,务求以网民更易于接受的方式传播正能量和扩大主流舆论阵地。以往纸质媒体风行的时代,名记施展的舞台更多的是平面媒体;进入移动互联网时代,用户对移动端阅读更加青睐,"南方名记"也必须与时俱进,升级为"南方网红"。具体而言,要完成从"南方名记"到"南方网红"的飞跃,有三个标准:一是有颜值,从外在形象上展示出朝气和活力,起到"吸睛"作用;二是有素质,有新闻采编播发的专业素质、新时代融合传播的素质和用户优先的素质;三是有气质,既"腹有诗书气自华",又肩挑重任敢于担当。

2016年首批在多个行业细分领域具有明显专业优势的"南方名记"培育对象共15名,已在"南方网红"的升级培育中成长为首批"南方网红",成为南方报业在垂直领域开疆拓土的中坚力量。

培育工程实施半年,效果显著。比如,2017年6月,"南方+"推出人物类竖视频产品《独白》。该产品由"曹斯名记工作室"牵头,《南方日报》、"南方+"客户端、南方视觉联合推出,在全网引起关注。第一期为关注器官捐献协调员的《死与生之间,他们是摆渡人》,第二期是关注超重群体的《江门第一胖尹金花:胖到想要自杀的她收获了最美的爱情》,第三期是关注麻风病群体的《90岁出版口述史成明星,她竟来自广东最后的麻风岛》,第四期是关注心脏移植群体的《换心那天开始,我身上住了两个人》,第五期是关注炎症性肠病群体的《确诊了终身不愈的病,这个小男生笑着说:疾病不可怕,走不出来才可怕》。该产品依托《南方日报》深耕多年的医疗线,深挖有故事的人和他们的故事,小切口、巧角度使广大受众"三分钟感悟生命",体现南方情怀。据不完全统计,五期节目推出后截至2017年12月22日,影响力覆盖超过1 300万用户。①

以"网红"记者赵杨为代表的工作室,打造了点击量突破1亿的反腐脱口秀节目《武松来了》,还有不少融媒体产品单篇浏览量超100万。网民持续关

---

① 曹斯. 深度转型融合 做好"医"的文章. 南方传媒研究,2018(2):17-21.

注转发，中宣部和广东省委宣传部也给予充分肯定。①

2017年第二批"南方网红"培育对象诞生，共计25位，来自南方报业旗下多个媒体，平均年龄未到33岁，在时政、经济、军事、娱乐、视频等各个细分领域，都是业务尖兵和突击能手。

总体而言，"南方网红"这一新的"事业留人"模式，有效稳定了中层业务骨干。在以往的模式中，记者往往是孤军作战，绩效考核则可能过于强调量化指标而将记者作为"计件码字/图片工人"对待。"南方名记"工作室制度强调在考核奖励上总体鼓励"跳摘"、宽容失败。在"南方网红"培育过程中，集团各媒体按照"一人一策、因人施策"的方针制定了个性化的培育制度，尤其在考核、奖惩等方面进行了新的探索，打破"计件码字/图片工人"和琐碎事务的藩篱，将更多精力集中于拳头项目、知名栏目、重要题目；工作室的团队成员也相应获得了更多历练机会。下一步，集团将强化对"南方网红"团队的引导与服务，强化"南方网红"专栏建设和融媒产品生产，强化"南方网红"对外传播的整体品牌，打造传播更广、实效更优的智慧内容产品，形成闭环的全媒人才与融媒产品良性循环，个人成长和集团品牌相得益彰。

---

① 赵杨. 跨界、转型与生产链的再造：赵杨工作室一年工作的思考. 南方传媒研究，2018（2）：23-27.

第三章 《三联生活周刊》融合创新实践研究

段艳文　李莎莎[①]

近年来，随着移动互联网的深入发展，许多传统媒体面临着转型发展的巨大挑战。一方面，"渠道失灵"问题凸显，传统媒体的读者纷纷迁移到互联网平台。另一方面，传统经营模式难以为继，发行、广告收入大幅下降。在此背景下，传统媒体纷纷转战新媒体战场，强化互联网思维，通过建构新媒体平台和内容优化来推进融合发展。《三联生活周刊》作为国内期刊第一方阵里的一份优秀期刊[②]，在媒体融合发展方面进行了许多实践探索，为其他传统媒体的融合发展提供了借鉴。

第一节　《三联生活周刊》融合发展背景

一、周刊定位与品牌建构

《三联生活周刊》于1995年创刊，由生活·读书·新知三联书店创办，是由中国出版集团主管的综合性新闻和文化类期刊。其历史传统可追溯到1925年在上海创办、1926年由邹韬奋先生主编的《生活》周刊。

[①] 段艳文，中国期刊协会《中国期刊年鉴》杂志社常务副社长、主编；李莎莎，河南大学新闻与传播学院硕士研究生。

[②] 当代贵州期刊传媒集团网．《当代贵州》《晚晴》《大众科学》同时进入国内期刊"第一方阵"．http：//www.iddgz.com/index.php?m=content&c=index&a=show&catid=8&id=308．

《三联生活周刊》的办刊宗旨是"做新时代发展进程中的忠实记录者,以敏锐的姿态反馈新时代、新观念、新潮流,以鲜明的个性讨论新热点、新人类、新生活"。刊物受众定位是受过高等教育、关心时代发展进程,不断从中寻找自己的新型知识分子。内容涵盖社会、文化、时尚、经济、节气、美食、新知、生活等领域,同时强调对新闻的纵深挖掘,对新闻的文化述评。创刊23年来,由于重视知识性、趣味性和新成果相结合的选题特色,刊物较好地满足了大众话题和分众话题的配置,可读性增强,构成了《三联生活周刊》的核心竞争力和品牌影响力。比如,2010年获得原国家新闻出版广电总局"第二届中国出版政府期刊奖",2013年、2015年、2017年先后被国家新闻出版广电总局评为"中国百强报刊"。

二、融合发展历程

麦克卢汉说:"任何媒介的内容都是另外一种媒介。"每一种新媒体诞生,都会对现有的媒体产生竞争压力,但现有的媒体往往不会被取代,多是在困境中调整自身、迸发出新活力,形成新发展。传统媒体通过与新媒体的有效整合、重组,做到相互融合补充,找到自己的出路。

《三联生活周刊》的融合发展大致经历了两个阶段:一个是以采编数字化为中心的互联网平台建构阶段,另一个是移动社交平台建构阶段。在第一个阶段,《三联生活周刊》开始首次"触网",建立了网站平台——三联生活周刊网。这一时期,《三联生活周刊》初步实现了采编数字化,建立了网络办公系统,推出了期刊网络版,为期刊和网友的互动提供了交互性平台。

在第二个阶段,主要从2012年开始,《三联生活周刊》陆续开通微博公号平台和微信公众号平台。微博公号粉丝达到1 373万,阅读量超100W+,成为期刊微博粉丝量第一方阵。2015年《三联生活周刊》开始推进移动APP自主平台建设,建构了中读、松果生活APP、熊猫爱茶研究所等新媒体平台。

从第一阶段到第二个阶段,《三联生活周刊》完成了从传统互联网到移动互联平台的转型发展,逐步地构建了一个以传统纸质媒体和数字平台交互并行发展全媒体矩阵,并开始初步打造了"三联"数字平台的新品牌。

第二节 《三联生活周刊》的融合发展路径

对于期刊媒体融合而言，技术是"硬件"，少了这一基础设施，就谈不上融合；内容、用户等是"软件"，离开这一操作系统，融合发展也难以成功。只有软硬件一起发力，协同推进，媒体融合才能实现。①《三联生活周刊》在转型融合发展过程中，遵循互联网发展规律，着力构建融媒体平台，推进内容生产多元化，拓展用户聚合渠道，创新经营理念，有效推进了融合发展的进程。

一、构建全媒体平台，破解渠道失灵困境

在融合发展过程中，三联生活新媒体整合旗下三联生活网、移动客户端（中读、三联生活节气）、松果生活三大平台，秉承"倡导品质生活"的理念，提供优质新媒体内容与服务。《三联生活周刊》一直倡导的口号："一本杂志和他倡导的生活"，倡导生活、生产知识既是该周刊的根基，也是转型融合过程的逻辑所在。中读、松果生活以及熊猫爱茶都是依托知识和生活而构建的新媒体平台，目标受众更为清晰，内容也更加专注。以中读为例，截至2018年9月初，中读APP累计下载用户42万，注册用户33万，官方微博粉丝3万，其中22万为2018年1—8月的新增注册用户，同比增长200%。累计付费用户12万，付费率达到36%。2018年1—8月APP日启动3万次，日活跃用户超1万人。目前，中读平台上已累计发布单篇文章45 000多篇，上线10分钟体量的"听书"产品223个，60分钟体量的音频"小课"产品64期，600分钟体量的"精品课"产品3个，2 000分钟体量的"专栏"产品32个。所发布的内容通过全媒体平台的多渠道传播，更大程度地聚集了不同渠道的受众。既稳固了以前的读者，又"招揽"了新媒体时代的受众，扩大影响力。

二、强化内容生产特色和融合产品形态

在传统媒体时代，媒介是作为信息生产的主要机构，恪守着"内容为王"

---

① 卢新宁. 媒体融合如何"合而为一". 新闻战线，2018（19）：16-17.

的产业法则。媒介的影响力、权威性和三审三校制度所带来内容的准确与可靠是传统媒体的立足点。内容不但是媒介产业的核心，而且也是媒介文化影响力的主要承载物。近年来，由于互联网技术的发展，新媒体技术冲击着传统媒体，也诞生了很多新媒体及自媒体。有人认为，传媒业进入了"平台为王"或"联接为王"的时代，"内容为王"的时代已经一去不复返了。

不可否认，新媒体传播的即时性、互动性和便携性特征颠覆了传统媒体的内容生产和传播模式；新平台、新渠道的出现也为信息的生产和分发提供了更多元的选择。如今的媒介产业创新大多围绕新技术的出现和普及展开，以新的联结方式的形成为核心诉求。[1]但同时也需要认识到，新媒体时代，同质化内容比较多，原创性低，内容信息的暴增给用户同样带来选择的问题。与此同时，优质的内容生产依然是受众热衷和喜爱的，很多主流媒体的策划报道的独家新闻或活动，依然成为爆款。

《三联生活周刊》始终坚守内容为王的办刊理念，不断借助新兴技术，依靠其自身在知识阶层形成的强大影响力，不断强化内容产品特色，聚焦受众需求，提升内容融合表现力和传播力。在内容特色方面，有两大亮点。

1. "重的越重"即对时代的重大议题，一定要关切与回应

比如，《三联生活周刊》较早就确定了两个系列封面故事选题。第一个是"一带一路"的系列报道，共有6期封面故事，回答了两个时代性的重大议题：丝绸之路，是如何塑造古代中国与世界的关系的？它又如何塑造未来中国与世界的关系？这组报道启用全媒体的方式来运作，先做了一个H5进行传播，在进行系列报道的同时，也拍摄视频进行跟进，系列报道目前也集结成书出版。第二个是纪念"反法西斯胜利70周年"，用了两个整本的篇幅来报道，同样回答两个问题。这些选题的背后是中国的发展，需要有一个清晰而明确的认识。一个选题，不同的报道角度，众多的内容生产模式，多渠道的传播方式，这是传统期刊媒体融合过程中新的内容生产模式。

2. "轻的越轻"即必须关注更年轻的读者，相关选题要更"年轻"

这一方面关注了"马甲线""二次元"等封面报道，使得报道视角延伸到90后，观察、记录、分析这些年轻的读者，从《自恋流行病》开始，《三联生

---

[1] 常江，田浩．新媒体时代"内容为王"的新标准．青年记者，2018（04）：14-16．

活周刊》投入了足够的人力去尝试更年轻、更时尚的话题,其中包括:《身体即精神》《前方高能预警》《学会幸福》等。比如,心理系列成为周刊"轻的越轻"封面选题重要类型之一,在近期的封面《生为女孩》中,同样提出两个问题:为什么我们非得相信男女有别呢?女性意识需要培养吗?以讲故事的形式告诉性别角色的养成对于女孩的影响。这些选题关注新时代下的年轻读者,关注年轻人的成长和生活。这种新的传播内容和形式是传统媒体在融合过程中找准定位转型的"出路"之一。

不管是"重的越重"还是"轻的越轻",内容主题都围绕国家、社会和个人,依托《三联生活周刊》强大的品牌影响力和号召力,将文化与生活的知识生产发挥得淋漓尽致,将内容特色发挥到极致。

三、内容生产细分,精准聚焦用户

传统媒体时代,真实客观地传达信息是媒体的不二法则,媒体的盈利也依靠广告发行等,受众需求单一。而互联网时代,受众的需求更加多元化,仅传播信息已经满足不了受众对于掌握各类信息的需求。有学者指出,传统媒体更加注重为用户提供新闻内容信息服务的同时,不断延伸覆盖用户生活周边的服务内容,打造服务型媒体平台。[①] 很多传统媒体在转型升级融合发展过程中,也逐渐以服务型媒体平台为建设目标。《三联生活周刊》在融合发展中不断地调整融合发展路径,聚焦用户细分,强化增值服务,衍生了三个新媒体服务型平台,分别是中读、松果生活 APP、熊猫茶园。三个平台针对不同的受众进行细分,进行精准化服务,探索了垂直服务的路径。

1. 熊猫茶园

熊猫茶园是专门针对专业茶电商和茶生活平台,致力于为消费者提供高品质的茶叶及周边产品,在茶园和茶杯之间建立起一个令人放心的消费通道,这一平台的建立,不仅牢牢抓住老用户,还不断聚集了新的一些受众,如同熊猫茶园所坚持的:好茶专家,和他倡导的精致慢生活。在熊猫爱茶研究所的微信公众号上不仅可以看到一些关于茶的文章,还可以通过微信公众号上面的熊猫

---

① 黄楚新,彭韵佳. 2017 年中国媒体融合发展报告. 现代传播(中国传媒大学学报),2018,40(04):9-15.

市集去浏览不同品种的茶进行购买。这些潜在的受众随时随地都有可能变为消费者。

2. 中读

中读平台基本实现了依托后台数据库来深度挖掘和分析用户习惯，为用户提供集文字、图片、音频、视频等多种表现形式为一体的资源与服务。中读产品设计从 2017 年项目启动时单一的微版权、微消费逻辑，扩展为基于内容的多元化服务。多元化服务集中体现在付费会员模式完成布局，推动了新的商业盈利模式的出现。比如，中读于 2018 年 2 月下旬推出全新会员付费计划"中读悦听年卡"，以"打包你的 2018 年全年求知、阅读、成长计划"为口号，打造了中读第一个爆款引流产品。总计天的年卡分销活动累计带来订单 5 万多份。由"创新音频产品 + 十年杂志精华"构成的中读年卡，不仅仅吸引了对知识付费感兴趣的互联网活跃用户。在电子阅读盛行、报刊零售终端全面萎缩的今天，"中读"与一批"失散"的三联老读者，以及一大波传统发行渠道未能触及的"求知分子"之间，建立了新链接。中读 APP 上的很多产品都是由《三联生活周刊》的自有资源转化而来。读者可以通过扫描杂志上的二维码来收听有关杂志封面故事的介绍，未来也可以通过中读 APP 来体验杂志的 AR 阅读。杂志和音频、视频由此有了紧密的联接与融合。这样的融合背后是"杂志生产流程和生产关系的重组"，同时，也是一个"知识生产与传播"的全新过程。

3. 松果生活 APP

松果生活是一款品质生活方式体验与知识平台。平台聚集各个领域身怀绝技的生活家，通过创新线下活动、线上内容、连线等连接方式，让有提升生活品质需求的新中产阶层共享生活家的智慧与趣味。过去只有文章作为载体来传递他们的知识与趣味。但在"松果"平台上，既可以用文章，还可以用活动、连线来展现他们的生活品位与趣味。在极度碎片化的时代，"松果生活"倡导一种面对面的交流与线下体验。充分利用了移动互联的便捷技术，在引领生活方式这一方向上，实现了"生活家—平台—用户"之间的闭环。用活动的形式，通过线下参与、视频、线上互动和音频等形式，重新建构优质内容的传播。现在，已经开发出艺术现场、松果沙龙、松果游学、松果课程、松果饭局等主题活动，并将致力于持续开发有趣有营养的活动形式。

熊猫茶园、中读、松果生活分别针对不同的需求进行用户细分，形式、内容不仅多元化，服务更加精准化，而且增强了与用户的双向互动性，打破之前传统媒体点对面的传播方式，从而开创新媒体时代点对点、面对点和面对面的多种全新的互动传播模式，这也是服务型新媒体平台的特点。

四、改变经营理念，探索媒体商业新模式

传统媒体的盈利模式大多依靠广告，在新媒体时代，广告在传统媒体的投放断崖式下降，使得许多媒体的发行量和盈利也出现暴跌。在"互联网+"时代，依靠流量变现实现盈利是很多新媒体的选择。传统的经营理念和方式必然不适合新媒体时代的多元化发展模式如何在新媒体环境下找到适合的盈利模式，是传统媒体在转型过程中必须要面临的问题。

经过近两年的探索，《三联生活周刊》融合发展的路径已经趋于明晰。一是建立"1+N'（三联中读+松果生活、熊猫茶园等）媒体融合发展格局。"1"是一个新媒体基础平台。这一基础平台未来将辅之以电商平台，构成一个大的内容生产、刊发、交易空间，同时也是各个产品端的基础平台与整合平台。"N"是包括节气刊松果生活以及正在发育成长的熊猫茶园等为代表的新媒体融合平台。其中，节气刊倡导中式生活方式，并以此为基础进行相关游学、同类产品代售。而松果生活则为生活方式的集成平台。熊猫茶园，则以电商的模式来生产具有《三联生活周刊》商标的，以茶为主的文创产品。二是形成系统的付费知识服务体系。首先是以纸质图书、纸书周边产品、定制课程等内容资源为核心，建立内容数据库与分发管理系统，开发付费知识服务管理平台。再者，与外部相关知识服务平台合作，分发内容与服务产品，同时加强用户导流，实现内容的增值与用户的快速积累。三是形成跨界融合商业模式。以品牌作为支撑，不断寻求与各个领域的合作，通过新媒体融合平台，来进行销售和服务，达到互赢。四是成功转型为面向中高端用户的品质生活服务提供商。依托后端内容资源与技术平台，开发自有知识服务社区，逐步成为提供人文社科知识分享服务的网络平台，具有内容生产、分发功能，提供社交、大数据分析与人工智能服务等。[①]

---

① 路英勇．以品牌作为做好融合发展的出发点．中国出版传媒商报，2017－04－25（6）．

第三节　从《三联生活周刊》看周刊转型融合新趋势

2015年，《三联生活周刊》重新确立了自己以内容创新及品牌化生产的生存之道，并确立了未来全媒体的发展战略，即从知识生产提升到知识产品生产。

一、完善新媒体集群平台的建设

《三联生活周刊》目前的新媒体集群平台有网站（官网）、手机与平板客户端、微博、微信以及基于微信的节气刊、熊猫爱茶研究所、手机APP松果生活，如何优化这些平台与产品是需要解决的问题。《三联生活周刊》选择建立"1+3"的新媒体集群："1"是一个新媒体基础平台：基础平台目前包括三联生活周刊官网（PC）、手机与平板客户端以及微博微信，这一基础平台未来将辅之以电商平台，构成一个大的内容生产、刊发、交易空间，同时也是各个产品端的基础平台与整合平台；"3"是三个新媒体产品平台：包括节气刊、松果生活以及正在发育成长的熊猫茶园。其中，节气刊以内容为主导，倡导中式生活方式，并以此为基础进行相关游学、同类产品代售；而松果生活则为生活方式的集成平台；新创建的熊猫茶园，则以电商的模式来生产具有《三联生活周刊》商标的、以茶为主的文创产品，这是更为重度垂直的新媒体平台。

二、建立新媒体长效运营机制

作为新媒体平台产品的"松果生活"的案例向传统周刊揭示了市场稀缺产品——真正升级的好产品。过去周刊是"生产知识"，而现在则是"生产知识产品"的机会。实践证明，有知识含量的产品，是未来消费升级产品中的大宗类型。而从生产知识到生产知识产品，也应当是周刊转型升级下一步发展的路径选择。以内容为平台，获取读者并提供广告商发布广告，传统媒体这一结构因为互联网的出现而被颠覆。那么未来媒体的生存之道，或许就在诸如"松果生活"这样的生活分享平台，以及"熊猫茶园"这样的电商品牌知识产品上。

三、重视内容垂直细分，精准服务

媒体载体的变化大多跟随着当时的科学技术的发展，从而引领传播、创新、衍生出丰富的媒体载体，成为媒体发展的一大亮点。同时媒体载体的改变直接影响着媒体内容的传播方式，在新媒体时代，内容向着生产多元化、形式多元化、分发多元化的路径创新发展，不断细分，从而达到精准投放。在"人人都有麦克风"的时代，无论是不是媒体从业者都纷纷涌入内容生产领域，都想在互联网时代分得一杯羹，这使得内容生产的多元化成为自媒体未来主流；用户对内容形式要求更高，衍生出直播、短视频等新兴的内容载体形式；个性化的内容诉求催生个性化的资讯推荐平台。重视垂直细分领域，吸引新技术与知识面多样化技术人员，完善从文字、图片的编辑到短视频剪辑技术以及对浸沉式信息体验的 VR 技术人员的储备，实现垂直细分领域走向创新内容平台的二次开发。①

四、创新管理机制，推动转型升级

很多期刊媒体在融合发展过程中都面临着人才流失的问题，这一问题的产生是多个因素叠加的结果，人才激励制度、绩效考核制度的不完善等也是不可忽视的因素之一。尤其在新媒体时代，传统期刊媒体的管理制度并不适用于新媒体时代，考核方法覆盖不全面，传统媒体的管理制度多数只针对报刊的文字、图片采编，而新媒体时代，采编人员不仅要对传统的形式加以采写，对新媒体环境下的微博、微信、视频、直播等也要加以采写，按照传统的考核制度，新媒体的采编纳入不了考核制度，这在一定程度上打击了人员的积极性和主动性，久而久之，也会导致优秀的人才流失。这对于传统媒体在融合发展过程中是极为不利的。因此，传统媒体在新媒体时代融合发展过程中，不仅要构建起平台，专注于内容生产，多元化服务于用户，改变经营理念，更要在管理制度上不断更新与完善相适应的人力资源管理制度，留住人才、培养人才、激励人才，才能更好地推动传统期刊媒体转型升级与融合发展。

---

① 崔一涵. 自媒体现状及新特点. 记者摇篮，2018（09）：99－100.

第四章 深耕内容生产，短视频行业才能"保鲜"

郝天韵[①] 王更喜[②]

什么是短视频？学术界目前还没有形成统一的概念。百度百科中把短视频定义为短片视频，即通过互联网得以传播，时间被限制在一分钟左右。[③] 随着移动终端的普及和手机网络速度的提升，移动短视频逐渐获得各大平台、粉丝和资本投资的青睐。

中国互联网络信息中心（CNNIC）发布的第42次《中国互联网络发展状况统计报告》显示，截至2018年6月，我国网民规模为8.02亿，上半年新增网民2 968万人，较2017年末增加3.8%，互联网普及率达57.7%；我国网民使用手机上网的比例达98.3%，较2017年末提升了0.8个百分点。[④]

相关数据显示，2018年上半年，短视频是所有手机应用中月活增长速度最快的，规模达到6.75亿，增长率为173%，月活跃用户数持续增长，46%的网民成为短视频用户。其中，快手月活跃用户高达2.51亿，同比增长63%。

可见，短视频已经成为当下中国人日常生活的一部分。相关数据显示，如今10个中国人里就有3个人使用短视频APP。

第一节 短视频发展脉络与特点

短视频并非凭空而降，而是年轻一代受众观影习惯日益碎片化的需求，以

[①] 郝天韵，《中国新闻出版广电报》产业与深度报道部记者。
[②] 王更喜，国家互联网应急中心，传播学博士。
[③] 百度百科 https://baike.baidu.com/item/短视频/20596678?fr=aladdin.
[④] 第42次《中国互联网络发展状况统计报告》，http://www.cnnic.net.cn/hlwfzyj/hlwxzbg/hlwtjbg/201808/t20180820_70488.htm.

及自我表达的手段越发多元，使之从初步成型到发展壮大。

一、微电影推动短视频的草根化

2005年年底，一部20分钟时长的网络短片《一个馒头引发的血案》迅速走红，被认为是微电影的雏形。此后，随着《青春期》系列、《老男孩》等微电影作品涌现，不少知名导演、演员以及大量草根拍客也加入微电影大军，无数网民拿起DV、手机开始拍摄、制作。正是由于微电影推动了短视频的草根化，无意中培养了大量网民利用碎片化时间观看、拍摄制作、上传的意识。

2013年8月28日，一个名为"Pony"的账号上传了一条8秒短视频，被看作是短视频的雏形，这个账号的主人是马化腾。9月28日，微视8秒短视频软件IOS版1.0上线，从此腾讯开启了短视频创作与分享时代。上线10个月后，微视快马加鞭被确立为独立部门。2014年春节期间，微视迎来一波小高潮：连续数日保持在App Store前五位，日活跃用户达4500万，除夕至初一，超过百万人通过微视平台观看、发布拜年短视频，使得其流量迅速上升，总播放量达上亿次。[1]

为何要将时间限定为"8秒"？微视团队负责人曾表示，对短视频的时间限定，可以打造统一的整体化社区氛围。其次，时长关系到视频的大小，必须适应移动手机应用，要考虑用户的流量和资费，8秒钟的视频大小，约相当于微博发几张压缩过的图片。[2]

相比于制作微电影，短视频的门槛要低很多，制作周期短、制作成本低、拍摄场景和时间不受限、受众参与度高、制作流程简单等，都是移动短视频可以达到全民参与的最大优势。相比于微电影来说，短视频投入较少，同时其内容更像是天马行空，对自己生活的片段式截取使得其对质量、成本的要求大幅缩减。因此，传播者和观看者二者的身份并没有明确的界限，他们的角色是互补的，也可以是相互转换。可以说，每个信息发布的始端，都能成为接受信息的终端，反之亦然。

由此可见，短视频的迅速发展主要由于其打破了从前隔在受众和制作方之

---

[1] 腾讯投资快手　能帮它在短视频领域扳回一局吗？http：//www.techweb.c.
[2] 邰晓文．短视频野蛮生长．人民政协报．

间的那堵墙，终端和始端随时互换场地，既可以"我拍你看"，也可以"我看你拍"，每一个用户都能直接参与到视频创作中，成为短视频的主角，这打通了传播渠道，提升了用户主动参与度，并愿意主动转发自己喜欢的视频。另一方面，短视频平台日益优化，通过开辟"点赞""留言"等板块，与社交渠道形成完整闭环，而通过转发、分享等自发性用户行为，发酵短视频的话题影响，最终形成社会影响力。

二、各短视频平台竞相发展

腾讯微视"8秒"短视频带动各类短视频平台纷纷涌现，竞相发展，其功能划分也愈加细化和垂直，并逐渐形成各自风格。到2017年，短视频行业全面爆发，除同类竞争此起彼伏，类别之间壁垒也渐被突破，更涉及直播、音乐、社交等多个领域。

其中，社交媒体、资讯媒体、BBS类、SNS类、电商类、工具类等6个类别构成了短视频当前的主要形态，各类目之间也相互渗透，如小影、VUE转型社交，西瓜融合火山，抖音、快手加入直播等。

崛起的短视频平台中，社交媒体类短视频发展迅速，抖音与快手处于领跑状态。

2018年7月，抖音官方正式宣布，抖音全球月活跃用户数超过5亿。8月，快手月活量为2.19亿，抖音为2.09亿，分列第一、二位。联通沃指数移动APP排行榜显示，2018年9月快手以月活3.09亿位居总榜单第13位、短视频平台第一位，抖音月活则为2.7亿。综合分析2018年1月至9月短视频平台月活数据，虽然个别月份有所波动，但快手持续处于领跑状态，而抖音在2018年上半年疯狂增长之后，增长率趋于稳定，依然追赶身前的快手。

尽管抖音和快手占据绝大部分短视频市场，但一些新兴的短视频APP将市场和用户细化，由大众向小众转变，立足自身定位，形成自身独有的风格和特点，在激烈的市场竞争中依然能够获得用户的青睐。比如致力于构建属于年轻人的音乐短视频区奶糖APP、人人都能进行创作的短视频平台猫饼短视频、录制真人特效短视频超能界APP等。短视频APP纷纷涌现的同时，同一用户也有着多样的需求，据统计，4.5%的用户安装5个以上短视频APP；8.5%的用户安装4个短视频APP；安装3个短视频APP占19.3%；安装2个短视频APP

的则为25%；有45%的用户只有一个短视频APP。

这时，由短视频不断发酵所带来的网红经济，也开始得到资本市场的青睐，短视频从此开始了资本化运营、产业化发展，也拉动了视频行业一批优质UGC内容制作者的崛起，吸引微博、秒拍、快手、今日头条等一批优秀的内容制作团队入驻。

在2018中国网络视频年度高峰论坛上，一下科技高级副总裁张剑锋谈道，短视频行业当前处于爆发增长期，表现为"竞速"和"下半场"这两个特点。前者指时间和速度的比拼，后者指巨头入场和淘汰赛的出现。

张剑锋认为，从行业本身、市场规模、投融资等方面的数据来看，2018年短视频风口依然强劲。特别是市场规模处在成倍的攀升当中，相关数据显示，2018年是57亿，预计2020年将超过350亿。

尽管短视频当前处于风口期，但决定向上发展的势能仍然来自内容创作方。这时，想要进一步提升创作能力，内容创作者首先要解决包括内容优质性、内容生产能力、平台高效联动性、商业转化、撬动资本等在内的5个问题。

三、短视频发展的三个阶段层级

从短视频行业发展历程来看，其发展大致经历了三个阶段。

第一个阶段是在2013年—2015年，以自秒拍、小咖秀为代表的短视频平台出现，创新的内容展现形式给用户以新鲜感，在社会上形成了话题度，并逐渐被更多用户所接受。以用户为中心的内容生产模式初步确立，也为短视频"野蛮式"发展奠定了用户基础。

2013年10月，秒拍正式上线。为推广平台知名度，除邀请多位明星加盟外，秒拍还与微博展开合作，利用其巨大的流量进行渠道扩展。10秒的视频时间单位跨越了技术门槛，让用户内容制作与快速分发成为可能。同时这种形式击中了用户如何利用碎片化时间的痛点，使其在短时间内积累了大批粉丝，为后续的发展奠定了基础。[1] 上线两个月后，秒拍平台上部分明星用户短视频的单日点击量突破400万，短视频发展势头强劲。

---

[1] 胡韵. 试析社交媒体短视频的发展. 新闻传播, 2018 (4): 60-61.

2015年5月，秒拍同类型应用小咖秀推出，上线数月内用户量超过1 500万，一度成为苹果商店中国区免费应用冠军。小咖秀中，明星成为其重点导入的资源，并通过发布大量对口型视频，获得大量粉丝或其他用户传播。

第二个阶段在2015年—2017年，以抖音、快手为代表的短视频APP崛起，更得到了资本市场的青睐，由此掀开了短视频的资本时代。以之前处在媒体报道风口浪尖的快手为例，2015年至2016年期间，快手用户数量完成了从1亿到3亿的转变，这期间，快手分别于2015年1月和2016年3月获得了来自红杉资本与晨兴资本的注资，2017年，快手还获得了由腾讯领投的3.5亿美元的D轮融资。①

自2016年起，短视频平台开始初步探索广告、导流电商、品牌活动等多元变现模式。短视频流量井喷、营销效应显著。相关数据显示，短视频在2016年的创业融资规模已达53.7亿元，用户数量庞大，每五人中就有一人是短视频用户，这也吸引了不少实力雄厚的互联网公司入局投资。

到2017年，今日头条全资收购北美音乐短视频社交产品musical.ly，交易总价达到10亿美金。关于此次出海，今日头条CEO张一鸣表示，中国的互联网人口只占全球互联网人口的五分之一，如果不在全球配置资源，追求规模化效应的产品，五分之一无法跟五分之四竞争，所以出海是必然的。

同年11月，360在北京举行发布会，宣布推出全新视频分享平台"快视频"，主打1—3分钟的精品短视频内容，并启动"100亿快基金计划"，拿出100亿资金扶植平台上的短视频原创作者。

这一阶段，各大互联网巨头入局，今日头条、腾讯、微博等纷纷站在短视频的风口，一些经验丰富的传统媒体人也加入了这场浪潮。由此，短视频PGC的内容生产模式逐渐成为内容生产的新增长点。这一阶段，短视频用户细分更加明晰，渠道下沉更加明显，短视频的商业模式也开启了一个新纪元。②

2017年至今，各大巨头纷纷入局后，用户习惯逐渐养成，短视频的内容创作与平台渠道开始进一步推动内容领域的垂直细分化。据一下科技与秒拍发布的《2016短视频内容生态白皮书》显示，2015年秒拍的原创作者榜单中，排

---

① 沈明辉，孙婉莹. 抖音快手崛起之谜. 恒大研究院. 2018-8-27.
② 罗懿. 我国短视频发展现状及趋势. 电子技术与软件工程，2018-12-4.

名前列的大多为生产纯搞笑、泛娱乐类内容的博主，此类内容在短视频发展初期易吸引用户注意力，从而获得流量，但由于内容同质化问题难以避免，商业变现能力整体较弱。①

对比历年榜单数据，短视频领域内容愈发垂直细分化的发展趋势愈发显著：创作者逐渐细化、明晰自身定位，向某一专业垂直领域过渡，短视频变现能力也随之增强。

第二节　短视频的创作特点

一、短、平、快，满足碎片化观看需求

短视频因其技术门槛低、创作周期短而在传播过程中具有短、平、快的特点。随着受众对短视频接受度的提高，短视频长度也逐渐从最开始的数十秒扩展到数分钟。短视频的创作者可利用几分钟时间，既可以带用户领会各类产品发布会精华，又可用轻松的语言带领观众梳理电影脉络，具有"短、平、快"特点的短视频，消耗着用户的碎片化时间，使得用户对其欲罢不能。同时，各个垂直细分领域视频创作者的呈现需求也得到满足。

二、用户流量的零散与聚合

短视频时长从数十秒到数分钟不等，基本不长于10分钟，以适合受众在闲暇时间使用移动手机随时随地观看的需求。据微博数据中心发布的《2016微博短视频行业报告》，超过六成用户会在工作或课间休息时间、入睡之前观看视频，其他高频时间段如通勤、用餐时段均属于碎片化时间，超过七成用户观看视频时长在5分钟以内。然而，用户在碎片化时间可创造出巨大流量，截至2016年6月，我国网络视频用户规模达5.14亿。其中，移动网络视频用户占

---

① 一下科技, 秒拍视频.2016短视频内容生态白皮书. http://www.sohu.com/a/124071283_483389.

总视频网民的 85.6%。[①]

一个短视频账号往往只发布同一领域的相关内容，这些短视频接连构成了一个账号制作和发布视频的内在逻辑节奏，从而吸引持久、固定的粉丝进行互动。在娱乐搞笑、财经、军事、科技、美食、生活等领域，均有融资成功的案例。

三、用户需求成为首要驱动力

从微博崛起开始，"受众"与"用户"的分割线愈加模糊，网民实质上已从"受众"转变为"用户"；而"用户"在很多时候也是"受众"，使得"去中心化"时代逐渐进入全民内容生产时代。用户细分，使得视频内容也发生相应变化。[②] 同时，用户感官被短视频不间断轰炸，也容易出现审美疲劳，这是各大短视频平台重点考虑的问题。

如今的用户时间呈现碎片化趋势，而后续这种趋势是否会延续，也是继续考虑的问题。如 2017 年年底至 2018 年现阶段，抖音以"打品牌"等模式激发用户的短视频创作热情，极大程度上拓展了抖音在用户中的品牌影响力，但是现在抖音也被很多批评套路化，问题凸显。[③]

第三节 短视频面临的主要问题

任何一种新媒介的发展都伴随着一定程度的不确定性和风险性，尤其是像短视频这类还处于萌芽探索阶段的新媒介更是如此。与其他媒介相比，短视频拥有特殊的传播优势，但在其发展过程中，也出现了 UGC 短视频内容质量不高、PGC 短视频低俗化、社交媒体病毒式传播易诱发舆论危机等负面问题。总结来说，当前短视频发展过程中出现的基本问题如下。

[①] 2016 微博短视频行业报告. http://www.sohu.com/a/122450864_334205.
[②] 吴佳妮. 音乐社交短视频软件何以走红——以抖音 APP 为例. 新媒体研究，2017（18）：88.
[③] 短视频行业火热 抖音全球月活跃用户数突破 5 亿. 中商情报网，http://finance.ifeng.com/a/20180717/16389115_0.shtml.

一、消耗时间的利器

为了赢得更多点击量、博取受众眼球，大多视频创作的初衷只是逗人一笑，含金量不高，但占用时间却很长。从日常体验来看，如今人们对于短视频消费其实是沉迷式的。做个比喻的话，可以说短视频消费像是在吃零食，在无意识沉浸其中的时候就把时间消耗掉了，因此，如今短视频已经成为人们公认的"杀时间利器"。

此外，视频信息片面也将导致信息失真。某些短视频内容过于夸张，有些甚至伪造，但事实上很有可能被模仿，造成极大负面影响。

二、"三俗"内容屡见不鲜

短视频的传播特点中，快速传播、低成本、低门槛，这些几乎无条件的创作限制，却带来更多的"三俗"内容。尤其某些短视频创作者为了迎合受众猎奇心理，使得"三俗"内容更加泛滥。

在市场监管不严格的一段时间里，甚至有以"什么样的视频能够吸引受众，就拍什么样的视频"为理念的创作，连大众媒介都一度被湮没在了嘈杂、野蛮、粗俗的喧哗之中。

三、内容创作问题频发

发展至饱和状态时，短视频也开始出现内容雷同的问题，优质内容欠缺、供给量不足给短视频发展带来了巨大威胁和挑战。简单来说，一旦某个视频引爆话题点，便会有越来越多的用户相继模仿。这就导致了大量雷同短视频的内容是空洞的，毫无价值。

此外，短视频属于一个爆点式传播，那么很多内容需要在黄金的五六秒之内突然爆燃，那么这和其他的视频创作有非常大区别，它不能娓娓道来，不能从容布局，它需要在最短时间内抓住用户注意力。目前很多短视频存在着拖沓冗长的情况，短其实比长更难，需要更精彩，有情节有完整性这是非常大的考验。包括对爆点的提炼，数据分析及全领域营销等。

四、个人隐私安全难以把控

由于短视频传播性极强，因此短视频中的人物很容易成为"网红"，在赚流量、赚人气的同时，这些"网红"的隐私也容易暴露在公共环境下。例如近年来出现的多起不雅视频事件，一经上传就被快速传播，视频中的人在不知觉的情况下很快被"人肉"搜索出来，这往往对当事人造成严重伤害。[①]

第四节 规范短视频发展的有效手段

无可厚非，5年来，短视频行业取得了很好的成绩。但不可忽视的是，一边是短视频盛行，另一边则是短视频乱象、内容质量不高等问题。这也引起了国家相关部门的重视。

2018年9月14日，国家版权局针对重点短视频平台企业存在的突出版权问题，约谈了15家企业，责令相关企业进一步提高版权保护意识，切实加强内部版权制度建设，全面履行企业主体责任。

国家监管部门的介入，对规范短视频行业起到了一定作用，这也更引起各方反思。站在短视频行业自由发展与行为规范的风口，如何正向推进这一全民互动平台的进一步发展，成为当下短视频行业发展的主要问题。对此，相关监管部门也进行了系列措施予以扶正，这在很大程度上规范了当下短视频行业发展。

通过一个多月的整改，短视频平台版权整改取得阶段性成效。截至2018年11月7日，15家短视频平台共下架删除各类涉嫌侵权盗版短视频作品57万部，其中，秒拍、土豆、美拍、哔哩哔哩、小影、56视频等平台企业清理下架数量较多。[②]

按照国家版权局的整改要求，多家短视频平台进行自查，包括内容导向、版权等多个层面。好看、微视、抖音、西瓜、快手、火山等平台，采取永久封

[①] 孔文华. 移动互联网时代自媒体平台短视频问题及对策研究. 视听，2018（2）：99－100.
[②] 郑毅. "剑网2018"短视频平台整治初见成效. 中国商报，2018－11－15.

禁账号、短期封禁账号、停止分发、扣分禁言等措施予以清理。各短视频平台企业还通过建立 7×24 小时用户投诉举报处理通道、三审三查版权审核制度等，完善版权投诉处理机制，加强维权管理，及时受理权利人的投诉。火山、西瓜、快视频等平台针对封禁账号建立黑名单制度；好看、哔哩哔哩、美拍、快手、火山、微视等平台对照国家版权局发布的重点作品版权保护预警名单，开展清理自查，删除涉嫌侵权作品；抖音、西瓜、好看、秒拍、快视频等平台企业分别与中国音乐著作权协会及相关新闻单位、唱片公司、影视公司等开展版权合作，加强内容版权管理。①

国家版权局相关负责人表示，将进一步加强对短视频平台企业的版权监管，通过行政约谈、行政处罚、刑事打击等手段，有效整治短视频行业存在的侵权问题，构建风清气正的网络版权环境。

要规范短视频行业发展，除了相关监管部门的有效措施，还需要自媒体平台、受众和法律三者齐头并进，才能对短视频进行更好的监管和控制。

首先，自媒体平台要制定严格、完善的管理机制，对发布问题视频的账号进行严肃处理。其次，受众不仅要自律，还要他律，要有意识地对不良内容及时进行举报。最后，有待相关监管部门进一步完善相关法律法规，从法律层面对短视频行业进行管控。此外，一经发现发布低俗、色情等违规视频的用户，必须对其账号进行封号处理，并全网联通，限制该账号申请人再次申请入驻本平台或其他短视频平台。

其次，要提高内容审核标准。如今，全面爆发的短视频行业，除了类目内的竞争此消彼长，类目之间的壁垒也已突破至多类目竞争，甚至波及直播、音乐、社交等多个领域，正逐步演化成一场产业级的零和战役。然而需要认识到的是，"内容为王"依旧是新媒体时代不变的真理，真正支撑短视频向上发展的势能主要是来自于创作方。创作方要面对的有几个门槛：第一，是否能够保证内容优质；第二，是否能够有持续的内容生产能力；第三，能否和平台高效联动；第四，能否实现自己的商业转化；第五，能否撬动资本。

此外，目前短视频项目变现手段仍有限，更多的是靠品牌广告和观众打赏，本质上都属于影响力价值变现。且节目本身可持续生产优质内容有限，要

---

① 郑毅. "剑网 2018" 短视频平台整治初见成效. 中国商报，2018 – 11 – 15.

求视频创作者舍弃行业固定思维模式，转向更具创意、专业化程度更高、更精准目标用户的内容生产。

2018年，内容端引发的分流使人们对短视频的热情有所下降。同时，国家监管部门频频出手，也使得短视频行业日益规范。此外，经历过野蛮式增长之后，短视频用户数量趋于饱和，深耕内容成为短视频运营者的主要任务。

渠道融合创新篇

第五章 中国科传融合创新：
推进产业链一体化，走向产消融合

韦英平[1]

中国科技出版传媒股份有限公司（以下简称中国科传）提出了打造中国科技出版"旗舰"、实现从传统出版向知识服务转型的总体战略目标，实施资源集聚、产业链一体化、出版数字化、队伍专业化和企业国际化五大战略，规划布局了专业智库、智慧教育、健康医疗三大业务集群，正在建设专业智库、智慧教育、健康医疗、智能管理、精准营销五大云平台。

本文利用出版融合发展的理论进行分析，认为中国科传融合创新发展的逻辑主线是实施产业链一体化战略，将出版活动融入和服务中国科技创新活动，逐步实现产销融合乃至产消融合。资源集聚战略、出版数字化战略、队伍专业化战略，是从内容资源、技术和经营管理三方面为产业链一体化战略提供支撑，企业国际化战略则是这一战略实施范围的拓展。

该公司正在发展的三大业务集群，暗含着信息服务、知识服务和平台服务三层业务框架；信息服务是知识服务的基础，平台服务是利用信息提供知识服务的支撑。要推进这些业务的发展，要实现从传统出版到新兴出版的转型升级、从信息服务到知识服务的融合发展，需要内容资源、技术和经营管理三类平台的支撑。

本文还介绍和分析了"爱医课"教学平台和传统教材出版相得益彰、科技期刊全流程数字化与集群化、按需印刷支撑传统出版转型发展的实例。在走向产消融合、实现知识服务的目标面前，这些探索只是阶段性的成果。主要由生

---

[1] 韦英平，中国人民大学博士，传媒经济学专业，做过新闻记者、图书编辑、数字出版等工作，现任中国海关出版社总编室主任。

产者驱动的按需印刷、信息服务,需要向用户驱动的按需出版、知识服务演进。

出版业的融合发展,正在走过生产端融合(生产者导向的媒介融合,出版机构推出图书、期刊、网络出版物等产品,而无力顾及读者如何消费使用这些产品)的阶段,走向消费端融合(消费者导向的产消融合,出版机构根据用户需求组织信息产品,直接满足用户在具体场景中的知识消费需求)的阶段。中国科传目前正处于从媒介融合到产消融合的过渡期,即产销融合(产销一体化)阶段。

第一节 融合发展的理论:从媒介融合到产消融合

本文将运用关于出版业知识服务转型研究的理论成果。简言之,就是在区分数据、信息和知识等概念的基础上,区分信息服务、知识服务和平台服务等商业模式,[①] 区分媒介融合与产业链融合等融合发展模式,并运用这些概念和模式来审视出版业,分析中国科传的转型发展及融合创新。

笔者认为,信息作为与物质和能量并存的存在,按照其存在方式可以区分为数据、信息与知识。

数据,是描述事物属性的符号。信息,指结构化、有意义、可以作为行动指南的数据,是显示于物质载体上的"形式知识(显性知识)"。知识,指已经内化为具体个人的经验和行动能力的信息,是"暗默知识(隐性知识)"。

据此理解,出版业所能提供的产品和服务,可以区分为信息服务、知识服务和平台服务。

信息服务,指的是服务提供者向客户(包括最终读者和中间商)提供承载着信息的产品(出版物),比如出版机构向批发商、零售商、电商提供图书、期刊、网络出版物等,当这些质量合格的出版物送达用户手中,信息服务就结束了。传统出版机构提供的通常只是信息服务。

知识服务,指的是服务提供者直接向最终用户提供信息产品、营造知识场

---

① 韦英平. 出版业转型模式——面向用户个性化需求的场景知识服务. 中国人民大学, 2018.

第五章　中国科传融合创新：推进产业链一体化，走向产消融合 ┃渠道融合创新篇┃

景，在帮助用户实现从信息到知识的转化后，个性化的知识服务才算完成。用出版业的术语来说，知识服务是出版人在特定社会条件下，针对众多不同用户的差异化知识需求，编辑相关作者的作品，形成定制出版物，营造出版人、用户和作者的交互场景，以便于用户接收信息内容或学习知识的过程。简言之，知识服务是出版人整合分散作者的场景知识，满足众多用户差异化场景知识需求的过程。

平台服务，即技术系统与经营管理体系服务，这是支撑作者、出版者和用户的产消活动的赋能体系，如提供创作服务的简书等作者服务平台，提供产品销售服务的电商平台，提供图书解读和知识服务的樊登读书会等知识服务平台，提供融资功能的上市公司平台。

在基于平台提供信息服务和知识服务，以及信息服务向知识服务转化的过程中，存在着纵向、横向两个方向的融合。横向的融合是媒介融合，即丰富多样的信息载体的融合，尤其是传统媒体与新兴媒体的融合。纵向的融合即产业链的融合。

产业链的融合从发展阶段来说，往往先实现产销融合（生产与销售一体化），再实现产消融合（生产与消费一体化）。

产消融合过程不仅有融合的形态问题，还有融合的方向问题。在互联网时代，生产者和消费者的关系正在发生两个方面的变化：其一是产消融合[①]，由用户发起生产过程，通过一线员工来响应和满足用户的个性化需求；其二是产消逆转，经济过程的指向，不是从生产者到消费者，而是从消费者到生产者。[②]

因此知识服务中的产消融合，不但是生产和消费合一，而且是由消费者主导的产消合一。

本文将运用上述分析工具，利用中国科传提供的资料（包括上市公司各类报告）以及有关中国科传的公开资料（包括学术论文、新闻报道），分析中国科传融合创新的思路与实践。

[①]　生产与消费融合的思想，最早是托夫勒提出来的。他在《第三次浪潮》（1980 年）、《财富的革命》（2006 年）中先后提出了"产消合一者"（Prosumer）、"产消合一"（Prosume）的概念。而产消关系中，应由消费引导生产，互联网经济学者姜奇平认为这是青岛海尔公司张瑞敏的创见。

[②]　姜奇平．海尔的网络化战略．互联网周刊，2013（Z1）：86-87．

第二节 战略定位：产业链一体化，融入科技创新活动过程

近 20 年中国出版业的发展，从业态变迁看，呈现着"传统印刷出版—数字化网络化转型—知识服务升级—融合发展"的脉络。在这个过程中，政府发挥着较强的引领作用。中国科传的发展，也大致沿着这样的脉络。这个脉络演进的方向，就是融入和服务科技创新活动。

2010 年前后，国家出台一系列政策，大力推动出版数字化转型升级。

2009 年 9 月 26 日，国务院出台《文化产业振兴规划》，要求推动发展新兴文化业态、新兴出版发行业态。教育部 2010 年发布《国家中长期教育改革和发展规划纲要（2010—2020 年）》，2012 年发布《教育信息化十年发展规划（2011—2020 年）》，要求提高信息化教学水平。

响应国务院的要求，2010 年 4 月 30 日财政部发布《财政部关于印发〈文化产业发展专项资金管理暂行办法〉的通知》，8 月 16 日新闻出版总署发布《关于加快我国数字出版产业发展的若干意见》，2012 年 7 月 23 日财政部发布《关于做好中央文化企业国有资本经营预算支出管理工作的通知》，为出版业数字化转型提供政策与资金支持。

在这一背景下，科学出版社提出了"转型升级"的战略目标："立足知识创新的源头，融入学术活动的过程，将科学出版社打造成为'中国科技出版旗舰'，成为中国最大的科技内容集成商和科技信息服务商，成为国家创新体系知识传播系统的骨干力量。"2008 年到 2009 年，科学出版社完成了期刊和图书两个项目的建设，图书项目加工图书超过 35 000 种，实现了图书出版的数字化同步；期刊项目可实现期刊从投审稿到发布的全流程数字化管理。[1]

2012 年，中国科传启动"数字科学"工程，建设数字出版平台、ERP 平台和电子商务平台；2012 年年底收购北京万方数据股份有限公司 15% 的股权，

---

[1] 王昇. 科技出版数字化转型中的探索——管窥科学出版社数字出版实践. 科技与出版，2013（06）：7-10.

希望通过外部合作来加大技术整合力度，加快平台的建设，实现整合产业链的目标。①

2014 年 8 月 18 日，中央全面深化改革领导小组第四次会议审议通过了《关于推动传统媒体和新兴媒体融合发展的指导意见》，提出了打造新型主流媒体、新型媒体集团，形成立体多样、融合发展的现代传播体系的要求。

2015 年 3 月 31 日，新闻出版广电总局和财政部联合下发《关于推进传统出版和新兴出版融合发展的指导意见》，提出争取用 3—5 年的时间，打造一批形态多样、手段先进、市场竞争力强的新型出版机构，建设若干家具有强大传播力、公信力、影响力的新型出版传媒集团。

在这一背景下，在体制改革、转型发展的进程中已经实现了企业化（1999 年）、公司化（2007 年）、股份化（2011 年）的中国科传，最终实现了上市（2017 年）②，完成了从企业化到资本化的改制历程，并利用市场机制和资本的力量，加速布局数字出版，推动传统出版和知识服务融合发展。

在 2017 年 1 月发布的《首次公开发行 A 股股票招股说明书》中，中国科传进一步明确了公司的五大战略、三个愿景、一个目标，并在此后的年度报告和董事会工作报告中加以阐释、进行微调。

实现一个目标，即将公司打造成为中国最大的科技内容集成商和科技信息服务商，成为"中国科技出版旗舰"。

建设三个基地，即强化建设中国重大科研成果出版基地、中国科技期刊出版基地、中国科技出版海外基地。

实施五大发展战略，即资源集聚战略、产业链一体化战略、出版数字化战略、队伍专业化战略和企业国际化战略。

其中，内容资源集聚战略是以重大出版项目为抓手，加快科技出版资源整合与资产重组，为出版转型提供内容资源准备。出版数字化战略的目标是实现内容生产、管理过程、产品形态、传播渠道的数字化、网络化转型，为出版转

---

① 林鹏．中国科技出版传媒股份有限公司转型升级．2018 年 11 月 10 日．http：//www.chinaxwcb.com/2013-03/11/content_264929.htm.

② 科学出版社于 1954 年 8 月成立，为中国科学院下属事业单位；1999 年 4 月 15 日转制为全民所有制企业；2007 年 3 月 29 日转制为有限责任公司；2011 年 5 月 12 日变更为股份公司，2011 年 6 月 15 日，公司名称变更为"中国科技出版传媒股份有限公司"，当年进行增资扩股，引入科技出版领域股东电子工业出版社和人民邮电出版社；2017 年 1 月 18 日在上海证券交易所上市。

型提供技术平台保障。

值得重视的是产业链一体化战略，这才是中国科传发展战略的灵魂，其中蕴含着出版商业模式革命的想象。这一战略正在从"产销融合"向"产消融合"发展。

招股说明书中的产业链一体化是"产销融合"：即优质科技内容资源获取、数字加工与集成、营销与传播是出版产业链的重要环节，通过一体化运作为公司资源集聚提供有力的业务支撑。公司结合企业资源管理（ERP）系统建设、营销体系创新、复合出版平台构建，打造先进、高效的生产运营、资源加工、信息传播体系。

2018年10月26日上午，在中国科传2018年度战略研讨会上，董事长林鹏阐述了中国科传"十三五"后期以及未来的战略发展方向和战略实施重点，包括构建产品+服务+金融三元产业格局等三大格局，在向科技传播的一体化科研服务转型等三个重点方面获得突破，加快建设智能出版一体化平台等创新支撑体系。[1]

在我国各个出版机构中，中国科传的产业链一体化战略独树一帜，它基于中国科传在所服务行业的地位及其长期的内容资源积累，比较难以模仿。这是"大块头"的战略。

第三节　三大业务集群：智库、教育、医疗健康的融合发展

中国科传目前已经是一家综合性出版机构，业务横跨科学、技术、医学、教育、人文社科领域，存量图书资源有近5万种、年出版新书4000余种，拥有期刊300余种。自2013年起，根据从传统出版向知识服务转型升级的总体发展战略，中国科传逐步打破企业媒介的界限，把出版业务整合为专业智库、智慧教育、医疗健康三大业务集群，推动融合发展，多个数字化平台已相继上线

---

[1] 中国科技出版传媒股份有限公司. 中国科传2018年度战略研讨会召开. 2018年11月10日. http：//www.sciencep.com/zxzx2017/wsyw2017/201811/t20181105_4544823.html.

第五章　中国科传融合创新：推进产业链一体化，走向产消融合 ｜渠道融合创新篇｜

运行并获得收益。

科技专业出版是中国科传的特色出版类型。专业智库是中国科传基于优质专业内容资源、面向专业用户打造的专业数据库集成平台。该业务集群形成了3个层次的产品构架：基本文献型、学科专题型、解决方案型，以满足不同学科、不同层次用户的需求。[①] 三类产品需要的专业度、资源颗粒度和功能丰富度均依次递增。

基本文献型产品，即图书期刊文献类产品，完全保留出版物知识封装形式的在线服务平台。其中的图书类代表产品是科学文库。这是科学出版社最早开发的专业数字产品，它集成了科学出版社60余年来出版的专业图书约5万种，并且每年更新3 000余种；按照国家学科标准分为15个学科辑；2017年完成了V5版本的功能升级迭代，增加了维度分类，提升了在线阅读体验；近两年新增试用机构近300家。期刊类以《中国科学》杂志社自主研发的SciEngine平台为代表，该平台对接用户从投审稿、论文发表到国际化传播的全流程需求，对标Elsevier、Springer等国际科技出版商的期刊出版平台。

学科专题型产品，即适当细化知识封装形式颗粒度、细化内容主题分类的在线产品。代表产品是科学智库。它集成了数十年来科学出版社出版的咨询报告和智库研究成果，以学科专题分为若干子库，打破原有的界限和维度，使得专业知识更集聚、更容易被发现和使用；对标以国务院发展研究中心调查研究报告为主的国研报告数据库、以美国政府科技报告为主的尚唯科技报告数据库等。

解决方案型产品，即知识化产品，这是完全打破知识封装形式以满足垂直专业领域用户精准定制化需求的在线产品。代表产品是中国生物志库，它基于《中国植物志》《中国动物志》以及后续出版的各类物种志书、名录、图谱等更新资源，对标平台有Springer公司的Springer Materials、美国国立卫生研究院的PubChem等。

作为中国科传专业数据库集成平台在医学领域的成果、健康医疗业务集群的重要组成部分，中科医库由中国科传联手全国医疗机构及专家，选取临床医

[①] 赵慧明. 面向数字业务的"全套人马"，如何成为中国科传融合发展战略转型成功的基础保障？2018年10月28日. http://www.bookdao.com/article/405337/.

学各学科常见病、多发病及疑难病，由专家对案例进行解析、点评，实现全国范围内优质临床资源的共享，为临床医生和医学院学生提升临床思维、提高诊疗水平提供指导、帮助与支持。该平台于2015年9月正式上线，涵盖内外妇儿、影像等多个临床科室。截至2018年3月，拥有6万余份案例及素材；学科覆盖范围进一步扩大已初步形成4个优势学科集群；合作专家1 000余名；已在全国除西藏和港澳台以外的29个省、自治区和直辖市进行推广，试用机构100余家。

教育出版也是中国科传的传统出版类型。中国科传旗下的龙门书局以出版中小学文教读物著称。作为智慧教育业务集群的主要组成部分，中科云教育平台是结合互联网技术及增强现实技术打造与中国科传重点学科纸质教材相配套的，集课程制作与管理、在线考试、远程培训、教学资源交易、信息共享等功能于一体的教学综合服务平台。该平台于2016年5月正式上线，2017年完成第二期技术升级，上线课程200余门，配套题库20余万道，资源50 000余份，有5 000余个各学科的教学资源，平台注册教师近500名，注册学生超过2万，活跃用户约5 000人，总计学时超过7万小时，累计登录达20万人次。

在三大业务集群中，均有信息服务和知识服务的业务形态，均存在着传统纸介质出版物与网络出版物相得益彰的媒介融合。此外值得关注的是，专业智库业务集群中的数字化期刊集成平台，有了信息服务+知识服务+平台服务的媒介融合及产业链融合的框架雏形。

第四节　融合创新实例："爱医课"教学平台与纸介质教材两相宜

中国科传医学互动教学平台"爱医课"，通过增强现实技术与传统图书、3D模型与音视频讲解、云笔记与电子书、课后复习与即时考试、学生间交流与教师间互通有无的结合，适用于各层次各专业，贯穿课前、课中与课后等教学全过程，为卫生职业教育领域提供教学、考试、培训等综合服务。截至2017年，"爱医课"注册用户近10万人。

中国科传在一些中等职业学校推广使用"爱医课"，获得了比纸介质图书更高的利润。基于"爱医课"对医学考研考试图书所进行的尝试[①],说明该平台有助于提升图书的市场价值。

该套图书以前每年销售量约为 10 000 册,因为其他出版社同行的竞争,销量下降到了 8 000 册。如果年销售量进一步下降到 3 000 册,收益将低于成本,没有利润。因此,在销售量下降至 8 000 册时,该社尝试结合"爱医课"平台运营该套图书。

在"爱医课"平台上有很多对图书的增值服务。作者和编辑可以随时回答读者的疑问。平台增加了考前考试专家的模拟试题。旧的试题没有放在实体书上,而是放在平台上共享,实体书定价不降。这样不仅方便了读者,还可以节约成本。另外,学生可以在平台上报名参加作者的网络课堂。

"爱医课"平台还提供了激励用户的机制。可以把那些考研学生中的成绩优异者,吸收为来年考研图书的作者,或者对出谋划策者进行奖励。在平台中交流时,对能够纠正图书中错误者实施奖励。

"爱医课"平台用户的反馈能够为图书生产决策提供有效的依据。平台上有一个论坛,考生、老师和编辑可以进行互动,深受用户欢迎。互动中用户比较认同平台的作用,即平台上的互动比一般的考研论坛专业信息更集中,甚至能找到自己的同班同学。

例如,关于实体书页码数减少、定价不降是否可行,编辑通过在平台上互动调研,确认用户能够接受这种做法。原因就在于出版社积极鼓励用户上平台注册、提供免费试题和贴心解答。用户的反馈坚定了编辑的信心。实际效果是在页码减少、定价未降的情况下,该套图书实现年销售 11 100 册,不降反升。

同样借助平台,编辑对已有的《中医急症学》教材进行了重新改造。急症应急虽然不复杂,但是对学生而言,是必须掌握的。编辑将一些必须掌握的急救操作拍摄成视频,读者可以扫二维码观看。以前该教材以传统方式出版时,年销售 3 300 册左右,一些学校的学生选择了复印而不是购买该教材。增加二维码关联视频后,该教材年销量增加到 5 500 册。销量增长的原因,一是数字化教材本使用体验更好,更具吸引力;二是基于防盗链技术,复印教材的二维码无法扫描,使用复印件教材的学生无法体验增值服务,因此一些学生放弃复

[①] 郭海燕. 科学出版社医学著作数字化出版研究. 北京理工大学,2016.

印教材转而购买原版教材。

第五节　三层业务结构：信息服务，知识服务，平台服务

中国科传对主要业务的描述，在《首次公开发行A股股票招股说明书》中是"图书出版业务、期刊业务及出版物进口业务"；在《中国科技出版传媒股份有限公司2016年年度报告》中是"图书出版业务、期刊业务、出版物进出口业务"，"出版物进口业务"改为"出版物进出口业务"；在《中国科技出版传媒股份有限公司2017年年度报告》中是"图书出版业务、期刊业务、出版物进出口业务和知识服务业务"，增加了"知识服务"。

中国科传对数字化业务的描述，在《首次公开发行A股股票招股说明书》中还是"数字出版"，正文中无"知识服务"；《中国科技出版传媒股份有限公司2016年年度报告》中将"知识服务"纳入业务描述框架；《中国科技出版传媒股份有限公司2017年年度报告》进一步把"知识服务"列为主要业务类型。

由上述情况可知，正如《中国科技出版传媒股份有限公司2016年年度报告》所说，中国科传在登陆资本市场后，充分运用上市公司的融资平台优势，加快布局"产品（图书期刊）+服务（知识服务）+金融"的三元业务架构，推动产融结合发展；开展上下游整合工作，加快科技内容资源集聚，为向知识服务转型提供资本支撑，推动公司产业升级以及多元化发展。

"产品（图书期刊）+服务（知识服务）+金融"的三元业务架构，实际上是"信息服务+知识服务+平台金融服务"的结构。

《中国科技出版传媒股份有限公司2017年年度报告》所列2018年经营计划，把传统出版向知识服务的转型升级列为重点工作，具体工作包括"内容+""服务+"和"技术+"，也可以理解为三层业务结构：信息服务、知识服务和技术平台服务。

第一层业务，立足"内容+"，集聚优质内容资源，提供信息服务。内容形态，包括传统书报刊的内容形态，和需要快速集聚的专业知识库、数据库、图片库、案例库等数字内容形态，以及正在构建的各垂直领域的知识图谱或语

义本体。

无论是传统形态还是数字形态，都在不断丰富信息的传播形态。而信息的功能是提供知识服务的场景，为知识服务夯实基础。

第二层业务，立足"服务+"，打造服务型知识产品，提供知识服务。即利用新兴技术，向目标群体提供高附加值、高层次、知识型的服务，实现面向科研生命全周期的"服务+"。

中国科传虽未全面实现面向用户个性化知识需求的知识服务，但是正在开发知识服务的过渡形态——服务性产品。其中，学科知识库产品要面向特定用户群体的需求不断创新功能；数字教育方面，打造和依托数字化的教辅平台、教学资源平台，优化学科产品设计，瞄准个性化教育服务；打造和依托中科医库、医兮网平台，为医务工作者、普通老百姓提供个性化健康诊疗支持。

第三层业务，立足"技术+"，依托资本力量与经营管理创新，打造智能出版一体化平台。在已建成的在线投审稿平台、在线优先发布系统、智能化按需印刷平台等多个生产平台的基础上，探索利用大数据、人工智能等新兴技术，一方面进一步研发在线编辑器、自动化排版工具、智能化质检工具等一系列新的生产平台，另一方面研发用户智能服务中心，从而实现智能化运营、个性化服务、产消融合。

借助技术和经营管理平台的支撑，中国科传力求从传统的编印发线性化、生产者主导的业务流程，转变为面向整个科研生命周期，贯穿科研立项、基金申请、内容服务、交流研讨、出版发布、学术评价这样的知识生产和知识消费循环，使中国科传的出版活动融入科技创新活动过程，并成为科技知识生产、传播与消费的支撑平台。

第六节　融合创新实例：科技期刊全流程数字化与集群化

根据国际大中型科技出版机构的发展经验，期刊业务远大于图书业务，期刊的数字化转型也比图书的数字化转型有成效。因此中国科传将期刊业务视为公司转型的关键，2013年加大对期刊业务的投入和支持力度，提出要点面结合、重点突破。

从"点"上讲，要在高端科技期刊上实现突破，除了"两刊"（《中国科学》和《科学通报》）外，要创办新的重点期刊；从"面"上讲，要完成3—5个学科领域精品学术期刊集群建设工作；同时，加快期刊协同编辑平台、中国科技期刊网、中国科学院科技期刊开放获取平台的升级工作，为期刊业务发展提供有力支撑。①

从"面"上看，目前中国科传拥有300余种科技期刊，重点学术期刊的SCI影响因子不断提高；学科期刊集群中先后建立了"地球与环境科学信息网（EES）"和"材料期刊网"等信息网络平台。

其中，EES能够为学科期刊编辑部提供自动排版、数据加工及标准化、发布、统计和评价、数据分发等服务，即为学科期刊的运营提供技术工具和平台服务；为科研人员提供文献检索和计量统计、学术热点追踪、在线投审稿等知识服务；为图书馆、政府和企业提供信息服务。EES于2013年完成一期建设，2016年完成二期升级；目前收录期刊178种，论文摘要90余万条，论文全文近3万篇，图书近3 000种，专家资源6 500余位。

从"点"上看，《中国科学》杂志不仅学术影响力持续提升，还在数字化转型与融合发展方面进展迅速。

早在1997年，《中国科学》杂志社就建立了自己的网站；1999年推出电子版和网络版；2003年加入CrossRef，注册DOI标识符；2004年自主研发"学术期刊管理系统"，基于网络实现了作者、编辑、审稿专家统一化、规范化和标准化的工作环境；2014年启动中国科技学术期刊国际传播平台（SciEngine）建设，整体于2016年4月正式上线运营。

SciEngine借鉴了国际同类平台的先进理念和管理模式，引进国外主流出版软件、遵循国际通行标准进行定制开发，由SciCloud投审稿系统、AAPP生产与排版系统、ACM生产管理系统以及SciEngine发布系统四大部分组成，能够快速实现与国际先进出版平台的接轨。

---

① 林鹏. 中国科技出版传媒股份有限公司转型升级. 2018年11月10日. http：//www.chinaxwcb.com/2013-03/11/content_264929.htm.

SciEngine 的目标用户包括出版商、期刊编辑部、图书馆、广告商等机构用户，以及主编、编委、编辑、作者、审稿专家、读者等角色的用户。

SciEngine 目前主要为中国科传服务，内容资源涵盖《中国科学》杂志社的 19 种学术期刊以及中国科传的其他 10 种期刊，共 12 万余篇文献资源。

未来，SciEngine 将对外开放平台能力，提供全流程出版服务，为中科院乃至国内的科技类期刊赋能：为期刊提供投审稿平台租用服务；为期刊进行 XML 结构化数据转换和基于结构化数据的排版及 HTML 全文发布。期刊用户借助平台可实现多种商业模式，如线上订阅、限时优惠、试用开通、预付账户、在线租赁等。[①]

SciEngine 提供了科技期刊国际化、产业链一体化运营的模式，具备了信息服务＋知识服务＋平台服务的框架雏形。

第七节　三类支撑平台：内容资源、技术与经营管理平台

出版机构的转型升级、融合发展，至少包括内容资源、技术和经营管理三个方面，这些方面均需相应的支撑平台。

中国科传的内容资源支撑平台，在前文三大业务集群部分已有介绍。技术支撑平台主要包括信息技术平台、按需印刷生产平台。信息技术平台对数字化转型、融合发展是必须的。按需印刷（POD）平台则是连接传统出版与数字出版的关键技术平台。信息技术平台在前文中已经和相关业务连带介绍，按需印刷平台将在下一节专门介绍。

本节将简要介绍经营管理支撑平台中的业务组织平台、内容编辑加工平台和投融资管理平台等。人力资源管理、职员角色转型也是经营管理支撑平台的重要组成部分，但由于相关资料有限，本文暂不涉及。

在业务组织平台中有三类部门，包括拥有 28 个图书业务部门（另有相关

---

① 中国科学技术协会．《中国科学》杂志社融合出版实践.//中国科技期刊发展蓝皮书（2018）．北京：科学出版社．

分公司、子公司），8个期刊业务部门，8个数字业务部门。其中分公司有5家，子公司有17家（含两家海外子公司），参股公司有4家。① 它们形成了专业化、集群化、规模化、平台化、产业链一体化、国际化的总体组织架构。

其中，对融合发展发挥重要引领作用的数字业务机构，分为两类部门。其中一类是技术支持部门，包括数据库资源部、数据管理部、数字内容管理制作部、数字出版与技术研发部、线上业务拓展部等，在数据信息、数字仓储、网络环境、平台部署等方面为融合发展提供基础支撑。另外一类是业务发展部门，包括专业出版数字业务部和数字教育发展部，负责统筹各类数字产品的发展模式；发展成熟的业务可以公司化形式独立运作，如成立中科数字出版传媒有限公司。

中国科传鼓励传统图书期刊出版部门和数字业务机构紧密协作，消除职员对转型升级、融合发展的顾虑。以专业类数字产品开发为例，由图书期刊出版部门的核心编辑主导，负责产品策划、需求设计、内容资源整合、运营营销策划等核心工作，可以直接面对终端用户；专业出版数字业务部提供技术开发、技术运维、产品运营、推广销售等全流程工作；虽然数字业务机构承担了大量工作，但是收益还是归属图书期刊出版部门。②

为了建立内容编辑加工平台，中国科传于2012年6月成立石家庄分公司。在传统的、小型的出版机构中，内容编辑加工职能往往设在编辑部门，从而分散了编辑的大量精力，减少了用于产品（包括数字产品）策划与运营等核心业务上的精力。该分公司从事图书和期刊的编辑、校对及排版等业务，为中国科传总部的业务部门以及全国各地分公司提供服务，通过专业化、规模化运作提高编辑劳动生产率。该分公司现有职员近200名。未来该分公司将发展成为集编辑加工、校对、排版及数字化加工于一体的专业化的生产平台。

中国科传的前身科学出版社素有出版"高层次、高水平、高质量"学术专著的传统，中国科传成立后实施"内容质量全面提升工程"，2018年顺应国家发展形势推进"高质量发展"。

在这些背景下，专业化编辑加工平台的意义不仅在于提高劳动生产率，还

---

① 参见中国科传官网对组织机构的描绘：http://www.cspm.com.cn/gsgk2017/jgjs_122574/.
② 赵慧明．面向数字业务的"全套人马"，如何成为中国科传融合发展战略转型成功的基础保障？2018年10月28日．http://www.bookdao.com/article/405337/.

在于提高内容质量和编校质量，更在于推动编辑职能转型和业务融合发展。

作为融资平台，中国科传 2017 年上市后，募集了 83 409.77 万元。这些资金主要就是用来建设内容资源和技术平台的。其中用于"中国科技文库"重大图书出版项目（26 546.33 万元，占比 31.83%）、中国科技信息数字出版项目（36 259.54 万元，占比 43.47%）、中国科技出版物营销体系项目（5 731.33 万元，占比 6.87%）、中国科技出版资源管理平台项目（6 372.57 万元，占比 7.64%）以及补充流动资金项目（8 500 万元，占比 10.19%）。

其中，直接用于信息化与数字出版项目的资金为 48 363.44 万元（占比 57.98%），"中国科技文库"重大图书出版项目的成果也可以转化为数字内容资源。可以这么说，2017 年中国科传上市募集资金的主要目的，就是搭建支撑平台，推动数字化转型升级、融合发展。

通过投融资来搭建技术支撑平台、做大做强业务、加速业务布局，在中国科传上市前已经开始了。2012 年通过参股万方数据，中国科传不仅提升了整合资源、融合产业链的能力，还获得了实实在在的资本收入。据上市公司年度报告，中国科传 2016 年、2017 年分别从万方数据获得现金红利 491.5 万元、435 万元。

充足的资金，也为中国科传进一步发展按需印刷、弥补"产业链一体化"战略印刷短板提供了助力。

第八节 融合创新实例：按需印刷支撑传统出版转型发展

中国科传的学术专著在出版物中占比较高，其特点是品种多，单品市场小众、印量小、销售期长，因此采用胶片和 CTP（计算机直接制版）印刷成本较高，市场需求满足率低，对作者、读者的服务水平较低，经营效益也不高。

鉴于以上原因，中国科传从 2009 年开始与按需印刷服务商合作；2014 年 2 月成立数字内容管理制作部，2014 年 4 月—2016 年 1 月理顺内部打样、内部文件标准化、内部流程、内部运作机制；2015 年下半年启动自有按需印刷生产线建设，2016 年 6 月按需印刷平台上线。

2014—2017 年，数字印刷业务增速迅猛，年度生产码洋由 1 800 万元激增至2.1亿元，增长11.6倍；年度承接业务量由6 000印次激增至4.3万印次，增长7倍；在公司所有印刷中的印次占比很高。同时业务增长周期迅速缩短：2014年8个月码洋突破1千万元，2015年8个月码洋突破5千万元，2016年7个月码洋突破1亿元，2017年9个月码洋突破2亿元。生产周期也稳步缩短，平装胶订图书生产周期由最初6个工作日稳降为4个工作日。

到2017年末，中国科传数字印刷总生产码洋为2.5亿元，生产册数为322万册，简版POD可供品种1.88万种，生产团队近20人，有8个合作伙伴和1条自建生产线，拥有文件收缴平台、印刷文件库、按需印刷智能生产系统。数字短版印刷、数字超短版印刷、零件单和传统印刷形成了融合的发展态势。按需印刷的支撑作用，从过去的辅助支撑到占1/3的支撑，而且发展趋势很好。近几年基本上每年都是用1/3的时间，完成2/3的任务。

按需印刷提升了学术出版的经营效益。[①] 以中国科传生物学学术专著出版为例，自2013年起近三年内，按需印刷占比从不到10%增长到近70%，其价值逐渐体现出来。

首先，按需印刷能提升作者服务，可以为作者提供多版本印刷服务，可以快速满足作者紧急用书的要求。

其次，按需印刷可以满足市场需求，通过短版书印刷、绝版书重印，即时响应、满足小众小量需求。

科学出版社耗时45年，于2004年完成共80卷126分册的《中国植物志》的出版。当时，这套书的126个分册中，近100个分册早已绝版。然而各个图书馆、科研院所以及个人对这些绝版书仍有需求，有的要购买尚缺的单本，有的要购买整套。为此，科学出版社花费半年多时间，对原有纸质版图书进行扫描识别，制作符合要求的电子文件，从2009年开始根据用户的需求重印。目前这套巨著每年都有近50套的按需印刷重印量和销售量。

再次，按需印刷可节约成本，改善经营效益。传统印刷在批量印刷（800册以上）上有成本优势，但印刷周期较长；按需印刷成本比较固定，对印数不敏感，最大优势是印刷时间短，可以做到第一天交文件，第二天见书。[②]

[①] 王静，李秀伟．按需印刷为学术出版注入"强心剂"．出版参考，2015（17）：64-65．
[②] 吴凡洁．科学出版社科技类专著数字出版流程再造和盈利模式研究．北京理工大学，2016．

中国科传生物学专著的新书首印数仅 500 册左右，适合采用按需印刷；从 2013 年到 2015 年，近 500 个品种当中，有 150 种进行过按需印刷重印，一年的平均印数为 80 册至 300 册。如今，中国科传生物学专业图书年出版量 180 种左右，70% 采用按需印刷，每种图书平均节约成本约 2 000 元，全年可节约生产成本约 25 万元。

按需印刷对总体效益的影响，可以从中国科传在图书生产和销售册数均增长的情况下，库存量却逐年下降这一变化中看出来。中国科传 2015 年发货码洋同比增长 41%，库存码洋同比下降 35%；发货码洋和库存码洋比接近 5∶1，意味着花 1 元可以出 5 元的货，资金利用效率等管理绩效在同行中居于领先地位。

根据上市公司年度报告，中国科传 2016 年和上一年相比，图书生产册数增长 5%、销售册数增长 6.43%，库存册数反而下降 8.4%；2017 年和上一年相比，图书生产册数增长 3.59%、销售册数增长 8.69%，库存册数反而下降 10.43%。

中国科传当前的按需印刷业务，大体上还处于数字印刷、针对生产者需求的按需生产、基于完整版图书的按需生产阶段，尚未达到根据最终用户个性化需求按需定制生产的阶段。[①]

在中国科传高层那里，对按需印刷的战略定位，不是按需印刷本身是否盈利，而是按需印刷对商业模式的支撑价值，以及对解决服务模式创新瓶颈问题的支撑作用。[②]

[①] 余若歆. 科学社探路按需出版，个性化服务不再只是空口号. 2018 年 10 月 28 日. http://www.cptoday.cn/news/detail/5782.

[②] 安骏. 科学出版社 POD 业务实践. 数字印刷，2017（11）：59-61.

第六章 "掌控终端,内容为本"打造党媒集团新标杆

闫伊默[①]

面对新形势下传播形态变革及传播格局调整,处于改革开放前沿的深圳报业集团深入贯彻习近平总书记关于新闻舆论工作的重要论述,解放思想、敢为人先、瞄准前沿,坚持"掌控终端、内容为本",大力推进媒体深度融合,着力构建定位精准、特色凸显的"一主报融媒体多平台"融媒格局。截至2018年8月,深圳报业集团已经形成了以深圳特区报、深圳新闻网、读特、读创客户端领衔,"纸媒+网站+客户端+官微+自媒体+代运营"全覆盖的融媒体矩阵,媒体用户数(含粉丝数)已突破1.1亿,通过强化优质内容、创新传播形式,有效增强了主流报业集团的传播力、引导力、影响力和公信力。

第一节 战略先行,夯实融媒基础

顺应媒体深度融合趋势,深圳报业集团审慎研判、周密谋划,在深入调研的基础上,强化战略先行、顶层设计,为媒体深度融合夯实基础,从而形成自身清晰而坚实的融媒路径。

一、强化战略先行

媒体深度融合要结合自身实际,符合自身特点,形成自身特色,避免亦步

[①] 闫伊默,传播学博士,华南师范大学新闻传播系主任记者,主要研究方向为传播理论及新闻实务。

亦趋。对此，深圳报业集团有着清醒认识，基于对媒体融合趋势的把握，在充分调研的基础上，制订了《深圳报业集团深化改革总体方案》，为媒体融合目标、路径、技术、人才及适应媒体融合的体制机制进行了精心设计。"规划"符合实际，具有鲜明的战略性、前瞻性，形成深圳报业集团自身特色明显的媒体深度融合路径。

为深入推进媒体融合，深圳报业集团主动将自身改革融入深圳市发展大局，积极争取深圳市委、市政府的支持。2016年6月，《深圳报业集团深化改革总体方案》获深圳市委常委会审议通过。从2015年起，深圳报业集团媒体融合获得市财政连续6年、每年1亿元的专项资金支持。从2018年开始，该专项资助提高到每年2亿元，为深圳报业集团融合提供了强大动力和有效支撑。

二、打造技术平台

媒体深度融合需要再造传播流程，构建一体化传播平台。2018年3月，深圳报业集团重点打造的全媒体调度与监控中心投入试运行。该项目将无线记者在线系统、数字音视频集中处理平台、软件平台、数字会议发言系统、智能控制平台等进行一体化、全流程整合，形成集团媒体融合的重要技术支撑平台。同时，深圳报业集团规划的"全媒体只能采编及综合管理服务平台"项目，也在积极稳步推进。

媒体融合，技术地位凸显。为此，深圳报业集团成立了深圳市创意智慧港科技公司，旨在加强媒体融合技术研发、引进、应用和两大数据库（版权和用户）建设，为集团出版安全、技术保障和新媒体发展提供强有力的技术支撑，并逐步形成具有自主知识产权的核心技术产品和对外服务模式。在同一平台建设、安全体系构建、技术队伍整合、人才队伍建设等方面，为集团构建智能媒体提供技术支撑。

基于技术基础上的一体化平台建设，为深圳报业集团媒体深度融合夯实了技术基础，成为融合的着力点和发力点。

三、狠抓导向管理

媒体融合不能唯技术论，其核心还是"人"的问题。深圳报业集团是党报集团，其性质、角色和职能决定了其应有的职责和担当。一手抓"硬件建设"，一手抓"软件建设"。深圳报业集团牢固树立"四个意识"坚持管理与发展并重，强化导向，坚持把正确的政治方向和舆论导向贯穿到媒体深度融合发展的全员、全程和全媒之中。

截至目前，深圳报业集团顺应媒体融合发展的要求，陆续制定和完善了20多项采编制度，将集团旗下各报、刊、出版社、网、端、屏、员工自媒体等全部纳入统一管理，做到尺度一致、标准一致、底线一致、编审机制一致，形成知责、明责、负责、问责、追责的"责任链"，确保导向正确，为融合发展夯实管理基础保驾护航。

第二节 掌控终端，构建融媒格局

媒体融合的诉求指向在用户，要从用户需求出发在规模和影响力上掌控终端，构建媒体融合格局，做到传播对象、范围、领域和效果的全覆盖。为此，深圳报业集团通过"内建外因，开放合作"，形成了独具特色的融媒体系和格局。

一、自建融媒体平台

从长远看，媒体融合自建平台有利于从资金、技术、内容、渠道、运营等方面进行全方位把控和优化，有利于增强融媒发展的自主创新能力和竞争力。2016年3月，依托深圳特区报的读特客户端正式上线。该客户端致力于打造新闻资讯类、综合服务型、开放互动式的APP，立足深圳、辐射周边、兼顾港澳。内容上突出特区特色，紧密围绕深圳改革开放大局。目前读特客户端逐步向平台化发展延伸，60多家深圳市直单位已入驻读特深圳号，既拓展了内容来源，又实现了粉丝互动，互利双赢，下载量近200万。2018年2月，中国媒体融合年度先锋榜发布，共有3家中央媒体、10家地方媒体上榜，读特客户端荣登榜单。

读创客户端是深圳报业集团重点打造的国内首个以科技财经为主要特色的

平台级新闻客户端，由深圳商报整体转型而来，目前已开设科技、财经、综合、视频四大板块27个频道，立足深圳、聚焦粤港澳大湾区、面向全国、放眼全球，致力于成为与深圳经济实力、国内外影响力和城市定位相匹配的旗舰型融媒体平台。该客户端自建技术团队，做到了完全自主研发、自主迭代升级；组建视频团队、直播团队，与深圳大学合作组建大数据传播可视化实验室，具备视频、VR拍摄制作及信息图、H5、动画等可视化产品制作等完整的新媒体产品生产能力，并开始商业化运营探索。目前深圳商报社已形成先端后报、报端微立体发布的全媒体传播格局，实现了全员转型、整体融合。

二、开放合作运营平台

传统媒体融合发展，很大程度上制约于资金和技术平台等方面存在的短板。推进媒体深度融合，传统媒体应该视野开阔、胸怀开放，积极、主动拥抱新媒体，善于顺势借力发展，利用既有市场化新媒体技术、渠道、运营等优势，开放合作、互利共赢，实现弯道超车。

《深圳晚报》以在全国首创的"借船出海"模式与ZAKER合作，创办深圳ZAKER，借助ZAKER现有渠道和用户资源，短时期内积聚用户850万，获评"全国报刊媒体融合发展创新案例十佳"。《深圳晚报》另一新媒体创新产品是深圳网易，目前拥有用户1 000万，连续荣获网易"2017年度十佳地方站"和网易华南大区"2018最佳内容建设奖"。借助"深圳晚报融媒体协同矩阵"，打造出了"创意策划＋全网推送＋线下落地执行"的深晚融媒体新生态。

《晶报》以政务微信、政务微博、政务网站工作为抓手，打造了"政务融媒体服务生态"，在全国传统媒体中率先推出"全媒体运营模式"，打造了政务新媒体代运营品牌，荣获中国报协评出的"2018年融媒体创新全国十强大奖"。目前《晶报》代运营新媒体126家，总粉丝数超2 300万，构建起包括两委运营、视频制作、网络直播、舆情应对等在内的全媒体政务生态圈。《晶报》代运营服务覆盖深圳各层级、各系统的公共机构和国企，是中国规模最大的政务媒体运营机构，业务范围实现珠三角地区全覆盖。

2017年深圳新闻网在北京挂牌"新三板"，成为广东省第一家依托传统报业集团登陆资本市场的媒体公司。"@深圳"平台于2016年9月上线，目前进驻自媒体260多家，覆盖了深圳自媒体公号和APP客户端的2 200万粉丝群，将原本分散的自媒体内容融合联通在同一平台上，用千万单位级粉丝在移动互联网上放大深圳好声音，传播深圳正能量。深圳门户客户端——见圳 APP 全天候提供"新闻＋生活资讯＋智慧城市＋社区"服务，是了解深圳最及时、最权威、最具公信力的移动平台，是深圳人温暖的精神家园，也是全球网民了解深圳资讯的窗口。

顺应媒体融合发展趋势，深圳报业集团积极谋划、主动融入，通过"内联外引"，构建起"移动优先、掌控终端"的全媒体传播体系和格局，为谋求集团传播实践形成合力夯实了平台基础。

第三节　内容为本，提升新闻"四力"

随着媒体融合的发展，融合理念经历了"渠道为王""用户为王"到如今再次强调"内容为本"的嬗变。习近平总书记强调："对新闻媒体来说，内容创新、形式创新、手段创新都很重要，但内容创新是根本的。"作为党报传媒集团，深圳报业集团履职担责，坚持"围绕中心、服务大局"，唱响主旋律、打好主动仗，一如既往地坚持自身在新的传媒格局中的主流地位和主流影响力。尤其是顺应媒体融合发展的趋势和要求，借助新媒体传播优势，强化内容创新和形式创新，落实以"人民为中心"的传播理念，通过打通"两个舆论场"，提升新闻"四力"，凝聚社会共识。

一、做大做强主题报道

重大主题报道是主流媒体彰显媒体"四力"的主渠道，也是主流媒体在舆论喧哗声中的定力凸显。在推进媒体深度融合进程中，深圳报业集团精心策划，浓墨重彩，做大做强主题报道，放大主流声音，强化主流舆论，体现了党报集团高度的政治责任和社会担当。

在改革开放40周年和深圳经济特区建立38周年之际，《深圳特区报》及其新媒体平台精心谋划推出重磅主题报道。8月26日是深圳经济特区建立38周年纪念日，《深圳特区报》隆重推出18个整版特别报道，多角度呈现深圳经济特区38年来的辉煌成就，尤其是头版刊发了长篇综述《奋进新时代　走在最前列》和社论《在改革开放新征程续写"深圳奇迹"》，为深圳特区继续走在改革开放最前列吹响号角，在社会上引起强烈反响。

2018年9月16日，超强台风"山竹"在广东沿海登陆。大灾当前，深圳报业集团坚持正确舆论导向，充分发挥党报集团先锋作用，迅速组织策划防抗超强台风的报道战役。截至9月17日12∶00，深圳报业集团媒体共发布防台风新闻稿件2 075条，点击量8 612万人次。

《深圳特区报》17日头版头条《"山竹"给我市带来狂风骤雨》，综合报道强台风"山竹"给我市带来的巨大影响以及全市防风救灾工作部署；要闻版开设"合力防御强台风山竹"专题，刊发《"山竹"势大力沉　他们逆风而上》，报道600多名城管抢险队员连夜清理倒伏树木，5万警力救助群众2.2万人，2 800多辆车获救援，逾15万在建工地施工人员被转移；《任尔来势汹汹　风雨见证坚守》，报道全市各区倾力开展抗风抢险工作，清理树木疏导交通，全力疏散海水倒灌区域人员，避难场所全部开放，帮助数十万人转移到安全地区；《"四停"与我无关　服务绝不打烊》，报道台风期间全市网络畅通，物资供应充足，水务部门全力保障全市供排水平稳。同时集团媒体配发了系列评论《安然穿越"山竹"　莫忘逆风前行的人》《强台风"山竹"带给我们的反思》《强台风也是对市民公共意识的考验》，主题鲜明，导向正确，弘扬了社会正能量，凝聚了社会共识，为抗风救灾营造了良好舆论氛围。

在新媒体传播时代，面对信息的海量和碎片化，人们对外在世界变动进行深度阐释的需求愈益凸显。深圳报业集团注重内容生产，追求原创新闻、独家新闻和深度新闻，并致力于内容创新的持续化、品牌化，彰显了党报传媒集团的主流品格、主流地位和影响力。2017年《深圳商报》和读创客户端推出了"企业家精神与深圳"跨年度大型报道，在全国产生强烈反响，得到中宣部《新闻阅评》的表扬，荣获广东省新媒体优秀品牌栏目和广东省新闻奖。深圳新闻网的舆论监督栏目"星期三查餐厅"，每周三联合深圳市食药监局突击检查餐饮店后厨，整个流程采取多媒体形式进行呈现，受到网民关注，节目至今已播出60多期，总点击量超亿次。还有读特客户端的"党建"频道，读创客户端的"科技早班车""项目来了"，深圳新闻网的"民生二维码""鹏城眼"等栏目，由于定位精准、特色鲜明、与受众信息需求深度契合，已经成了品牌新闻产品,极大提升了深圳报业集团的品牌效应。

二、做现象级短视频

短视频集聚了视频传播的优势,同时又顺应了新媒体传播时代人们接受信息的心理需求和习惯,成为推进媒体深度融合的有力抓手和有效手段。2017年庆祝香港回归20周年期间,读特客户端推出短视频作品《你们可以下岗 我们上岗》,由亲历者揭秘当年中英防务交接仪式的内幕,引发全国范围的关注,全网传播量达到1.6亿次,成为一款传播正能量的现象级产品,受到中宣部《新闻阅评》的肯定。

为庆祝改革开放40周年,深圳报业集团制作了H5作品《40个深圳改革开放标志地》,将标志深圳改革开放的40个地点进行"一地一图一解说",用H5制作推送。邓小平画像、《孺子牛》雕塑、象征"深圳速度"的深圳国贸大厦、体现创新精神的腾讯大厦……一幅幅画面都象征着改革开放的深层意蕴,讲述着深圳改革开放、砥砺前行的成长故事,令人振奋、引人深思。短视频《来,听他们说:Happy birthday, my beloved Shenzhen》通过6位在深圳工作、生活的外国朋友的"微故事",展现了国际化城市的开放胸怀和特殊魅力,全网阅读量达150万。同时,读特客户端还推出了互动式新媒体产品《这是一张深圳人专属的"特区报到证"》,网友可以上传自己的图像,输入来深圳的具体年月,系统由此自动匹配生成一张专属于自己的"深圳经济特区报到证",引发网友参与热情,增强了传播的趣味性,唤起人们在深圳的美好回忆,激发了对深圳这座城市的认同。

2018年春节期间,读特客户端推出短视频《站台上的"胎教"在这个春节感动亿万人》,被40多家新媒体平台转发推送,全网播放量达2 600万次。2018年护士节前夕,《晶报》推出4分钟短视频《戏精女护士爆笑吐槽,看完眼泪都笑出来了》,颠覆了人们对公共宣传片的"刻板印象",成为传播正能量的"网红",全网点击量达6 000多万次。目前,深圳报业集团组建了短视频制作团队,短视频作品生产形成了制度化运行,自2017年下半年以来几乎每月都会产生播放量上百万的短视频作品,为媒体深度融合发展探出了新路。

三、现场直播　先声夺人

有赖于媒介技术的支撑，现场直播亦成为媒体深度融合的重要手段。现场直播强化了事件的现场感，能有效激发受众对报道的强烈关注和积极参与，引发人们对报道的转发和传播，从而放大报道效应。

深圳报业集团所属媒体大多设置了直播栏目，读创客户端的《这头抹香鲸，留给人类许多第一次》，对营救搁浅的抹香鲸的全程及后续进行了100个小时的直播，获得2017年度广东新闻奖一等奖。读特客户端的《默克尔的"深圳时间"》对德国总理默克尔访问深圳的5个小时，进行了独家直播报道，全网点击量达670万。

尤其对于突发事件的现场直播，更加能够彰显报道的魅力。对台风"山竹"的报道，读特、读创、深圳新闻网、深圳网易等客户端都推出了直播栏目，第一时间滚动播报。其中读特客户端不间断直播防御台风达63个小时。深圳新闻网在前后滚动直播近70小时，直播信息更新500余次。这些直播报道有效避免了大灾面前极易出现的谣言传播，既提供了丰富的服务信息，也传播了社会正能量，为应对台风灾害作出了贡献。

在这次抗御台风灾害的报道中，《深圳晚报》还试水"抖音"，公共编发防台风产品20条，总观看量5 847万次，点赞量154万次，评论量近5万次。其中抖音《直播小姐姐们挺住！抓紧摄像小哥哥!》播放量高达4 816万次，成为抗台风报道的"爆款"。深圳新闻网也播发了27款抖音视频，总点击量达2 000万次。

四、融合传播　形成合力

媒体深度融合就是要有一体化观念和操作，深圳报业集团所属媒体在内容生产上注重围绕着某一主题，在选题、采制、编发上采取差异化战略，而在渠道传播上形成报、网、端联动传播，互动、互补，实现传播合力。深圳新闻网的舆论监督栏目"星期三餐厅"，作品的采制包括网络调查、自媒体互动、视频直播、短视频、纸媒报道等传播形式，采用小程序、H5、VR等技术手段，涉及目前主流的"传统媒体+新媒体"的所有应用。

前述短视频作品《你们可以下岗　我们上岗》在读特客户端推出后，深圳报业集团所属媒体及新媒体平台及时跟进，同时还利用报道主角的警察身份与深圳公安协作，第一时间将短视频与@深圳公安官方微博进行链接，引得全国公安新媒体亦争相转发，随后引发商业新媒体加入发布行列，助推视频产生裂变传播效应，成为媒体融合传播的经典案例。

第四节　改革创新，推动深度融合

作为地方党报传媒集团，深圳报业集团凭借地处改革开放前沿的优势，不断解放思想、创新理念，使媒体深度融合不断拓展和深化，成效显著、成绩喜人，但困难和不足同样存在，媒体融合发展依然在路上。新时代、新起点、新作为，深圳报业集团在总结经验的基础上，对标国内一流传媒集团，继续以特区敢为人先的改革开放精神，继续提升理念、大胆革新、创新体制机制，顺应媒体融合发展的趋势和要求，谋求更大作为。

一、困难和不足

1. 新媒体项目存在"小散乱"现象

虽然深圳报业集团在创新各种融合模式上取得了很大成绩，但目前千万级下载量和用户数的标杆新媒体项目和品牌尚未形成。对标国内一流传媒集团，打造出与深圳城市经济发展地位相匹配的新媒体龙头产品，差距尚存。

2. 现象级新媒体产品数量不足

在新媒体产品生产上，深圳报业集团不时会推出点击过亿的爆款产品，但持续性输出优质产品能力不足，断续性的精品力作尚不能成为媒体融合发展的重要战略支撑。亟需加大新媒体产品线研发、推广力度，创新团队项目模式，在标准化、专业化、市场化上下足功夫。

3. 人才机制、技术平台亟待创新

在现有人才结构上，媒体深度融合急需的技术型、专家型、引领型人才比较匮乏，复合型经营管理人才稀缺，技术平台支撑度不够，成为媒体融合发展转型的羁绊。目前人才及薪酬机制急需改革，参照市场化人才机制模式进行革新以留住人才、吸引人才显得较为紧迫。

4. 内容创新及链接党委政府和"用户"的能力有待提高

在新媒体传播背景下，顺应互联网思维要求，创新内容生产，履行好党报主流传媒集团的职责，仍存在较大努力空间。

二、改革创新　力促深度融合

新时代要有新目标、新举措，下一步深圳报业集团将着眼于以下几个方面，继续推进媒体深度融合，向国内一流传媒集团努力奋进。

1. 新目标：着力构建"一报一端一网＋N"全媒体传播格局

计划在三年内，构建以"一平台（全媒体内容生产及综合管理服务平台）、一中心（全媒体中心）"为支撑的"一主报（深圳特区报）、一大客户端（读特综合类客户端）、一门户网站（新闻网）加 N 媒体（N 个垂直分众传播平台）"的强大全媒体矩阵。

具体而言，就是建设全媒体智能采编及综合管理服务平台（即"一平台"），以数字媒体为核心，集全媒体新闻生产调度、跟踪监控、效果分析、数据采集、舆情研判、绩效考核等功能为一体，为未来集团采编资源整合提供技术平台保障。

组建集团全媒体中心（即"一中心"），以智能全媒体平台为技术支撑，逐步实现对集团层面采编统一指挥、全媒体调度、全程监控及产品生产制作等功能，与集团各媒体终端产品实现资源共享、互联互通，实现一次采集、多种生成、多元传播的目标。

举全集团之力打造"一端"，以读特客户端为基础，改时政类客户端为综合类客户端，打造成为集团层面的重点拳头 APP 产品，全面调整其组织结构，赋予其与新定位、新使命相匹配的地位。将读特客户端打造成为深圳乃至粤港澳大湾区综合性数字媒体龙头产品。

依托资本运作做大做强深圳新闻网（即"一网"），将深圳新闻网建设成与深圳城市发展和地位相匹配的、辐射力强大的"网站＋客户端＋垂直自媒体集群"的移动新媒体产业矩阵。力争用 3—5 年时间，打造出一个产业链完整、全牌照、满足主板上市要求的网络空间传媒＋公共空间传媒公司。

打造 N 个垂直分众传播平台，深耕专业领域，开发分众化、个性化产品。将《深圳商报》转型为与深圳经济实力、影响力和城市地位相匹配的新型财经科技类媒体，做优做强读创 APP；《深圳晚报》转型为国内最移动化的融合型媒体、国内领先的创意内容提供商和深圳最具影响力的品牌活动营销商；《晶报》将以全橙 APP（暂定名）为主阵地，融合报纸、官微、政务新媒体运营等平台，转型为权威、专业的政务新媒体内容生产者、趋势研究者、服务提供者及前沿培训者。

2. 新举措：创新项目机制，力争打造更多现象级产品

强化重大主题报道策划，结合国家战略、特区使命，紧扣"改革开放40年""四个走在全国前列""粤港澳大湾区"等重大主题、重要选题、重要事件，组建报道团队，开展深度报道策划，以新概念、新观点、新报道等高质量创新产品，在全国范围形成强大传播力、影响力。

打造更多现象级融媒产品。结合深化推广"名记者、名编辑、名评论员"工作机制，以短视频为突破口，以 H5、直播、VR、AR、轻游戏、音频等新产品、新形态为抓手，组建采访、制作、推广、刊播等环节专业化团队，探索各新产品线标准化制度，力争更快打造更多现象级融媒产品。

做精媒体品牌栏目，整合资源到重点媒体栏目，加大融合力度，擦亮品牌创新栏目，不断提升"四力"。同时，以英文《深圳日报》EYESHENZHEN（网站）为主阵地，强化外宣意识，扩展国际视野，提高国际传播力，打造融通中外的国际报道品牌。

3. 新机制：为提高"四力"提供人才支撑和保障

配强媒体核心领军人才，引领全媒体新格局建设发展。遴选专业背景强、新媒体运营资历丰富的年轻人才，担任集团全媒体业务板块负责人，采取市场化、去行政化的用人方式，实行协议薪酬，对标市场领先水平。

（1）创新用人机制，授权媒体单位自主创新，积极解决人才瓶颈问题。集团授权各媒体单位围绕新一轮深化改革目标和自身转型发展目标，聚焦自身人才短板，在人才需求识别、引进渠道数量、人员转型培养、考核体系设计、薪酬水平结构等方面，制定和实施科学合理、操作性强的措施方案。

（2）创新人才引进机制，大力引进全媒体发展急需人才。打造"引领型""支撑型""未来型"三位一体人才体系，分层次引进融合转型时期急需的新

媒体内容、技术、运营等领域紧缺人才。优化引才方式，尝试以岗位聘用、项目签约、人才租赁、项目合作等方式柔性引才。拓宽引才渠道，通过高端猎头、内部推荐、专业网站等多元渠道广纳贤才。

（3）优化人才培养机制，激发专才潜能，培养全媒体人才。推进集团"名记者、名编辑、名评论员"机制建设，强化赋能与赋责，提供有力资源与政策支持，搭建专业通道，为专才提供施展才华的平台。同时，通过交流轮岗转岗等形式，促进全体采编人员掌握新媒体采编制播的能力，培养全媒体复合型人才。

（4）优化考核激励机制，激发人才创新活力。建立与媒体发展相匹配的考核体系，对党媒属性媒体科学设置社会效益考核指标，强化"四力"，促进内容质量提升；对新媒体建立以下载量、日活量、影响力、美誉度为核心的多维度考核评价体系。鼓励各媒体创新考核激励方式，向重点项目团队、关键骨干人才倾斜，建立与市场水平相匹配的薪酬体系，逐步实现动态科学、市场领先的长效人才考核激励机制。

面对新形势下传播形态、传播格局的深刻变革，深圳报业集团以习近平新时代中国特色社会主义思想和党的十九大精神为指导，深入学习贯彻习近平总书记在全国宣传思想工作会议上的重要讲话精神，努力把深圳报业集团建成国内具有较强实力和传播力、引导力、影响力、公信力的新型主流媒体集团，成为与全球区域文化中心城市和国际创意文化先锋城市相匹配的一流媒体集团。

第七章 整合最强声音 讲好中国故事
——中央广播电视总台的融合创新研究

蔡海龙[①]

习近平总书记在党的十九大报告中强调,要高度重视传播手段建设和创新,提高新闻舆论传播力、引导力、影响力、公信力。在全国宣传思想工作会议上的讲话中,习近平总书记也强调要推进国际传播能力建设,讲好中国故事,传播中国好声音。这为当下我国新闻媒体的改革创新指明了方向。在这样的背景下,按照中央的部署,中央广播电视总台由中央电视台、中央人民广播电台、中国国际广播电台这"三大台"组建而成。

实际上,在2010年我国就开始了广播电视领域合并、改革的探索。当时,上海等7个省市在全国率先完成了省级层面广播电台与电视台的合并。紧随其后,贵州、广东、河南等省市也先后完成了广播电台、电视台的合并工作。当前,国内外的传播生态发生了巨大的变化,公众的媒体接触行为、习惯产生了不可忽视的转变,传统媒体的传播力、影响力受到网络与新媒体传播的冲击。在这样的背景下,国家层面"三大台"的合并成为历史的必然。

第一节 中央广播电视总台的成立

2018年3月21日,中共中央印发《深化党和国家机构改革方案》,对党和国家机构的改革进行了新的顶层设计。这一改革方案提到"将撤销中央电视台(中国国际电视台)、中央人民广播电台、中国国际广播电台建制,组建中央广

[①] 蔡海龙,北京工商大学艺术与传媒学院新闻系副教授。

播电视总台，作为国务院直属事业单位，归口中央宣传部领导"。由中央"三大台"新组建而成的中央广播电视总台对内将保留原呼号，对外将统一呼号为"中国之声"。中央广播电视总台本部为海淀区复兴路的央视旧址，而位于光华路的央视新址、位于复兴门的原中央人民广播电台、位于石景山的原中国国际广播电台，分别改为中央广播电视总台光华路办公区、复兴门办公区以及鲁谷办公区。①

2018年4月19日，新成立的中央广播电视总台举行了揭牌仪式。当日上午9点30分，中央广播电视总台复兴门办公区（原中央人民广播电台）、中央广播电视总台鲁谷办公区（原中国国际广播电台）、中央广播电视总台光华路办公区（原中央电视台光华路办公区）同步举行了揭牌仪式。② 2018年4月19日当晚，央视网、央广网和国际在线在网站及移动端显著位置推出三网联合制作的微视频《新时代：中国之声》以及《你好，总台丨用心耕耘 梦想花开》。这两个作品以各具特色的表达方式回首历史时刻，定格经典声音。中央广播电视总台成立以来的融合成果也在这两部微视频中得以展现。

审时度势，中央决定在中央电视台、中央人民广播电台、中国国际广播电台的基础上，整合最强声音，组建中央广播电视总台。这一决策是中央在新的传播生态背景下，与时俱进，打造现代新型主流媒体的重大战略举措，是对中央主要新闻媒体进行改革创新的顶层设计，体现了党中央对宣传思想文化工作的高度重视。

第二节　组建中央广播电视总台的目的

按照中央要求，新组建的中央广播电视总台整合了中央电视台（中国国际电视台）、中央人民广播电台、中国国际广播电台三大台的资源。根据国务院机构改革方案的有关说明，中央广播电视总台的主要职责是宣传党的理论和路

---

① 中央人民广播电视总台揭牌　三台首用中央广电总台呼号. 人民网传媒频道，来源：北京青年报，http://media.people.com.cn/n1/2018/0420/c40606-29938157.html.
② 中央广播电视总台正式揭牌. 来源：中央广播电视总台央视新闻客户端，2018年4月19日，http://www.cri.com.cn/2018-04-19/5f7ed279-5fe1-7ce2-641c-91c8132a9396.html#ad-image-0.

线方针政策，统筹组织重大宣传报道，组织广播电视创作生产，制作和播出广播电视精品，引导社会热点，加强和改进舆论监督，推动多媒体融合发展，加强国际传播能力建设，讲好中国故事等。

中央广电总台的成立既能有效推动广播电视媒体、新兴媒体融合发展，又能更好地传播中国声音，讲好中国故事。从国际传播角度看，中国要在国际舆论场上讲好中国故事，必须打造具有国际传播力、影响力的新型新闻媒体机构。中央三大台合并成立中央广播电视总台，有助于加强我国的对外传播力量，提升对外传播效果，为向全世界讲好中国故事、传播好中国声音打造强有力的新型传播平台。

第三节　中央广播电视总台成立后的融合创新举措

中央广播电视总台作为国家级平台，成立之后积极响应党中央的号召，投身到媒体融合的建设中，紧密围绕建设国际一流的国家级现代传媒航母的目标，不断进行媒体融合创新的探索。

中央三大台合并之初，总台台长慎海雄的改革理念是："创新为要，以变应变。"围绕这一改革理念，总台采取了一系列具体的融合创新举措，如央广播音员为《新闻联播》配音；三台联合推出《清明诗会》特别节目；三台主持人在博鳌亚洲论坛首次合作直播；央广、国广主播加入央视音乐频道《全球中文音乐榜上榜》；2018年6月上海合作组织峰会报道，央视新闻频道青岛演播室推出特别节目《青之岛　友朋来》，首次与央广、国广实现跨平台同步直播。①

在中央批复的"三定"方案中，新成立的中央广播电视总台下设有25个中心，其中新媒体中心就有3个，分别是融合发展中心、新闻新媒体中心和视听新媒体中心。从机构设置的角度就可以看出，中央广播电视总台对媒体融合发展是非常重视的。目前，按照"台网并重、先网后台"的改革思路，中央广

---

① 细数中央广播电视总台整合后"战绩". 综艺报，2018年09月10日，http：//news.cctv.com/2018/09/10/ARTIrRGUh8Ou1nJ2mIDlfof0180910.shtml.

播电视总台正在持续推动"三台三网"走向加速融合、深度融合，并力争在信息内容、技术应用、平台终端、管理服务等方面实现共享融通，在理念、内容、形式、方法、手段上大胆突破，打造载体多样、渠道丰富、覆盖广泛的移动传播矩阵。①

中央广播电视总台的成立是顺应当下媒体融合趋势、适应新闻传播生态变化的积极改革措施，更多体现的是传媒改革在顶层设计层面的革新。总台组建之后，在内容生产、运行机制、部门创建方面，进行了积极的实践与探索。下文将对中央广播电视总台成立后具体的融合创新举措进行简要梳理。

一、呼号的改变

2018年4月19日上午，新组建的中央广播电视总台正式揭牌。从4月19日开始，"三台"首次采用中央广播电视总台呼号。4月19日早晨的《新闻与报纸摘要》电头已由原来的"据中国之声《新闻和报纸摘要》报道"改为"据中央广电总台中国之声《新闻和报纸摘要》报道"。之后的一系列重要的新闻报道和节目中，"中央广播电视总台"成为记者、主持人介绍自己身份时都要加以强调的内容。这一传媒机构名称也频频出现在直播车、各种新闻报道现场，并不断加深着受众对它的印象和认识。

二、利用最新科技，加快媒体融合步伐

中央广播电视总台成立之后，不断加快在媒体融合方面的发展步伐。2018年4月22日，中央广播电视总台亮相首届数字中国建设峰会。在本次峰会上，中央电视台、中央人民广播电台、中国国际广播电台提供的大小屏融媒体报道功能得以展现，向业界和社会展示了中央广播电视总台利用最新的互联网技术和数字技术，建设新媒体传播平台、融媒体旗舰的最新探索和发展成果。②

---

① 刘晓龙. 在开拓创新中打造现代新型主流媒体. 新闻战线，2018（19）：20-21.
② 细数中央广播电视总台整合后"战绩". 综艺报，2018年09月10日，http://news.cctv.com/2018/09/10/ARTIrRGUh8Ou1nJ2mIDlfof0180910.shtml.

三、共同策划，探索节目制作的融合机制

随着 2018 年 3 月 21 日中央广播电视总台的成立，央视网、央广网、国际在线也开启了"三网"全面融合的进程。在博鳌亚洲论坛、北京国际电影节、中央广播电视总台揭牌、全国网络安全和信息化工作会议、首届数字中国建设峰会等系列重大报道中，"三台""三网"积极探索资源共享、报道内容实现全平台分发。

1. 召开策划会，共同部署报道

中央广播电视总台成立以来，央视网、央广网、国际在线"三网"紧密联动，定期召集策划会，共同部署报道方向、展开分工合作。在总台揭牌报道中，通过产品形式、传播渠道的叠加，有效整合"三网"传播力量，实现"1 + 1 + 1 > 3"的传播效果。2018 年 4 月 16 日，北京国际电影节开幕。在北京国际电影节开幕前，中央广播电视总台在复兴路办公区召开北京国际电影节宣传报道策划会，"三台""三网"的前方报道负责人参加会议。随后，《总台记者"融合"触电电影节：我们准备好了!》《1 + 1 + 1 > 3 三网融合进入新时代 北京国际电影节我们来了》《北京影视政策发布会 总台记者"一个话筒"精准提问》《你好，同事！总台记者相约电影嘉年华》《北京国际电影节总台融合报道日记》等一批新媒体原创报道在第一时间把电影节的最新消息带给受众，同时也凸显了"三台""三网"集中优势资源，打造融媒体旗舰的创新与实践。

2. 联合创作节目

中央广播电视总台组建后，原中央三大台联合推出《清明诗会》特别节目；央广、国广主播加入央视音乐频道《全球中文音乐榜上榜》……许多日常报道也越来越多尝试"三台""三网"融合制作。在博鳌论坛开幕前夕，中央广播电视总台制作了专题片《空中看博鳌》，用俯视的视角讲述博鳌的发展故事。该专题片制作过程中，来自央视的团队用航拍的方式体现了博鳌的壮阔，来自央广的资深配音员方亮则用他独具魅力的声音体现了博鳌的细腻。2018 年 4 月，北京国际电影节期间，央广网策划推出了微视频《致敬经典——华语电影这些年》，邀请"三网"记者从不同视角以生动活泼的形式对"经典电影带给观众的精神力量"这一话题进行了采访，所制作的视频同步在"三网"多终端推送。

3. 主持人合作主持节目

2018年3月28日,《新闻和报纸摘要》的四位著名播音员于芳、方亮、郑岚、忠诚为《新闻联播》配音。2018年4月6日,中央电视台第11套节目播出"清明节折子戏专场"。该节目由中央电视台戏曲频道主持人张喆、中国国际广播电台主持人段纯搭档主持。这是中央广播电视总台成立后第一次出现电视、广播主持人合作主持节目的画面。

2018年9月24日晚20:00播出的《2018年中央广播电视总台中秋晚会》是中央广播电视总台成立后面向全球推出的首个中秋晚会,节目由三大台主持人共同主持,节目下角标为"2018年中央广播电视总台中秋晚会"字样。节目主持人自我介绍时首先强调自己是"中央广播电视总台"的主持人。

在新媒体端,央视新闻新媒体《夜读》栏目还邀请央广播音员忠诚、方亮、郑岚加盟,共同创作节目。

4. 资源共享

在2018年博鳌亚洲论坛报道中,中央广播电视总台的"三台""三网"及新媒体端实现了资源共享,并且在新闻业务领域,形成了融合传播的新格局。论坛报道期间,央视新闻制作的许多原创视频延伸到了央广、国际台等网络新媒体终端,扩大了报道的辐射面、影响力,形成了强大的报道声势。2018年4月13日,海南迎来建省和建立经济特区30周年纪念。在此之前,通过精心策划,央视新闻制作推出了时政微视频《习近平的南海情缘》。在这段300秒时长的微视频中,节目制作者为观众讲述了一个新海南发展的故事。这部时政微视频在回忆习近平总书记在海南的系列重要讲话时,中央电视台的节目制作人员使用了中央人民广播电台的节目音频资料。在庆祝建党97周年前夕,由中央广播电视总台打造了12集广播纪实文学作品《梁家河》。该部作品是立足陕西人民出版社出版的同名纪实文学《梁家河》,在借用中央广播电视总台有关纪录片、音视频资料的基础上,充分发挥广播音频特色与多媒体传播特点改编录制而成。该广播纪实文学作品的新媒体版也通过央视网、央广网、国际在线的传播渠道与平台在全网播发。

5. 探索融合直播

2018年4月8日召开的博鳌亚洲论坛,是中央三大台合并组建中央广播电视总台后进行融合报道的首次练兵。论坛召开第一天,中央电视台的主持人何岩柯与来自中央人民广播电台的主持人杨晓菲、中国国际广播电台的主持人周微首度进行了融合直播。在直播开始时，三人整齐划一地说："我们是中央广播电视总台的主持人！2018年，我们在一起，共同为您报道博鳌亚洲论坛！"该报道进行期间，央视新闻制作的原创视频也在中央人民广播电台、中国国际广播电台的网络新媒体上迅速进行传播，形成了强大的报道声势。在2018年6月举行的主场外交之———上海合作组织青岛峰会中，央视网、央广网、国际在线"三网"的记者也在青岛峰会新闻中心以融合直播的形式共同对峰会进行了报道。

6. 构建多端口同步转发机制

2018年4月19日，中央广播电视总台揭牌仪式举行，央视网、央广网、国际在线三家网站第一时间发布《快讯：中央广播电视总台今日举行揭牌仪式》，并在网站首页要闻区突出展现，"两微一端"同步推荐。当晚，央广网推出微视频及综述稿《你好，总台 | 用心耕耘 梦想花开》，央视网与国际在线多端口转发。2018年4月20日至21日，三网同步发布《总台来了！讲更好"中国故事" 传更远"中国之声"》以及《新时代：中国之声》等微视频及综述稿。

四、三台联动，合力推进重大工程

在2018年6月29日召开的"中央广播电视总台广告精准扶贫工作交流会"上，中央广播电视总台发布了三大扶贫新举措：一是继续扩大扶贫覆盖面，从2018年7月到2019年6月底，再增加4个以上的省（区、市）；二是在推出扶贫公益广告的基础上，2018年内总台的相关频道、频率、新媒体开办"精准扶贫"专题、专栏；三是从2018年7月到2019年6月底，总台将在新的扶贫年度内再拿出10亿以上广告资源扶贫。[①] 在此之前，中央电视台、中央人民广播电台、中国国际广播电台已经同步推荐了贵州等8省（区、市）的多个农特产品。

---

① 中央广播电视总台启动广告精准扶贫及国家重大工程传播两大公益项目. 中央电视台, 2018年10月29日, http://www.cctv.cn/2018/10/29/ARTIrxTZDVAlmFDpHJkPygcB181029.shtml.

五、构建总台新媒体"一键触发"机制

中央广播电视总台总编室与央视网、央广网、国际在线联合建立了"总台'一键触发'机制",实现一个指令,"三网"同步分发。在分发上的时间同步带动渠道上的强势铺排推广,使得"三网"在宣传报道资源调配上相统筹和协调,达到宣传报道发布的第一时间占领舆论场的目的。同时,中央电视台、中央人民广播电台、中国国际广播电台的移动端还共同推送总台重要评论和精品报道,以实现传播效果最大化。

六、与国内互联网巨头展开合作

2018年3月中旬,中央广播电视总台与中国互联网巨头 BAT 进行了接触交流。同年4月,总台下属的中国国际电视总公司与阿里巴巴集团签订技术合作协议,承诺双方将在云平台、大数据、移动客户端、信息化平台建设等方面进行合作。2018年7月31日,经中央广播电视总台授权,总台下属中国国际电视总公司正式启动与中国移动在5G技术研发、4K超高清频道建设、内容分发、大数据以及资本等六大领域的全面战略合作,实现资源共享、优势互补和互利共赢。2018年8月1日,中央广播电视总台又与新浪进行了广泛充分交流并达成共识,双方将拓展在自媒体、社交媒体等领域的合作。[1]

第四节 中央广播电视总台成立后面临的挑战及应对策略

中央广播电视总台组建后,已经在融合创新的道路上进行了诸多探索和尝试,但在打造具有国际影响力的现代传媒机构的征途中,还面临着一系列关键问题要加以应对。如在新闻现场,当"三台"记者同时出镜报道时是否应该以统一的呼号和包装出现?各自保留的内部呼号是否应该淡化?采制的音视频素

---

[1] 央视广告经营管理中心. 细数中央广播电视总台整合后"战绩". 综艺报,2018年09月10日, http://news.cctv.com/2018/09/10/ARTIrRGUh8Ou1nJ2mIDlfof0180910.shtml.

材是否适合"三台"同时播发?"三台"的新闻报道如何做到既体现个性又有机统一?在业务层面上"采、编、播、制、存、管、运(运营)"七个流程环节的全流程管理如何实现?①

上述这些问题需要中央广播电视总台对"三台"的原有管理机构进行改革,重构采编播发流程,探索网络与新媒体传播环境下的运作管理模式、机制。从新闻报道、文艺作品样态的融合、创作过程的融合,走向管理模式与机制的融合、机构的融合,进而构建一个适应网络与新媒体传播现状与趋势的中央广播电视总台。具体而言,总台需要在以下几个方面着力。

1. 建立统一的整体形象和包装

虽然来自中央电视台、中央人民广播电台、中国国际广播电台的记者已经在诸如博鳌亚洲论坛这样的重大新闻事件中进行了融合报道的尝试,但类似探索还只是把"三台"的工作人员都做成直观并列的结构,并没有真正意义上形成"三台"整体融合。② 在受众看来,中央三大台整体上的真正融合,应标表现为"三台"以同一个形象出现,并在媒体标识、包装、呼号等方面实现统合。

2. 建立统一的新闻协调指挥中心

"三台"融合的过程中,需要建立统一的指挥中心,建立统筹策划机制,以协调"三台""三网"的日常报道工作,并在此过程中打破彼此先前的藩篱,重构中央广播电视总台的管理机构、业务部门、业务流程,实现"三台""三网"的深度融合。

3. 探索机制,重塑传播流程

传统新闻媒体要构建全媒体传播格局,必须打通原有传播平台与新媒体特别是移动端的通道。对于中央广播电视总台而言,推动媒体融合,必须坚持"台网并重,先网后台"的发展思路,要探索建立与网络新媒体传播相适应的内容传播流程与机制,并在实践中不断优化完善。对此,总台当前最重要的任务之一就是全力打造自主可控、具有强大影响力的新媒体平台。总台要利用机构整合、人员重组这一机遇,以先进技术为引领,深入研究运用人工智能、4K

---

① 王珏. 中央三台融合背景下新闻采编发展方向探析. 中国记者,2018 (6):111-112.
② 王珏. 中央三台融合背景下新闻采编发展方向探析. 中国记者,2018 (6):111-112.

超高清、5G网络等新技术，形成融合发展的全新格局，努力实现跨越式发展。①

4. 推进人才资源的统合

中央电视台、中央人民广播电台、中国国际广播电台在海内外拥有数量众多的记者站和采编人员。在推进"三台""三网"深度融合的过程中，中央广播电视总台应对这些优质的内容生产资源进行统合，统一指挥调度，使其产生聚合效应。总台可以分国内和国际两条线，将原中央电视台、中央人民广播电台、中国国际广播电台在同一个城市、区域的记者站合并办公。这样既可以节约资源，又可以提高效率。同时，总台设立新闻指挥协调中心，对各记者站的报道任务进行统筹协调，各个内容传播平台共享各记者站提供的新闻信息，并根据各自平台的定位、特色进行新闻产品的编辑加工与传播。②

5. 塑造用户思维

人民是新闻媒体所有工作的出发点和落脚点。当前的媒体融合工作，特别是传统媒体的融合工作，必须注重考虑受众感受，注重他们的需求和使用体验。互联网的基本精神是"开放、共享、自由、平等"。从长远看，传统媒体只有补齐自身短板、提升核心竞争力，才能为自身的发展及媒体融合的进程赢得可持续的发展空间。③ 中央广播电视总台要成为具有国际影响力的现代传媒航母，必须树立用户思维，协调好服务党和国家工作需要与满足用户需求之间的关系，用传播规律指导自己的内容生产与传播活动。

6. 重构评价体系，强化效果导向

在新的传播生态下，中央广播电视总台需要重构节目及传播效果的评价体系，探索建立更加科学有效的综合评价体系，超越唯收视率、收听率是从的认识，突出在网络与新媒体传播方面的指标设计，注重传播效果评估和结果运用，以提升受众的参与度和忠诚度。总台的管理者需要转变意识，要认识到，只有让用户愿意接触总台生产制作的节目，喜欢看，并乐于接受，才会真正形

---

① 刘晓龙. 在开拓创新中打造现代新型主流媒体. 新闻战线，2018（19）：20-21.
② 王珏. 中央三台融合背景下新闻采编发展方向探析. 中国记者，2018（6）：111-112.
③ 李默. 传统媒体如何参与互联网内容建设——以中央广播电视总台为例. 青年记者，2018（6月上）：26-27.

成中央广播电视总台在公众中的影响力、公信力，才能构筑传播力、引导力产生的基础。①

7. 整合既有资源，构建有影响力的全媒体传播格局

智能手机等移动终端已经成为当下新闻受众获取新闻信息的最主要途径。对于中央广播电视总台而言，生产创作数字化的、适合在互联网和移动终端上呈现的、高品质新闻内容，将是"三台"融合之后的重要任务。整合"三台"的资源优势，控制成本，提供快速、准确、权威的新闻，应是三台融合之后的发展方向。② 此前，原中央"三台"所属"两微一端"账号众多，管理分散，发展水平不平衡。在整合过程中，中央广播电视总台应统筹管理，对那些受众少、影响力弱的新媒体账号应进行关停并转。同时，优化人力与资本等资源的配置，将优质内容生产资源向互联网领域倾斜，保障持续稳定的优质专业内容的产出，形成有效覆盖的全媒体传播格局。③

中央广播电视总台的成立是顺应当今传媒变革、媒介融合趋势的重大举措。但中央广播电视总台的成立，只是"三台""三网"融合的开始。融合要走向深入，要产生实质性的变化，还有很多的问题、挑战有待解决，还需要重构内部管理机构与制度。中央电视台、中央人民广播电台、中国国际广播电台的融合开启了央视网、央广网、国际在线三网融合的大门，而"三网"的创新实践也将为"三台"融合提供更多新角度、新思路，共同推动中央广播电视总台这艘国家级的现代传媒航母走得更稳、更远。放眼未来，中央广播电视总台需要继续通过整合推动融合，在电视端、广播端和新媒体端不断探索创新，通过创新实现高质量发展，最终将总台打造成为主流价值的传播中心，讲好中国故事、传播中国声音的国际知名传播平台。

中宣部副部长、中央广播电视总台台长、党组书记慎海雄曾表示，要坚持创新为要，着力增强中央广播电视总台的融合发展能力、原创产品创作能力、对外融合传播能力，创新推动和实现中央广播电视总台传播力、引导力、影响

---

① 刘晓龙. 在开拓创新中打造现代新型主流媒体. 新闻战线, 2018 (19): 20-21.
② 王珏. 中央三台融合背景下新闻采编发展方向探析. 中国记者, 2018 (6): 111-112.
③ 李默. 传统媒体如何参与互联网内容建设——以中央广播电视总台为例. 青年记者, 2018 (6月上), 26-27.

第七章　整合最强声音　讲好中国故事 |渠道融合创新篇|

力、公信力的全方位提升，努力打造国际一流的国家级现代传媒航母。这一表态为中央广播电视总台未来的创新发展明晰了目标。放眼未来，中央广播电视总台需要通过整合优势资源，打造一体化、多层次、多渠道、全方位、全覆盖的传播格局与现代传播网络，形成真正体现国家主流媒体实力的传播力和影响力。

第八章 直播答题：2018年现象级网络产品的突破与反思

李 炜[①]

2018年初，互联网迎来新风口，直播答题如雨后春笋般涌现。百万级的高额奖金刷新了人们对于知识变现的认识，大量用户的参与再次推高了网络直播的热度，花样翻新的营销手段提升了互联网流量转化的效率。网络直播答题成为2018年互联网世界一道亮丽的风景线。

第一节 2018年的第一个现象级网络产品

直播答题是依托互联网平台在线答题并赢取奖金的网络直播活动。我国的直播答题游戏都有大体相同的规则和形式，每天按活动预告时间进行，晚间整点时段的场次较多，活动最为频繁，奖金也最丰厚。出题嘉宾通常由明星或综艺网红来担任，推出的题目一般会逐级增加难度。很多直播答题平台还设置了灵活的交互场景，参与用户可以答题，可以观战，也可以通过弹幕、留言等参与社交。

2017年，一款名为 HQ-Live Trivia Game Show 的有奖互动问答应用在美国上线，将传统的知识竞答节目迁移至网络，迅速引起网友的追捧，其下载量最好成绩曾占据 App Store 美国总榜最高第23位。国内视频直播平台迅速嗅到商机，开始本土化的实践。2017年12月23日"冲顶大会"首发打入市场，上线

---

① 李炜，西藏民族大学新闻传播学院副教授，传播学博士，研究方向为新媒体传播。

两天就累积了 40 多万用户，跻身 App Store 免费榜第六位。随后互联网公司趁热打铁，纷纷推出类似的直播答题节目。除了独立的答题 APP 异军突起，视频直播平台也迅速出击，推出嵌入式的答题板块，典型的有西瓜视频推出的"百万英雄"模块、映客推出的"芝士超人"、花椒直播推出的"百万赢家"、一直播推出的"黄金十秒"。此外，网易、百度等大型平台型媒体也上线了直播答题，将直播答题的参与入口扩展到了浏览器、小程序、浮动窗口等上网场景，直播答题一时间风行网络。

在成功赢得流量，成为投资热点的同时，直播答题引发的问题也随之而来。2018 年 1 月末，"头脑风暴""百万赢家"等直播答题活动因涉及内容违规而被要求下架整改。2 月 14 日，国家新闻出版广电总局于发出《关于加强网络直播答题节目管理的通知》，规定凡未持有《信息网络传播视听节目许可证》的平台一律不可以开办直播答题节目；网络直播答题活动不得过度营销和过度炒作。此后，直播答题应用纷纷进入停滞和整顿，各大平台的直播活动也变得冷清。

2018 年 4 月 11 日，QQ 音乐上线了一档直播答题闯关节目《一乐成名》。每周三、五晚上开播，时常持续半小时，单场奖金在 10 万—50 万 Q 币之间。在一个多月的沉寂和调整之后，直播答题开始慢慢复苏，尝试在多类型的答题内容上探索发展。

第二节　直播答题的产品逻辑和传播创新

益智问答的网络直播，答题奖金的追逐刺激，互动社交的集体游戏，使直播答题具备了知识经济的些许特征，也搭建起这一创新型互联网产品迭代发展的结构性要素。

一、直播答题的产品逻辑

1. 直播答题的游戏规则

通过分析主要直播答题产品的活动形式可发现，大多数运营方采取了"限时抢答+复活+现金平分"的答题模式，其题库来源、奖额设置、互动形式、盈利模式又呈现出了一些自有平台的特点。活动每场设置12道左右的题目，内容涉及文化历史、音乐艺术、生活百科、广告等内容，流程由主持人出题控场，每道题目会弹出答题界面并限时10秒作答，答错时可以使用复活卡继续答题也可退出比赛，闯关成功者平分该场次设置的奖金。

2. 直播答题的题库建设

直播答题的题库建设可采取自行开发、向第三方公司购买、由用户出题上传平台审核等三种方式。题目的类型、知识性、趣味性直接影响到直播答题活动能否吸引用户。不断扩充的题库既有专业严谨的科学知识，也有饶有趣味的网络热词，还有民间传说、广告脚本等，使得参与者面临适度的知识压力。

3. 直播答题的奖金设置

直播答题的奖金额度根据答题时间、题目难易、赞助商广告等进行设置，少则万元，多则百万，闯关成功者通常可分到几元到几十元不等的奖金。除了"普惠均分"模式，直播答题的奖金分发还可根据排名或其他既定的游戏规则（如补充奖励、错题宝箱）进行，增加了参与的趣味性和竞技感。

4. 直播答题的用户沉淀

大规模的用户参与是直播答题的流量基础和营销基础。互联网和通讯技术的发展，使得用户参与可以方便的在各种可能的场景下进行答题互动，通过弹幕、礼物等形式与主持人和其他参与者交流。为了鼓励用户持续参与，多数直播答题平台多设置了较为灵活的玩法，如通过好友互赠"复活卡"等社交方式，赋予用户更多的答题机会，增强产品的用户粘性。

5. 直播答题的盈利模式

直播答题采用了双边市场的盈利模式。先通过提供知识答题服务累积用户，再将广告植入用户界面从而获得广告主资金，开创出一种"网络直播+知识竞答+广告植入"的新模式。答题的场景设置、主持嘉宾的定位选择都强化着用户与直播产品本身之间的互动，也更容易将电商、影视、手机等定制广告投放给目标客户。目前直播答题常见的盈利方式包括广告位收入、广告植入、虚拟道具销售、付费答题等。

二、直播答题的传播创新

从直播答题的游戏规则来看，无论是奖金设置、游戏互动，都呈现出了非常强的互联网特质。有趣、及时、交互、沉浸是直播答题的鲜明特点。

1. 精准的用户定位

视频直播答题传播的主要渠道是社会化媒体和视频网站。如"冲顶大会"借助微博大V造势，"百万英雄"的擂主通过西瓜视频进行宣传；芝士超人借助映客直播进行推广。由于微博粉丝群和视频直播平台的用户大多为80后、90后，因此吸引到的直播答题受众也更显年轻化，据百度指数的人群画像数据，关注"冲顶大会"的人群平均年龄为32.3岁、"芝士超人"为35岁。同时，游戏参与者要成功闯关也需具备一定的生活知识和学科知识，这也就保证了留存用户的质量。直播答题以知识为核心内容关联起人与人之间的关系，用户既可以通过知识获益，还可以借由人际互动发表意见、排解孤独。

精准的用户定位带来了巨大流量和较低的获客成本。今日头条旗下的"百万英雄"推出的"广告狂人"答题专场，奖金额度高达500万元，30分钟的答题时间内联动了30家品牌商、100家广告代理商，在线用户数达到500万人。有品牌商统计，借助直播答题的方式，1亿元预算就可带来500万下载激活用户，远低于线上活动和线下地推的平均成本。

2. 碎片化的传播场景

移动互联网技术和移动终端的普及，使社交媒体、客户端新闻、手机支付等生活消费方式成为更多人的选择，也创造出信息消费的多样化场景。美国媒介文化研究者波兹曼曾经抨击电视造成了时间的碎片化，认为电视媒体造成受众的阅读量减少。但视频直播答题则通过整合碎片化时间带来了知识分享。用户仅需十几分钟就可以参与一场问答，既不会耽误工作与学习，又充分利用了日常的零散、消闲时间。同时，视频直播答题还能够整合碎片化的知识与记忆。在日常的学习阅读、生活经验的积累中我们获得了很多碎片化的知识，虽不系统，也无专业体系，却可以在直播答题中派上用场，获得收益。在知识变现、打赏收入等变现模式被人们日渐接受的年代，以答题内容为要素的再中心化过程使此类网络直播满足了人们围观、参与并获益的需求。相较大屏的电视传播，移动终端还为直播答题赋予了更大的私密性。答题者不再暴露于大众瞩目的情景之下，轻松应对成功与失败，更享娱乐和自由。

3. 知识竞技的参与体验

网络直播拥有较低的参与门槛，只要用户具备良好的触网习惯，联网打开答题应用便可参与竞答，百万用户参与答题也容易形成新的网络传播景观。直播答题通过"直播＋弹幕＋答题"的技术手段增加了平台与用户，以及用户之间的即时互动。答题界面即是用户终端上的弹送框，参与者需要触击屏幕作答，增强了游戏的科技感和趣味性。在交互答题的过程中，用户需要在 10 秒内完成听（读）题、思考、答题等一系列连贯动作，如果超时则自动判定为放弃，从而被淘汰。如果有复活卡的强力加持又可起死回生，一天数场的参与度以及超过 20 元人民币即可提现的低门槛规则都使得拿奖并非遥不可及。2018年 1 月初的"花椒直播"上，由京东赞助《百万赢家》答题比赛中，一位来自广州的大学生从近百万名网民中脱颖而出，成功赢得 103 万元奖金。答题既是知识竞技，也是游戏。闯关成功者获得成就感和认同感，答题失败者也通过游戏愉悦身心、弥补知识。

4. "分享式"的社会化营销

娱乐明星和知名人士的宣传、主持提高了人们对直播答题的关注度。为了获取复活卡，用户还愿意将直播答题的有关链接分享到一定数量的微信群。分享传播的过程不仅大大提升了晋级的可能性，也扩展了直播答题的传播渠道。凭借社会化媒体的营销方式，直播答题为运营企业提供了一个快速获取海量优质用户的窗口。一些直播问答平台还凭借先进的技术手段和数据挖掘实现了对特定群体的精准营销，加之利用产品间的互联互通，产生巨大的导流效应。这种社会化的营销方式可以帮助品牌实现了跨平台传播的效果，提升品牌的知名度和影响力。一些平台创造出了更为直接的变现方式和营销方式。熊猫直播将"边看边买"的功能链接直接设置在答题界面，只要用户参与答题，就可以一键跳转到电商平台。还有一些直播将 AR 技术应用到答题活动中，将道具设置为品牌商品。在答题游戏的催化下，直播弹幕、插播片花、复活卡等方式成为广告商青睐的新媒体推广手段。

第三节　直播答题推进的媒介融合

相较于传统的电视答题节目，移动网络端的直播答题凭借低门槛、强互动、高激励的特点，迅速拢聚受众，激发了用户利用零散时间参与活动的积极性。这给转型中的传统媒体和主流媒体也带来启示。

一、基于形式与技术的互动

直播答题汲取了传统电视中益智答题类节目的策划创意，具备了知识问答的知识性、竞争性和娱乐性。1998 年英国制作的《Who Wants to Be An Millionaire》（《百万富翁》）节目，借助巨额奖金和新颖的竞答机制掀起知识竞答节目的热潮。我国电视荧屏中的知识问答节目呈现过三种主要模式，以知识竞答比赛为主题的模式（如"三星智力快车"或行业知识竞赛录播），以娱乐为主题的模式（如"幸运52""最强大脑"等节目）和当前以跨媒体方式进行的台网互动模式（如"一战到底"节目）。随着移动网络、移动终端和终端应用的发展，更多融合了传统媒体和互联网传播特点的节目形态开始出现。这种融合并非是简单的平台转换，互联网的诸多特性都推进了节目原型在多个维度的创新。

新媒体平台在当下的传播生态中多以"话题性"取胜，网络综艺和传统媒体综艺的区别往往体现在话题的开放度方面，但直播答题凭借先进的技术手段构建出内容形态的新型传播场景。传统媒体的积极介入，与直播答题打开了"合作共赢"的局面。江苏卫视已经连播六年且口碑不减的综艺常青树"一站到底"在历经四代大变革后，将节目发展的方向之一聚焦在网络移动端。节目组与花椒直播合作，以交互娱乐的新玩法，打出了台网互动组合拳，台网两端的流量互推效果显著。人民日报客户端与映客直播的"芝士超人"推出的正能量答题专场为喧哗的直播界带来清风。为了宣传党的十九大报告知识，光明网与主要面向"90 后""00 后"的派派客户端进行合作，赢得了年轻用户的积极参与。迄今为止，新华社、中央电视台以及《中国日报》《南方都市报》等都选择过与直播答题平台进行合作。

对于融合另一边的互联网企业而言，也找到了合作的好盟友。如"芝士超人"的跨界大都集中在传统媒体，它陆续推出了人民日报专场、体坛周报专场、中央财经专场等答题专场，与其他直播平台展开差异化竞争。在与"湖南卫视歌手节目"合作的歌手专场中，"芝士超人"号召玩家边看节目边答题，实现了线上线下的良好联动。

二、助力打造新的内容入口

网络直播答题是视频直播行业发展的转折点，不同于以往的网红直播、明星直播，直播答题将益智内容与综艺游戏相结合，在升级与净化中发现更加符合社会文明需求的角度和更加平民化的传播方式。

直播答题的内容有较强的定制能力，也具备寓教于乐的潜力，可以有效消解过度娱乐化内容造成的审美疲劳。除了目前各大平台的普通场、英雄场、广告场，直播答题可以成为更多优质内容的传播平台，类似《中华诗词大会》的答题专场就丰富了传统文化传承的新形式。与人民日报、央视新闻等官方媒体合作推出的专场答题活动，更可以对我国的时政知识进行很好的普及与宣传。

三、推进媒体运营能力的提升

直播答题的内容变现为传统媒体的经营管理提供了新的思路，推动了报网、台网融合的新认知，任何新的传播介质和形式并不必然带来非此即彼式的淘汰，而可以相互借鉴和利用。传统媒体高质量的内容和网络的超强互动手段完全可以相得益彰。网络用户与以往付费的读者、观众不同，他们更加积极主动，不仅可以影响整个传播的进展和结局，还可以充当市场营销的社会化节点，是优质内容的消费者和获益者。

社交媒体时代，任何媒体内容想要获得影响力，必须要能嵌入到用户的社交网络当中。如何避免受众流失，有效沉淀用户，直播答题做出了很好的示范。一方面，它通过社交渠道进行活动推广；另一方面，它积极设计、改进参与的方式和手段，强化传播的过程。朋友圈的分享展示、借助友情的复活卡求助模式都有利于增加直播答题的产品黏性。

第四节　自律与规制：直播答题如何乘风而行

作为创新性的网络产品，直播答题激发了大量用户的参与热情，给投资方、运营方都带来立竿见影的经济效益，但迅速崛起扩张的背后也存在隐忧。

一、创新中的问题与缺憾

1. 数据真实性存疑、用户体验不佳

直播答题游戏的实时在线数据和运营数据掌握在运营方手中，作为竞答参与者的用户只对相对透明的游戏规则有了解，信息不对称为平台造假提供了便利，以致出现类似"答题人数大于在线人数"、"复活人数大于答错人数"、参与人数和奖金金额"注水"等不正常现象，引发用户对平台的信任危机。如何推动游戏数据的透明公开，维护规则，对知识竞技尤为重要。同时，从技术手段上强化用户体验依旧是直播答题类节目需要关注的重点。不少竞答者抱怨服务器不稳定，直播时频频出现卡顿、黑屏等情况，造成答题延迟而使其失去下一题的参赛机会，损害了参与游戏的热情。

2. 直播内容审核不力，广告泛滥

直播答题的问答内容的选取应该严谨准确，避免错漏，但一些平台或公司忽视了审核流程，出现了事实错误、内容无聊、政治差错等问题，由此造成的传播风险甚至给整个行业带来了负面影响和经营风险。此外，许多直播答题的定位本身即存在导向性问题，将明星的婚姻、家庭状况等八卦信息作为"知识点"进行考察，传递拜金、低俗的负面内容。直播答题作为一项渗透率极高的广告营销手段，有其成功和可资借鉴之处，但广告的实际效果如何，是否能触发用户的真实品牌认同和实际购买行为，恐怕不能简单地根据答题数据进行判定。

3. 作弊手段层出不穷，灰色产业链有违公平

部分用户通过网络搜索答案的方式参与竞答，一些网络公司更是顺势推出了专门针对答题游戏的软件来"辅助"用户答题（如"汪仔答题助手""简单

搜索"等），类似于"超级智能答题神器"这类的产品更是可以基于语音识别和语义理解智能匹配出答案内容给用户提示。竞答比赛本身是一场围绕知识的竞技游戏，是参与者脑力的比拼，软件的参与使人人对抗转化为人与机器算法的对抗，背离了竞赛规则。除了答题作弊，灰色产业链也作为副产品出现了，复活卡竞卖、流量代刷、假人答题等都会造成对游戏的异化。此外，如果游戏运营方通过概率、算法预估出中奖者的人数与分布，从而提升答题难度，控制通关人数，导致玩家的非正常出局，或者被迫转向作弊工具，也会抹杀直播答题的产品优势。

4. 用户体验有待改进，隐私安全存在隐患

当下，几乎所有的直播答题应用都需要用户通过绑定自己的微信、支付宝等个人信息才能参与答题。用户从开始参与游戏便进入了运营者的花式传播之中，不仅会面临明星隐私等负面竞答内容，为了提现更会按照平台要求一步步地完成认证和支付关联，但却鲜有直播平台对用户的个人信息安全进行明确说明。我国目前的各大移动应用平台对其上线的应用程序审核机制尚不完善。很多应用程序存在过度收集用户个人信息的情况。对于用户个体而言，其提供的个人信息价值可能远胜于自己分得的奖金。

二、直播答题的自律与规制

作为创新型的互联网产品，视频直播答题的许多地方都需要进化和完善。这既需要同业者不过分消耗产品优势，也需要管理部门从规制上进行管理。

1. "撒币"还需优化产品，获取生态支撑

在"冲顶大会"成功以后，西瓜视频、映客直播、花椒直播、YY直播、和一直播等在内的直播平台都纷纷推出相关产品，各平台不断通过提高奖金金额来吸引用户。任何一项新产品和新模式都离不开资金的支持，但过度"撒币"则会引发行业的无序竞争，不利于行业的生态健康。要想得到持续发展，直播答题需要完善自身的盈利模式，在耗空"撒币"成本前完成"盈利验证"。一个行业的整体生态，对拉新、留存以及商业变现都具有很大的影响。如何通过直播答题实现用户留存，成为各大直播平台需要面对的问题。作为一款独立APP的"冲顶大会"，不仅要应对"一直播"厉兵秣马、杀入战局的撒钱高手，还要与背靠资本的"百万英雄""芝士超人"等一较高下，如果能在

充分开发和利用答题时间之外还存在着大量的空白时间，丰富平台内容和游戏样式，则会增加独立 APP 留存用户的概率。对于内嵌于"母体"直播平台的答题活动来说，可以利用母体的生态连带效应获取流量入口，传播更为丰富的娱乐内容。未来的市场将更考验答题应用开拓生态系统和获取连带效应的能力。

2. 着力完善直播答题协同监管

新媒体的影响力和创造力正在逐步超越传统电视媒体，但监管体系仍然滞后于新业务发展。广电总局在 2005 年《关于进一步加强电话和手机短信参与的有奖竞猜类广播电视节目管理的通知》中，对有奖竞猜节目的收费形式、内容、频次、奖金额度做出详细规定。但针对直播答题，当前相关管理规定只有 2016 年网信办出台的《互联网直播服务管理规定》，其中并未对答题形式和内容做出具体规定。互联网的传播创新日新月异，这就要求管理者具备必要的前瞻意识。同时，行业自律和平台责任也有待落实。健全政府和企业沟通机制，落实直播答题实时监测、应急管控机制，提升监管的时效性，确保不发生重大网络信息安全事故是互联网管理部门和互联网企业共同努力的方向。

3. 运用新媒体促进优质健康内容的传播

"直播+知识"的新模式使 2016 年大火之后走向衰退的直播行业重现生机。现有的直播答题节目虽然表面上过度宣扬了"知识赚钱"的信息消费观念，但如果善加引导，答题应用可以成为很好的文化传播形式。一款优秀的互联网产品对社会传播和人们文化生活的改变应具有正能量。以知识而非单纯以奖金为引信，持续推出新鲜有趣的优质内容，才是平台永葆生命力的关键。灵活运用广大群众积极参与的直播答题形式，探索寓教于乐的知识传播方式，弘扬中华民族优秀文化、宣传国家核心价值观、寓教于乐但避免过度商业化是今后答题策划可以探索的方向。除了利用信息消费的碎片化场景，直播答题也可在重大节假日，如"妇女节""重阳节"等节日中，设置相应的节日专场，担当公益传播平台的角色，更好地履行社会责任。处于融合进程中的传统媒体，可积极参与或投资直播答题类应用的开发，探索创新更多的节目样式，提高运用网络信息技术和新型媒体的能力，有效拓展受众群体，凝聚和壮大网络正能量。

直播答题的兴起是一项基于传播技术与知识竞技的传播创新，意味着我国的互联网应用基础和发展环境日趋成熟。当前，我国宽带网络的日益完善、智能终端的广泛普及为直播的发展奠定了良好基础。"直播+内容"模式已经成为网民日常消费的基础应用。2017年直播行业进入洗牌期，不少直播平台经营下滑，但仍有部分对市场反应灵敏、具有创新意识的互联网企业迅速捕捉风向，通过借鉴、创新直播答题产品，获取了直播行业第二次快速增长的机会。网络直播答题的迅速崛起，也显示出我国互联网行业打造和推广新业务的能力已经十分娴熟，资本、技术、平台、媒体配合默契，能够在短时间迅速推出爆款产品，拢聚用户，制造话题和提高影响力，符合了互联网跨行业、跨平台融合发展的浪潮。

经历了风口，趋于沉静，又缓慢复苏的直播答题，终究在2018年的互联网市场留下了浓墨重彩的一笔。作为一种新的营销模式，它的未来发展还有待观察，其背后的商业逻辑及传播理念都值得关注。对于运营商来说，需要从中挖掘新的用户需求和营销机会；对于传统媒体而言，则要思考如何借助跨平台联动的更多方式，留存受众、变现内容；对于互联网的管理者而言，需要注重调控管理的时间意识，既能预防社会风险，还要鼓励行业创新。

平台融合创新篇

第九章　文化与金融结合，线上与线下结合

——中南传媒的融合发展创新实践

任殿顺[①]　虞　洋[②]

正式成立于 2008 年的中南出版传媒集团股份有限公司（以下简称"中南传媒"）是在湖南出版投资控股集团有限公司原有主营业务和核心资产基础上经过改制重组而来的。2010 年 10 月 28 日，中南传媒在上海证券交易所挂牌上市，成为我国第一支全产业链整体上市的出版传媒股。作为目前中国所有出版传媒集团中产业链最完整、媒介形态最丰富、传播介质最多样的传媒龙头企业，中南传媒的发展轨迹本身即是"融合发展"的鲜活案例。

党的十八大以来，以习近平同志为核心的党中央高度重视传统媒体和新兴媒体的融合发展工作。2014 年 8 月 18 日，中央全面深化改革领导小组第四次会议审议通过了《关于推动传统媒体和新兴媒体融合发展的指导意见》，对在新的形势下如何推进媒体融合发展工作提出了明确的要求，并做出了具体部署。此后，原国家新闻出版广电总局与财政部联合印发了《关于推动传统出版和新兴出版融合发展的指导意见》，为实现传统出版和新兴出版融合发展指明了方向和路径。以深入贯彻学习习总书记讲话精神、落实党中央及行业主管部门的部署要求为契机，中南传媒确立了以"催生创造、致力分享"为经营理念，以"线上与线下结合、产业与金融结合"为发展路径，大力实施传播数字

[①] 任殿顺，中国人民大学传媒经济学博士，北京大学新媒体方向博士后，副编审。现任中南传媒产业研究院研究员、新闻出版署出版融合发展（中南传媒）重点实验室学术委员会主任，《出版人》杂志执行主编。主要研究方向为出版产业、数字出版和媒介融合。

[②] 虞洋，北京师范大学公共管理学硕士，现任《出版人》杂志记者。主要研究方向为出版产业、数据分析。

化、业态市场化、品牌集群化、经营国际化、运营资本化、管理标准化的六大战略，致力于成为拥有强大实力、传播力、公信力、影响力的国家级新型出版传媒集团。中南传媒将未来自身定位为世界知名的信息服务和传播解决方案提供商、华文全媒介内容运营商以及重要的文化产业战略投资者。这三个目标定位，其实也正是对"线上+线下""产业+金融"路径的呼应和契合。

经过多年的探索，目前中南传媒在融合发展上积累了一些经验，也形成了一定的优势。

一是产融结合优势。中南传媒在内部构架中设有专门以投资并购为主要业务的战略投资部，同时，公司旗下还设有一家财务公司——湖南投资控股集团财务有限公司、一家基金公司——泊富基金管理有限公司，三者共同构成了中南传媒金融的"三架马车"，更好地服务实体产业，提升资金收益水平，推进公司产融结合发展战略的顺利实施，实现了文化产业在前期、中期、后期投资模式的全服务、全覆盖。

二是媒体介质优势。在传统的图书编印发产业链条之外，中南传媒的媒体形态覆盖了包括地铁媒体、电视媒体、网络媒体和以报纸、期刊为代表的纸质媒体等多种媒体介质，可以说是领先于全国同行业的新媒体布局。中南传媒形成了"多介质、全流程、立体化"的完整产业发展体系。集团积极走"线上与线下结合"的融合发展之路，从数字教育、媒介融合、内容产品融合三个方向发力，在媒介多样性、产业完整性和产品丰富性方面位居行业领先地位。

第一节　文化与金融结合

任何一个行业发展到高阶状态，都离不开与现代金融业的支撑和支持。文化产业的发展需要金融的助力，而金融行业的发展也需要文化产业的各种产品和内容。文化是核心，为魂，为本；金融是助力，为器，为用。二者一体两面，均不可缺。[1]

---

[1] 姜延容. 文化与金融的融合之路. 经济，2017（7）：110-111.

第九章　文化与金融结合，线上与线下结合 | 平台融合创新篇 |

一方面，中南传媒在 2010 年上市时就获得了 42.43 亿元的募集资金，超募 130%。上市之后，中南传媒主营业务收入的增速连续多年超过 10%，集团资产规模和经营规模逐年扩大，积累了数额可观的存量资金。另一方面，随着国家对于包括出版传媒业在内的文化产业的大力扶持，文化产业也在同期迎来战略机遇期，上市公司平台也为中南传媒的业务拓展和转型提供了空间。湖南出版投资控股集团党委书记、董事长、总编辑，中南传媒董事长龚曙光认为："国企改革中一个最重大的政策之一就是建立国有资本运营平台。把实体企业和运营平台分离开，这是符合国资管理改革方向的，且与国际情况相匹配。"[①] 在这一思路下，中南传媒同母公司湖南出版投资控股集团于 2014 年共同出资成立湖南投资控股集团财务有限公司，2015 年年底又携手湖南潇湘资本投资股份有限公司共同出资成立了泊富基金管理有限公司，与中南传媒的战略投资部一起组成整个集团的资本运营平台。

集团所属的这三个投资平台各自的定位明确、分工明晰，龚曙光表示："真正属于文化产业，需要进行战略性并购，并要求并购控股的投资项目，一般由战略投资部来完成；对于技术先进、内容具有创造性的中小企业的孵化，一般由基金公司来完成；而财务公司的职责，则是运用多种金融的职能和工具，直接服务于公司的产业发展。协同利用财务公司、基金公司及战投部等多个金融投资平台和工具，孵化、参股和控股相关产业，聚合优质资源，驱动产业快速扩张。"[②]

一、财务公司：提高资金管理能力，提升资金使用效率

财务公司按照性质主要可以包括两类，一类是非金融机构成立的财务公司，另一类是金融机构类型的财务公司，后者一般情况下又被称为企业集团型财务公司。在中国，财务公司多是由企业集团内部出资组建成立的，通过为企业集团和其所属成员单位提供资金筹措和融通等财务服务，以提高企业的资金使用效率，促进集团的融合发展和技术进步。[③]

[①] 谢若琳. 中南传媒董事长龚曙光："文化+金融"是公司国有资本运营新模式. 证券日报，2016-03-09.

[②] 同上.

[③] 郭全中. 财务公司：助推产融深度结合. 中国新闻出版报，2014-05-12.

湖南出版投资控股集团财务有限公司（以下简称财务公司）成立于2014年，注册资本金为10亿元，其中中南传媒出资7亿元，占比70%；中南传媒的母公司湖南出版投资控股集团出资3亿元，占比30%。湖南出版投资控股集团财务公司是国内的出版文化企业里面第一家成功拿到了银监会"金融牌照"的公司，也是中南传媒探索"产融结合"新模式的重要起点。

对于中南传媒而言，财务公司在产融结合方面的战略意义主要体现在大幅度提高了公司资金管理能力，提升资金使用效率；同时为中南传媒涉足金融业务提供切入口，为进一步拓展产融结合发展模式探路。

通过成立财务公司，可以更好地融通公司内部的资金，促进公司内部现金资源的优化配置，显著提高企业的资金使用效率。"文化企业都是轻资产，去银行融资受到局限，财务公司的成立解决了集团各成员单位发展过程中的融资问题。而且财务公司给成员单位的贷款都是按照基准利率，降低了企业的融资成本。"[①] 中南传媒财务总监、湖南出版投资控股集团财务公司原总经理王丽波曾表示："通过设立财务公司，集团对内实现资金管理使用的统一和规范，节约资金使用成本，提高资金使用效率；对外提升融资议价能力，集聚和撬动更大资本力量。"[②]

成立三年多来，财务公司坚持"以产入融，以融促产"的基本导向，在服务和壮大产业方面成效显著。从资金归集度来看，财务公司以"收支两条线"结算模式为基础，通过不断提升金融服务水平，吸纳集团控股和参股企业资金，财务公司成立当年年末，在可归集口径下的资金集中度达87.48%，实现了对集团资金的高度集中管理。[③] 财务公司通过盘活存量，优化增量，对使用分散的资金进行整合归并，以信用活动等方式为集团的核心产业板块提供足够资金，成功降低了企业财务成本，增强了企业市场竞争力。财务公司被称为促进产业发展的"源头活水"。

---

① 李国斌. 中南传媒："文化+金融"酝酿新变局. 湖南日报，2016-05-31.
② 李国斌. 紧抓内容生产　发力产融结合——湖南出版投资控股集团坚持"两个效益相统一"纪实. 湖南日报，2016-09-01.
③ 郭志强. 湖南出版财务公司：借力金融杠杆　助推文化产业长青基业. 红网（http://hn.rednet.cn/）.

二、基金公司：抢占未来对有主业协同和支撑效应的战略性资源

继在国内文化行业成立首家企业集团财务公司之后，2015年年底中南传媒发起成立了国内出版传媒领域首家基金管理公司——泊富文化产业投资基金。中南传媒与湖南潇湘资本投资股份有限公司共同成立泊富基金管理公司及泊富基金，其中泊富基金管理公司注册资本5 000万元，中南传媒出资4 000万元，潇湘资本出资1 000万元；泊富基金首期规模5亿元，中南传媒出资4.5亿元，潇湘资本出资4 000万元，泊富基金管理公司出资1 000万元。①

泊富基金的成立标志着中南传媒朝着之前规划设定的文化财团的目标更近了一步，同时，也使得公司的投资模式更加丰富，投资渠道更加立体。据公开披露的信息显示，泊富基金的投资形式主要可以分为股权投资和债权投资两大类。泊富基金的投资将主要集中在能够和中南传媒目前的经营业务有较好协同效应的领域，涵盖了图书出版发行产业链，影视音频娱乐内容产业链以及文体教育产业链等。龚曙光表示："基金管理公司主要投两类企业：一是做天使投资，拿5 000万至一个亿专门投200万以下的小公司，可以投资几十个，只要其中成功10%—20%那便是成功；二是投不可以控股的公司，但又与我们的核心业务有很高的相关度，做股权投资。"②

据了解，2017年泊富基金公司的文娱大消费基金已经完成募集，围绕与中南传媒主营业务有着较好协同效应的相关领域完成了7个项目投资，累计出资近5 000万元。标的包括云计算领域公司微云科技、家庭娱乐平台公司视游互动、机器人领域公司华航唯实、社交电商公司大希地等。中南传媒证券部人士透露："根据首期基金的运营绩效和公司产业发展需要，泊富基金在将来相机依次成立包括养老产业基金、旅游产业基金、数字教育基金等多只基金，形成从天使投资、创业投资、风险投资、PRE-IPO投资以及证券投资等协同发展、相互促进的综合基金投资和管理体系。"③ 助力中南传媒在文化产业、通信业、金融业等产业之间的融合与协同发展。

---

① 中南传媒：拟联合潇湘资本成立文化产投基金. 公司新闻（http：//cs.com.cn/ssg/）.
② 中南传媒成立出版传媒首家基金管理公司. 湖南频道（http：//hn.rednet.cn/）.
③ 中南传媒：拟联合潇湘资本成立文化产投基金. 中国证券报·中证网（http：//cache.baiducontent.com/）.

三、战略投资部：以并购手段拱卫主业发展布局新兴市场

中南传媒战略投资部的定位和职能是围绕公司战略积极整合外部资源，以打造国有文化资本投资运营平台为主要目标，进一步提升企业投资并购的效能，加快资本驱动产业扩张的能力，并进一步推动项目落地。近年来，中南传媒战投部重点关注新一轮经济布局结构调整带来的机遇，重点瞄准以互联网或移动互联网为核心驱动的传播、教育、娱乐、健康服务等领域的"互联网+"布局和出版、金融等领域的"+互联网"转型，通过并购重组，加速集团转型，通过股权投资的方式对行业内具有前瞻性的自带新技术新媒体基因的文化传媒公司进行前期的投资布局。

在具体工作实施路径方面，主要围绕"拱卫主业发展"和"布局新兴市场"两个方面。根据战略发展需要和市场形势，站在供给侧改革高度，通过投资并购推进集团业态创新和产品创新，强化各板块市场地位，促进主业转型。比如在发行板块，实行"线上线下结合、线上建平台、线下建网络"的战略，投资线下线上结合的项目，推动新华书店传统发行渠道加快融入互联网实行转型升级，打造以"教育产品与服务"的立体销售网络。在少儿、社科等图书板块，锁定重点项目、优秀作家和优质IP进行投资，优化公司产品结构，提高市占率、单品收益率与影响力。在少儿教育出版领域，通过投资并购方式并购数字出版技术公司、内容精修团队等项目提升子分公司的数字出版能力等。在新兴市场方面，战投部重点瞄准以互联网或移动互联网为核心驱动的新闻传播、儿童教育、休闲娱乐和老年健康服务等领域的"互联网+"布局，和出版、金融等领域的"+互联网"转型。比如打造基于互联网的云教育服务平台，集合教育行政管理、课堂教学、家校通讯等功能，汇聚数字教材、数字课堂、数字教辅、教育软件、数字试题、教育社区、教育管理等内容，为中小学以及中高等教育学生提供基于互联网的数字教育云平台；延伸产业链，通过投资具有持续的软件系统以及云平台开发能力的企业，进入职业教育领域；在海外市场布局方面，探索让出版主业完成全球布局，吸纳国外优秀内容产品与实现文化输出，助力中南传媒成为具有全球影响力的出版企业。

第九章　文化与金融结合，线上与线下结合｜平台融合创新篇｜

第二节　线上与线下结合

在产品和业态转型方面，中南传媒以"线上与线下结合"为融合发展的总基调，即充分发挥互联网技术、数字技术在传统出版转型和新媒体发展中的引领作用，推动企业在产品思维、运营理念和运作机制等方面的创新和进化。这种"线上建平台、线下聚资源"的思路，在教育出版、媒体业态、传统内容激活和增值上有不同体现，使得中南传媒的出版主业整体在转型迭代上都取得了突破性进展。

一、通过技术创新优化升级教育出版产品

教育出版一直是中南传媒主营业务中的重要组成部分，是整个集团的生存根基。教育出版板块的转型发展，也一直是集团重点投入的领域。对此，中南传媒选择立足内容，以"在线"为方向，通过技术创新优化教材教辅的产品样态和产业格局，努力抓住国家加速推进教育信息化的政策机遇，探索现代信息技术与教育产业的全面深度融合发展。

早在2010年，在在线教育、数字教育产业仍然属于刚刚起步阶段的时候，中南传媒就联合华为技术有限公司联合投入3.2亿元成立了天闻数媒科技有限公司。经过多年发展，天闻数媒与湖南教育社独立研发的在线教育网站贝壳网、湖南省新华书店集团的子公司中南迅智科技有限公司一起构成了公司特色的数字教育体系。中南传媒也成为国内屈指可数的真正整合线上与线下的教育资源，形成完整的教育板块的出版传媒企业。

经过8年的发展，目前天闻数媒已经成为国内数字教育领域的平台级公司。2017年，公司启动了"平台+生态"的全新发展战略，吸收各种合作伙伴加入，通过天闻数媒构建的平台来触达用户，进而构建起"B2B2C"的新型教育产业生态圈。天闻数媒与阿里云、百度云达成战略合作，核心教学应用Aischool不断升级迭代，B端学校机构达3 600所。天闻数媒开发的智能应用AiClass在人机学习方面进步迅速。C端以"校比邻"APP为代表，注册用户已

经突破百万。

贝壳网是湖南教育出版社独立研发的在线教育网站，最初的定位是教师的教学助手。在贝壳网上线之初，湖南教育出版社将教师在课堂上和课堂外需要应用的教学资源整合在一起，教师通过一课一网的方式使用，方便快捷。如果说天闻数媒以技术为核心，贝壳网则以优质资源为核心，为老师提供数字教育资源服务。作为家庭教育产品线的重要通路，湘教社也在 2017 年的第二届新家庭教育文化节上正式上线了家校共育网，为孩子提供专门的线上辅导和个性化的解决方案。

中南迅智是湖南省新华书店集团的转型探索。其核心产品是 A 佳系列考试服务产品，线下的评测中心是其核心业务开展的支撑和平台。因此，可以说中南迅智的核心是渠道，是对线下渠道依赖较强的数字化教育服务机构。目前，中南迅智已经在湖南省建成 A 佳教育评测中心 94 家，服务学校 1 700 所、学生 340 万人次，APP 注册用户突破 100 万，考试业务覆盖湖南 75 个县（市、区）。

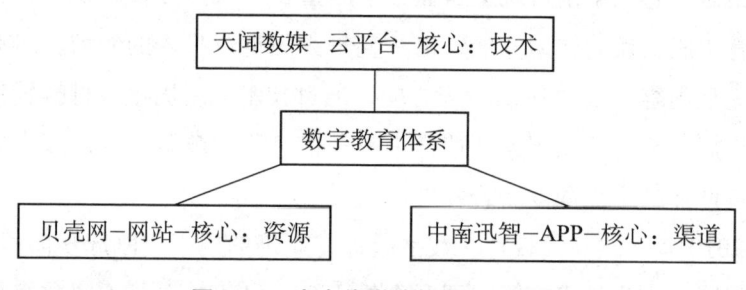

```
         天闻数媒-云平台-核心：技术
                    |
              数字教育体系
             /            \
   贝壳网-网站-核心：资源    中南迅智-APP-核心：渠道
```

图 9-1　中南传媒的数字教育体系

二、以构建全媒体矩阵推进媒体业态的融合发展

与其他单纯以图书出版为主业发展起来的兄弟出版集团相比，中南传媒的一大优势是媒体板块的业态布局和影响力。在媒体板块，中南传媒旗下拥有两张有广泛影响力的报纸（《潇湘晨报》和《快乐老人报》），有 18 份在各自细分领域独具特色的期刊杂志（《书屋》《芙蓉》《出版人》《中学生百科》《十几岁》《新课程评论》等），有三家地方新闻信息网站（红网、大湘网和枫网）。

面对新旧媒体加速融合之势，中南传媒整合媒体资源，以湖南红网新闻传播有限责任公司为基础,组建了红网新媒体集团,下辖湖南红网传媒有限公司、湖南红网新媒体科技发展有限公司、湖南红网文化传播有限公司三家全资子公司。近年来,红网以总站和红网分站为基础,构建了省市县三级、双网(互联网和移动互联网)党媒新型传播平台,创建全国独一无二的"网报端微视屏"六位一体矩阵化、137家分站集群化、千屏户外联播的融合发展"红网模式"。

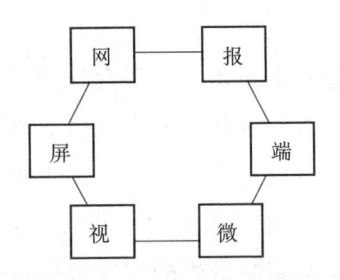

图 9-2 红网的媒体矩阵

"网报端微视屏"中的"网"指 2001 年成立至今的红网;"报"指 2010 年上线,采用一县一报、地方财政购买赠阅用户方式发放的《红网手机报》;"端"是《时刻新闻》客户端,2015 年上线,是目前红网新媒体建设的拳头产品,开创了省、市、县三级党媒共建平台、共生内容、共享受众、共促传播的"四共"融合模式;"微"是网站官方微博、微信,加上红网微博微信集群、红网省市县网群媒体微博发布厅,共同构建红网"微传播"矩阵;"视"指网络视听节目;"屏"是红网传媒室内小屏和户外广告大屏,打造"湖南新闻高清 LED 联播网",截至 2017 年年末,红网户外大屏已占据长沙 13 个高速路口和市内显著位置,1 000 块电梯小屏覆盖了人群。

在传统报媒的转型方面,中南传媒注重依托纸媒的现有用户创建线上社群,进而开发社群服务。创建了期发量过 220 万份的老年纸媒《快乐老人报》和"先媒体后社群"的国内最大老年产业矩阵。依托《快乐老人报》,公司近期投资了 2 亿元用来推进建设千所老年大学,计划覆盖数千万的老年人群体。并计划用 3—5 年时间,建成囊括社区居家医疗养老服务、老年产品开发、老年旅游娱乐、老年大学以及养老机构在内的综合性老年产业集团。

除此之外,中南传媒的媒体板块还与腾讯合作成立大湘网,拓展了电视媒体(湘教传媒)、会展媒体(中南会展)、轨道媒体(地铁传媒)。通过线上建平台、线下聚资源，初步形成了数字教育、新闻资讯、老龄生活、互动娱乐等数字平台。

三、立体多元开发为传统内容资源赋能增值

随着互联网和移动互联网的发展，出版已不再局限于向读者提供单一的文本内容，而是要适应时代需求为用户提供集文字、音频、视频等多种媒介为一体的多元化复合内容服务。在大众类读物的融合发展方面，中南传媒注重对传统线下存量内容的激活，通过新技术、新平台延伸产业链，借力 IP 运营和有声书业务，为优质传统内容资源重新赋能并实现价值增值。

随着近几年有声书市场的快速发展，中南传媒确立了全力打造音频产品和有声平台的思路。2016 年，公司开始全力发展语音出版，取得了中国移动咪咕听书联合会员资质，推进了与咪咕数媒的深度合作。作为中南传媒探索大众出版转型、试水有声市场的"桥头堡"，湖南电子音像出版社在开发全新形态的数字出版产品，实现传统图书形态升级的同时，也成功将升级的出版产品推广到了互联网平台、移动端平台上。中南 E 库、中南有声书内容集成与传播平台、中南传媒移动互联网悦读平台等项目建设持续推进。中南传媒旗下老牌古籍类出版社——岳麓书社也积极尝试为经典读物插上科技的翅膀。该社推出的《四大名著（演播版）》持续热销，"名家读名著"系列销售近百万册，值得注意的是，"四大名著"演播版还在最新的版本中加入了 AR 技术，用更炫酷的方式吸引年轻读者的注意。

作为中南传媒旗下掌握 IP 资源最多、变现手段最丰富的企业，中南博集天卷自 2015 年新成立了新媒体公司和影业公司，以二者为平台加速推进 IP 运营和价值变现。中南博集天卷与博集新媒体、博集天卷影业的协同效应越发明显，2016 年，由"法医秦明"系列纸书衍生的网剧在搜狐视频热播，同时带动了该系列电子书及有声书的销售。同时，电子书和有声书的大规模宣传，也为网剧提供了良好的市场基础。2017 年，博集新媒体的电子书、有声书销售超过 2 100 万元。同时，博集影业一直坚持以传统图书内容为基础的影视开发，已出品网剧《法医秦明第二季》、电视剧《金牌投资人》，电视剧《海洋之城》也即将播出，《乖，摸摸头》《采珠勿惊龙》《单身久了就会变成狗》等剧本创作和拍摄工作都在稳步推进中。

第三节　中南传媒融合创新的启示

对于一家大型传媒集团而言，推进融合创新发展是一项系统工程，涉及内容生产流程、公司组织架构、管理体制机制和人才队伍建设等方方面面的变革，这项工作不仅需要勇气和魄力，还需要企业结合自身业务需求和战略方向提供科研理论支撑和制度支撑。

一、科研支撑

很多没有历史经验可依的改革都像是"摸着石头过河"，对于推动传统媒体和新兴媒体发展而言同样如此。虽然党中央对于如何推进这项工作给出了纲领性的指导文件，并制定了清晰的路线图，但具体到一家企业，如何去具体落地切实推进，都需要结合自身实际的理论支撑和科研支持。在这方面，中南传媒长期以来重视产学研结合的举措发挥了积极的引领作用。中南传媒的母公司——湖南出版投资控股集团设有"博士后工作站"，与北京大学、武汉大学两所院校联合培养博士后，多年来一直致力于探索产学研结合的融合发展新路径。中南传媒从成立之初也设有专门的科研机构——产业研究院，这也是我国各出版传媒集团中最早设立研究院的单位。产业研究院旗下还有一本具有广泛影响力的行业刊物——《出版人》杂志。2017年，原国家新闻出版广电总局又批复中南传媒承建"国家新闻出版广电总局出版融合发展（中南传媒）重点实验室"和"新闻出版业科技与标准重点实验室"。至此，中南传媒已初步形成"国家级重点实验室＋博士后工作站＋产业研究院＋行业媒体（《出版人》杂志）"四位一体的科研架构，为企业的转型升级和融合发展提供"智库"支撑。

中南传媒的科研力量和团队立足于出版传媒主业，在供给侧改革、产业结构调整、业态升级改造等行业宏观战略层面和投资并购、平台建设、技术选择等中观层面，致力于为企业的融合发展提供理论框架和可行的解决方案，协助公司管理决策层做好顶层设计，以增强融合发展工作的可行性和预见性。

二、制度支撑

建立适应传统媒体与新兴媒体、传统出版与新兴出版融合发展所配套的体制机制，是推进融合发展工作的重要保障。为了更好地推进"文化与金融相结合"战略，中南传媒及其母公司湖南出版投资控股集团的管控模式都逐渐由"管产业"向"管资本"转变。此前集团属于产业管控型集团，直抓产业、直管产业、直营产业，在向资本运营平台转型的过程中，公司的管控模式也逐渐从管产业向管资本转型。集团总部根据主管部门授权，作为战略驱动的资本运营平台和价值管理总部，落实出资人职责，以资本为纽带，突出市场化的改革措施和管理手段，以管资本为核心，以管核心人才、主导战略和核心文化理念为辅助，真正发挥集团的管控职能并激活各经营实体的发展活力，从管理制度和运营机制上更好地为公司的融合发展工作服务。

同时，为了更好地实施"线上与线下相结合"，中南传媒进一步协同出版部、新技术新媒体部、产业运营中心、政府项目办等集团几个相关职能部门对于融合发展的支撑和服务功能，有效地减少了因跨平台、跨部门工作而带来的效率问题。公司的组织架构也逐渐由"直线型"向"矩阵式"转变，积极推进各子分公司在交叉边界领域的业务重组与流程再造，从资源的采集与生产、内容的封装与集成、产品的分发与运营等维度，在总体部署、进度安排和考核方式等方面做好协同、管理和服务，为融合发展提供坚强后盾。

第十章 春晚传媒"两新平台"融合创新探索与实践

杨青山[①]

《春城晚报》于 1980 年创刊，是云南日报社的晚报，是全国改革开放后新创办的第一张晚报，面向云南全省发行，是云南地区发行量最大的报纸，2018年 3 月，获评第三届全国"百强报纸"。云南春晚传媒有限公司（以下简称"春晚传媒"）是有着 38 年历史积淀、与几代昆滇读者结下深厚情缘的以《春城晚报》为核心的都市类报纸媒体企业，目前已发展成为集报刊出版运营、新媒体运营、策划营销、报刊发行、户外媒体经营、幼教办学等综合经营项目于一体的多元化现代传媒公司。但在移动通讯技术冲击和传统报业市场发生深刻变革的背景下，长期以来作为云南日报报业集团经济支柱和云南省委省政府重要宣传舆论阵地的春晚传媒，经营收入遭受到了断崖式的下滑，研究和探索传统都市类报媒如何转型融合，怎样将无形资产市场评估价值超过 10 亿元的《春城晚报》品牌影响力有效传承、战略转移到"新传播平台"和"新经营平台"上，就显得尤为重要。

春晚传媒"新传播平台"以 CW 手机客户端、春城壹网、春城晚报微信公众号、春城晚报新浪官方微博为主，提供具有权威性、公信力的新闻资讯和服务产品。本文将研究如何把读者对春晚的信任和需求，通过打造全媒体矩阵的综合平台，增强新闻信息的传播能力以及经营绩效能力，进而继续发挥云南省委、省政府指导全省工作的重要舆论工具作用。

春晚传媒着力打造"春晚体育""春晚教育""春晚电商""春晚文化"

[①] 杨青山，云南财经大学传媒学院新闻系主任、副教授，主要从事财经新闻史论、媒体发展研究。

"春晚健康""春晚物流"等六大"新经营平台",本文将研究各平台在创新融合发展中的市场拓展、渠道开掘、提质增效方面,如何找准目标、重点突破,探索如何贴近宣传舆论工作需要、贴近读者需求、贴近市场需要,积极寻求各级党委政府支持,主动发掘市场资源,做实做大做强业务平台。

第一节 春晚传媒推动"两新平台"建设的实践

春晚传媒于2017年上半年启动综合改革,目的是推动"两新平台"建设实践,主要任务是建立与移动互联网形势下的媒体生态相适应的春晚传媒新型传播平台,建立与现代信息服务业发展和现代文化企业管理相适应的春晚传媒新型经营平台,建立有效推动两个平台相互融合、共同发展的领导体制和管理机制。

一、新传播平台实践

春晚传媒搭建的新传播平台以互联网平台为基础,以互联网用户为根本,以互联网技术为驱动,以机制体制创新、创新渠道融通、资源开放共享为保障,移动媒体优先发展和引领、新媒体和传统媒体深度融合,重点是推进传统媒体(《春城晚报》《文摘周刊》《车与人》)和新媒体(CW客户端、春城壹网、春城晚报新浪官方微博、春城晚报公众号等组成的网络媒体和移动媒体矩阵)在刊发内容、技术运用和渠道终端等要素方面的深度融合。

现阶段,春晚传媒新传播平台建设以CW手机客户端为核心,春城壹网、春城晚报微信公众号、春城晚报新浪官方微博等为辅助,共同组建的全媒体矩阵的综合性平台。同时,进一步梳理和整合现有各类微信公众号和微博产品,统筹规划、加强管理,做强一级公众号,增强粉丝活跃度,做精"两微"产品,形成新媒矩阵。

2013年,CW手机客户端上线,基于4年成熟运营和45万用户积累,春晚传媒数字化战略再一次优化升级为现今5.0版本。目前,月均点击量超过200万次。CW客户端目标是围绕"区域资讯传播、服务功能应用、垂直用户覆盖"三个核心竞争力,立足于优质区域资讯传播,注重资讯与功能均衡构建,深度覆盖垂直用户,打造区域性公共传播服务平台。

目前,移动客户端已为用户量身定制的"实时资讯+功能应用+兴趣订阅"模式,并植入 AR、VR、AI 等前沿科技,共享"传播+服务+销售"商业生态。技术建设方面,已与微软进行技术合作,提升了 CW 的人工智能水平,例如 VR、AR 技术、人工智能对话技术(引入微软小冰)等。

在移动客户端上,春晚传媒加强首页建设、突出快速阅读和发挥引流作用,加强实时更新和精准推送,加强用户跟帖和评论留言,加强视频(微视频)和直播业务,实施"阅读500"和"百万下载"工程,加快布局和发展应用号,迅速做大规模、做强影响将是春晚客户端努力的方向。CW 客户端未来将承载更多的商业内容,比如 APP 商城的建立,将引入相关产品在商城进行销售,增加春晚传媒的营收;同时,未来的广告行业将更多元化和科技化,新媒体现有的前沿技术和加强人员配置可以承载未来广告行业发展方向的执行。

二、新经营平台实践

传统媒体收入大幅减少、盈利十分困难、体制僵化明显等问题的出现,日益凸显出传统媒体商业模式和盈利模式的弊端。面对这种行业性和趋势性的局面,为破解困局,实现脱困突围,春晚传媒进行了改革实践。在不断探索、不断总结经验,进而深入研判的基础上,明确了新经营平台建设方向:以"春晚广告"为基础,充分发挥春晚传媒全媒体的传播力和影响力优势,拓展体育、教育、文化、健康、物流、电商6个关联产业市场,搭建"春晚体育""春晚教育""春晚电商""春晚文化""春晚健康""春晚物流"6大经营平台以调优业务结构,实现从传统报纸产业经济向融合媒体影响力经济的战略转型。现阶段首批建设"春晚体育""春晚教育""春晚电商""春晚物流"4个平台,规划和启动"春晚文化""春晚健康"两个后续平台。

1. "春晚体育"平台建设

随着《体育产业发展"十三五"规划》的颁布,全民健身上升为国家战略,公共体育服务体系建设速度加快,全民健身意识极大增强,春晚传媒伺机建设体育平台。春晚体育平台于2016年5月份上线,实现了从单纯的采编部门到运维部门的转变,举办过多次有影响力的体育活动,为报社实现了30万左右的利润。现阶段"春晚体育"平台的主要建设内容包括以下几个方面。

（1）建设体育主题公园。充分整合和利用云报集团的资源，引入资本共建体育产业实体，目前与国家体育总局下属华体集团初步接洽，华体集团有出资建设电子竞技馆、室内冰雪馆以及体育房地产开发等项目的意向。

（2）拓展体育教育培训市场。通过一年多的时间运营春晚足球训练营，春晚体育已提前进入体育教育培训市场，春晚足球训练营将整合优质资源，做大做强，进行实体建设，为融资奠定基础。以春晚足球训练营为模板，考虑继续开发篮球、网球、拳击、击剑等项目。

（3）策划执行体育赛事活动。整合各方资源、加强策划营销，尽可能获得各类比赛、展演、交流活动等项目的执行和实施，为巩固春晚体育的发展打下坚实基础。春晚传媒已取得2018年第31届晚报杯全国业余围棋锦标赛的承办权，这项全国最顶级的业余围棋大赛时隔19年后再度落户云南，注入了围棋文化论坛、南亚东南亚报媒代表牵头组织当地棋手参赛等文化主题，成为了春晚传媒多平台共同运作推广开发的联动项目。

2. "春晚教育"平台建设

"春晚教育"是集新闻采编、市场运营、实体经营于一体的、相对成熟的新型经营平台。加大挖掘春晚传媒自身品牌价值，拉长产业链，涉足投资灵活、国家鼓励、投入小产出大、市场需求紧迫的教育关联产业项目，以春晚教育全媒体矩阵、吉的堡春晚教育公司、春晚教育培训学校（班）、云南小记者学院等具体项目构建"春晚教育"新型经营平台，在3年建设期内成为春晚传媒公司旗下优质和成熟的"传媒+产业"板块。主要建设内容包括以下几个方面。

（1）构建春晚教育全媒体传播矩阵。坚持生产内容为王、整合资源、搭建平台的发展原则，大力推广春晚APP"春晚教育"应用号，全面推广"春晚教育"微信公众号，打造2018云南高招博览会，做强做优春晚教育媒体资源，构建春晚教育全媒体矩阵，将其打造成区域内最具公信力和影响力的教育行业传播平台。各媒体平台营业总收入保持3%以上增长率。

（2）做强吉的堡春晚教育公司。创建社会效益、经济效益双赢的办学平台，提升优质幼儿民办教育品牌在省内知名度，加速扩展幼教市场占有版图，至2020年旗下直营吉的堡幼儿园达到5所，吸纳优质加盟园5所。湾流海幼儿园至2018年9月在册人数达到160名；俊发城幼儿园至2018年9月在册人数力争达到满园370名，实现盈利。

（3）开办春晚教育培训学校（班）。继续做精做优各类教育、培训活动，在此基础上创办1—2所春晚教育托管学校（班）或者春晚教育培训学校（班），为家长提供托管、亲子、心理教育等更为多元化的校外教育、培训产品。

（4）创建云南小记者学院。"春城晚报小记者站"已在昆明市数十所中小学挂牌成立，进一步聚合小记者和家长资源，创建云南小记者学院。举办系列小记者培训班，做精"小记者园地""小作家精品"等有声阅读产品，举办云南传统名家讲座，举办青少年地方知识大赛、创意设计大赛，举办云南青少年小记者夏令营等活动，并打造大数据精准导学平台，将学院打造成快乐学习、健康成长、热爱家乡、传承文化的第二课堂。预计全年可覆盖2 000—5 000名中小学生，未来3—5年将覆盖10万名左右中小学生，通过活动赞助费、报名费等形式创造收入。

3. "春晚电商"平台建设

依托云报集团及春晚传媒的核心传播资源，整合物流配送及上游供货企业资源，通过发挥媒体品牌公信力和宣传影响力优势，搭建定位于建设自有"春晚APP商城"品牌与包装设计体系，以品宣及导流商业平台为目的开放商城，以"入驻维护费+销售提点+特别价格结算+商品定制曝光"几种盈利模式为目标，结合未来开发的会员体系，尽快做大规模、做强影响。在流量规模及品牌影响力达到一定体量之后，积极对接行业优势企业或资本市场，筹建项目公司作为运营电商平台的法人载体，打造在西南区域消费市场具有一定品牌影响力的"春晚电商"平台。

4. "春晚文化"平台建设

结合春晚传媒自身特点和资源优势，注重策划创新，打造"小、精、准"的春晚文化项目。主要建设内容包括以下几点。

一是注重项目策划及自宣，将"读行云南·人文之旅"精品文化推广项目进一步完善，形成项目品牌。2016年5月，"读行云南人文之旅"名家写云南精品文化推广项目第一站澄江活动顺利实施，黄尧、汤世杰、于坚、张庆国、朱霄华等著名作家，对澄江的历史文化进行了深入探访挖掘。《春城晚报》中断已久的"山茶"板块重新刊出，提升了副刊品质，丰富了副刊内容，名家作品集结成册，作为当地形象展示的一个极好形式。目前项目运作模式相对成型，将在全省范围内拓展推广。

二是联合省内成熟演出品牌，积极开发"春晚小剧场"。以"云南元素""昆明标识"为主题，创作不同题材的舞台剧作，拓展舞台市场，打造具有地域特色的精品小剧场，适时推出原创儿童剧：以原创公益儿童话剧打开春晚剧场的影响和市场，项目以最小的投入探求儿童剧的云南内容、云南发展和云南市场。项目在昆明、成都、重庆西南三地颇具影响力，且与有多年运营经验的资深演出品牌合作，共同打造带有云南特色的精品小剧场舞台剧。首期项目原创云南儿童舞台剧筹备组已成立，剧本创作正在进行中，幕后工作正在有序推进。

三是做活做精"春晚读书会"，形成规模做成品牌，争取得到职能部门支持和市场的认可。春晚读书会成立以来，已举行主题文学 VIP 与影视剧改编、"魔法姐姐"的儿童文学世界、中国农民诗人老六与他的老外朋友们，以及与阿里公益合作的广场经典诵读 4 场主题读书活动。

四是搭建以文化娱乐活动策划执行、非遗传承培训、精品演出为主体，辅以出版、视频制作的经营实体：相关项目正在积极筹划中。

5. "春晚物流"平台建设

按照"同城配、轻物流、小型化"的定位，根据春晚传媒下属云南报业发行有限公司经营资源、运营能力、队伍结构的现状，重点发展电商配送和农副产品直销配送业务。巩固优化鸡蛋代理项目，增加直销农副产品种类，通过"造船出海"的模式建设民生家居食品直销配送经营体系，借力全国报商网络平台拓展云南高原特色农副产品的省外目标市场，从单一报刊发行企业向区域知名综合物流企业迈进，建设"春晚物流"平台。

6. "春晚健康"平台

健康是人类永恒的主题，随着人们健康意识提高、人口老龄化到来，我国的健康产业发展潜力巨大。依托《春城晚报》"健康周刊"，搭建患者和医生以及医院之间沟通的桥梁，尝试拓展与健康直接或间接相关的产业链和产业体系，主要包括：以预防疾病、维持健康为目标的保健品、健康教育、健康管理、健康食品、安全饮用水、生态环境保护等；以治疗疾病、恢复健康为目标的医疗和药品药械服务等；以实现更高层次的健康促进为目标的养生、美容、保健等；以促进健康信息业、健康文化业、健康理财业等为目标孵化建设"春晚健康"平台。

三、困难与不足

春晚传媒新传播平台在建设过程中，积累了新媒体运营的相关经验，从业人员的媒体技能、职业素养等得到更新突破，但是也存在一些不足和困难。

一是运维思维缺乏。目前春晚传媒的一线采编人员普遍缺乏运维思维，对新媒体的相关技能掌握不够，需要对相关人员进行技能培训，或引进新鲜血液。

二是技术力量薄弱。目前CW手机客户端的重要技术支撑主要靠与微软公司进行合作，CW本身的技术团队存在人员不足、专业技术有待提高等问题。技术是核心的竞争力之一，在这个环节上与外部合作，不仅增加运维成本，也让CW的主动性被进一步消解，不利于它的长远发展。

三是责权关系模糊。新媒体中心与其他事业部门的平行关系，难以实现优先发展新媒体的工作计划。新传播平台的内容基本来自于其他传统采编部门的稿件，属于依赖合作的关系，新媒体中心没有权利要求供稿部门按照新媒体的要求和标准去采编所需的内容，责权关系模糊。

四是公众号管理分散。由于人力配备的不足，各事业部门的微信公众号等新媒体账户没有得到统一管理，处于各自为政的状态，这会对春晚传媒新媒体品牌建设带来一些混乱，不利于整体品牌的构建。

春晚传媒新经营平台有突破、保重点的方向努力，但平台建设存在着资金匮乏、人员短缺、行政手续繁杂等问题。

一是人员配置不足。目前各平台的人员普遍不足，而且工作量大，除了报版的采编任务还要负责公众号、APP应用号等新媒体的采编内容，以及兼顾经营工作，加班加点是常态，尤其是内容生产的高峰期更是捉襟见肘。例如"春晚体育"平台的实际人员只有3人，教育事业部目前也仅有7人。春晚传媒新经营平台建设要取得突破，要进一步完善理顺内部管理体系，充实保障新平台的人员，及时补充新鲜血液。

二是专业性待提升。由于业务转型、工作重心调整等原因，从业人员要熟悉新业务、适应新岗位要求需要一定过渡期，相关专业的学习、培训和锻炼，以及专业人才的引进培养，都是需要解决的现实问题。

三是资金投入匮乏。新经营平台运转、项目拓展等都需要经费支持，充足的资金投入是平台前期建设和后期壮大的支撑。春晚传媒目前报纸的营收能力和财务现状难以完全满足资金投入的需求。

四是活动场地限制。线下活动开展所需要的场地缺乏，使得新经营平台活动举办受限，租赁场地的费用增添了运营成本。

第二节 "两新平台"建设对春晚传媒融合转型的影响

融合创新、转型升级是都市类报纸突围脱困的必由之路。2015年以来，为应对传媒生态的急剧变化，为遏制广告收入的急剧下滑，春晚传媒坚持正确舆论导向，实施报纸改版改革，加快布局和发展新媒体；坚持深耕传媒主业和积极发展相关产业，加快布局和建设新经营平台，在脱困突围和媒体融合、经营转型方面进行了积极探索。

2017年启动的综合改革，进一步明确了"建立与移动互联网形势下的媒体生态相适应的春晚传媒新型传播平台，建立与现代信息服务业发展和现代文化企业管理相适应的春晚传媒新型经营平台，建立有效推动两个平台相互融合、共同发展的领导体制和管理机制"的主要目标和任务，以春晚传媒的探索实践为样本，"两新平台"建设对都市类报纸融合转型发展正在产生其实际影响。

一、对内影响

1. 对领导管理体制的影响

通过综合改革，春晚传媒精简董事会和管理层，构筑决策层和执行层既实现权力分开、相互制衡，又有效贯通、密切配合的运行机制。

董事会构成有所调整，精简采编、经营管理班子。在董事会议和编委会议、总经理办公会议之间，建立董事长办公会议制度，根据董事会议决议和实际工作需要，议决公司全局性、综合性和跨采编、经营和行政系列的日常事务、具体事项，解决从决策层到管理层信息传导不够通畅、决策和执行效率不够快捷的问题。

2. 对人力资源管理体制的影响

为了建设好"两新平台"，春晚传媒按照任务与目标、分工和协作相统一，稳定性和适应性相结合的原则，重点整合采访资源，组建全媒体采访中心，做到信息一次采集、多渠道多频次多终端发布；扩容新媒体部，改设新媒体中心，按产品进行垂直整合，设立客户端、微博、微信、微视频、技术研发、用户推广、全案营销策划、线上商城运营等专业团队，建设开放、合作、共享的新媒体平台；加强视觉产品团队建设，以摄影新闻部为主体，整合部分设计资源，组建以图片、漫画、视频为主要内容的视觉新闻生产团队。

实行全员岗位管理，按照业务（采编和经营）、技术、管理、工勤4个系列，分别设立相应的岗位。在传统岗位管理的基础上，业务系列增设首席记者、首席编辑、"两微一端"主编、创意主管、策划主管、网络主播、网络导播、视频文案、客户经理、高级客户经理、推广专员等岗位。技术、管理和工勤系列的岗位设置也进行了调整和优化。

改革中层干部的选拔和管理办法。坚持精简管理岗位、突出业务导向、淡化行政色彩的基本原则。把重要岗位的业务和技术人员纳入中层干部进行管理，其收入可以超过管理岗位同职级人员。提出刚性要求，建立激励机制，鼓励中层干部带头采访、写稿、编稿和开拓经营业务，切实发挥业务带头作用。严格考评标准，建立淘汰机制，对中层干部进行动态调整。

改革和改进工作流程体系。按照工作流程标准化的要求，进一步梳理内容建设、经营管理方面的工作流程体系，完善已有的工作流程，根据需要建立新的工作流程。采编生产流程必须坚决贯彻移动媒体尤其是客户端优先的原则。

3. 对薪酬分配体系的影响

以效率优先、多劳多得的原则，建立全公司统一的薪酬分配体系。除高管人员外，其他员工均实行"岗位工资＋年度绩效工资"的分配制度。岗位工资由基本工资和月度绩效工资组成，实行"全浮动、双挂钩、一托底"的分配办法，即员工岗位工资实行全员全额浮动，基本工资只作为档案工资保留和作为购买社会保险的基数；每月岗位工资总额和公司每月营业收入挂钩，员工岗位工资分配和当月工作绩效考核结果挂钩；挂钩计算后员工当月所得岗位工资低于昆明市城市居民最低生活保障线的，按最低保障标准"托底"发放。员工年度绩效工资，则和公司年度经营绩效、员工年度工作绩效相挂钩。

4. 对考核评价体系的影响

建立以工作结果为导向的考核评价体系，建立管理部门以履行岗位职责和完成工作任务相结合的考核评价体系。对内容建设和导向管理的考核评价，权重分配以移动媒体为重、为先，兼顾纸质媒体；标准以读者评价（点击量、阅读量、评论数、转发数）为主、为先，兼顾内部自我评价。对移动媒体"10万+"稿件，考核奖励给予单列。

二、对外影响

1. 传播影响力的扩大

云南春晚传媒有限公司由深耕云南 37 年的《春城晚报》改制而成。《春城晚报》发挥着以昆明为核心、覆盖全省的主流舆论阵地作用，一直以来都是云南省发行量最大、覆盖面最广、影响力和公信力最强的都市类报纸。在新媒体的冲击下，春晚传媒迎难而上，积极拥抱互联网，适应用户改变、新增的阅读习惯，搭建"两新平台"，积极进行融媒体的改革试验，在新媒体的传播渠道上，扩大了传播影响力。

2. 品牌价值的提升

《春城晚报》不仅是一家都市类报纸的名字，也是云南省的著名商标。通过搭建"两新平台"，《春城晚报》的曝光率显著提升，品牌价值也得到了扩大，对于提升品牌影响、加强平台建设、提高社会影响力有很大的推动作用。

3. 用户行为习惯的改变

对于《春城晚报》的原有用户，通过"两新平台"建设发挥习惯引导和引流作用，形成客户资源相互流动和高效利用，增强客户群体对春晚传媒各个新平台的黏性。

三、综合评价

"两新平台"的建设对于春晚传媒在融合转型发展过程中至关重要，它不仅提升了《春城晚报》的影响力和品质，也对其融入新的媒介环境起到了正面牵引作用。但是，目前"两新平台"建设所带来的经济效应还不明显，需要继续探索实践，以发掘出最合适的融媒体发展道路。

第三节　利用"两新平台"建设推动都市类报纸融合转型

一、结合具体实际

1. 避免内容同质化，发掘不同渠道的独特优势

火灾、车祸、刑事案件、热线等社会新闻是都市报起家的资本之一，另一个立身资本是各类信息的密集呈现，[1] 但是在新媒体的冲击下，报纸的信息承载能力明显远远落后于新媒体，所以在建设"两新平台"的过程中，在传播内容方面，应把动态性、碎片化的新闻全部转移到新传播平台上，而原有的纸质平台应更注重精读、深读新闻，加强社论评论、舆论监督、解释性报道等，避免两个传播平台内容的同质化；新经营平台则应该利用新平台的即时性、互动性的优势，配合新传播平台，深耕垂直用户，培育用户社区，开展新的经营活动，丰富盈利模式。

2. 结合自身优势，因时因地制宜

由于都市类媒体所在的城市、拥有的资源、经济政治发展情况都不一样，各家的纸媒应结合自身优势，因时因地制宜。例如，《南方日报》《南方都市报》凭借优质、深度的新闻报道、评论等内容、较大的发行量基础等优势，通过提高售价，其发行收入就能多近亿元。其他的传统媒体集团，例如湖南卫视凭借自身优秀的产品制作能力，以及较为成熟、丰富的产品形态，进行了从底层产品做起的融媒体改革实验。而上海文化广播影视集团则从架构开始，先改

---

[1] 张晓峰，沈易刘，王陈. 都市类媒体的高端化趋势——赴广州成都三家报社的考察报告. 新闻前哨，2011（8）.

体制，自上而下，最先解决最严重的体制问题来进行融媒体改革。①

二、保持独特价值

1. 资讯价值

内容为王一直是传统媒体成功的关键。在传统媒体时代，内容生产出来后，分发机会只有一次，而在新媒体时代，内容可以用于多个渠道、多种终端、无限次分发，以实现媒介效果的最大化。②

春晚传媒通过建设的新传播平台，《春城晚报》传统的优质新闻资讯内容可以实现媒介效果最大化，增强新闻信息的传播能力，在此基础上新经营平台的经营绩效能力得到提升。

2. 功能应用价值

春晚传媒以服务民生、服务受众、服务用户为前提，以全媒体平台为主要支撑，以生活服务类资讯为主要经营产品，打造云南本土最具影响力、公信力、创新力的区域化公共传播服务平台、资源聚合平台、生活服务应用平台。

三、找到盈利模式

为了更好地促进春晚传媒的融合发展，搭建商业模式及盈利模式至关重要，"两新平台"建设的主要任务是加强以市场为主导的产品运营能力建设，高效配置资源，积极开拓市场，探索有效的盈利模式，产业形态可涵盖互联网广告、无线增值业务、活动策划、舆情服务、网站代维、电子商务、大数据服务、音视频直播、纪录片制作等，以增加融合发展的可能性。

根据目前建设情况，可以继续探索的盈利模式或集中在以下 6 种方式。

1. 渠道变现

在纸媒时代，通过报纸巨大的发行量来吸引广告商即是一种典型的渠道变现的方式，在"两新平台"建设后，CW 客户端、官方微博、官方微信公号这类新传播平台，都可以通过增加流量的方式来进行渠道变现。

---

① 胡正荣. 传统媒体与新兴媒体融合的关键与路径. 新闻与写作，2015（5）.
② 乔双双，张贤平. 纸媒移动化转型生态圈研究——南方报业新闻客户端"南方 +"的探索与启示. 新闻传播，2017（1）.

2. 产品变现

目前，CW 客户端运维团队正在搭建各种技术小组，例如全息产品小组、直播视频小组、VR 制作小组、H5 制作小组等，他们制作出的信息产品不仅支撑着春晚传媒的传播需要，也可以作为一种制作能力产品形态进行输出，除此之外，传统的咨询服务、新增加的服务于本地的应用功能都可以作为春晚传媒未来的新产品。

3. 技术变现

搭建"两新平台"需要过硬的技术、成熟的运维模式和良好的商业模式，在未来，随着内部技术团队的逐渐成熟以及运维模式和商业模式的建立，可以将技术进行售卖变现。因此，在现阶段，应该注重技术团队的搭建和运维模式、商业模式的建立，对技术和模式研究的投入力度应该加大。

4. 电商变现

加强电商平台建设，引入更多合作伙伴，在最大限度聚合合作伙伴基础上，实现固有媒介载体和渠道价值的增值，同时也最大限度摊薄了媒体产品的生产和发行成本。

5. 线下活动变现

新平台立足于深耕垂直用户，这就使媒体在办线下活动时可以直接在对应的垂直用户群里进行传播，例如春晚教育举办的中高考高分状元分享会、小记者茶艺会等，直接面向春晚教育的用户，让他们参加活动，实现变现功能。

6. 知识付费

新的传播平台上，不仅有面向公众的公共性的资讯内容，还应该包含服务型更强、更具针对性的内容，以此来进行多元化收益的拓展。

自身发展是永恒的主题，媒体的根基是媒体影响力，所以，在加快推进"两新平台"建设的过程中，一定要继续做好媒体的新闻报道、舆论监督等基本职责，履行好媒体的社会责任。都市类报纸应坚持导向为魂、新闻立报、内容为王，积极运用云计算、大数据等新的传播技术和社交化、分众化、精准化等新的传播理念，不断提升内容传播的有效性和感染力，最大限度地将内容优势转化为发展优势，以实现传播影响力的持续扩大。

产品融合创新篇

高能物理与核物理

第十一章 强化核心竞争力：时代出版传媒的产品融合创新实践与启示

秦宗财[①]　冯诗琪[②]

近年来，随着信息科技技术的飞速发展，新媒体时代强势来袭，传统媒体原有优势地位受到冲击，数字出版的发展以及多元化阅读时代的到来更是给传统出版行业带来了巨大的冲击。与此同时，我国的文化体制改革取得了重要进展，文化事业得到了巨大的发展，随着"走出去"战略的实施，文化产业迎来了发展的春天。在这样的机遇与挑战之下，有不少出版传媒企业陷入了进退两难的境地，然而本文中的时代传媒有限公司显然抓住了发展的机会，转型升级，引起了行业内外的巨大关注。

时代出版传媒股份有限公司（以下简称"时代出版"）正式成立于2008年11月18日，这是一家以安徽出版集团有限责任公司为第一大股东的上市公司，时代出版上市9年以来，行业影响力、品牌辐射力、社会知名度不断增强，近10年来已经成长为了极具发展潜力和投资价值的文化传媒类上市公司。现如今的出版传媒行业，除了行业内部的竞争，外来文化的入侵也是不容小觑，时代出版的成功，重要原因之一就在于其探索出了一条产品融合创新之路。

所谓融合创新，是指将各种创新要素，即创新必须具有的实质或本质组成部分，包括疑问、设想、设计、实现等，通过创造性的融合，使各创新要素之间互补匹配，从而使创新系统的整体功能发生质的飞跃，形成独特的不可复制、不可超越的创新能力和核心竞争力。而所谓产品融合创新，则是指企业要以创新为基石，不断地研发出新产品，并通过使客户满意的服务，让产品真正

[①] 秦宗财，扬州大学新闻与传媒学院教授、博士生导师。
[②] 冯诗琪，扬州大学新闻与传媒学院戏剧与影视学2018级硕士研究生。

被消费者认可。下文将集中从 5 个方面分别介绍时代出版在产品融合创新方面的实践探索,总结其成功经验。

第一节　时代出版传媒的产品融合创新实践

一、多元内容的产品融合创新

当前,和众多其他行业一样,出版行业也处于转型阶段,特别是在供给侧结构改革所带来的巨大影响之下,出版的结构、质量都在发生变革,迫切需要向企业的品牌化、精品化深入发展,面对出版的新形势,各企业都在探寻新的出路。时代出版则选择以产品内容创新为突破口,抓住了出版改革的新机遇。

在第十四届深圳文博会上,时代出版的少儿板块成为了安徽展区最特别的一个组成部分,整个展区充满了童话色彩、如梦如幻。

首先是会"讲话"的书:安徽少年儿童出版社推出的萌伢听书 APP,首次采用了"纸质书+配音伴读"的融合出版创新模式,在翻阅纸质书的同时也可以听书,可以代替家长为孩子讲故事,除了中文阅读外,还可以选择英文版本,双语模式能帮助孩子孩子学习发音和培养语感,再次丰富了图书的表现形式。

其次是会"唱戏"的书:文博会开幕当天,在安徽展馆内全息投影机里播放的的黄梅戏选段吸引了众人的目光,这是安徽少年儿童出版社利用时下最先进的全息投影技术在少儿图书上的融合应用,让平面的动画形象变成可以说话、可以互动的立体形象,突破了传统图书的单一表现形式,无论是孝道故事还是名家戏剧,相较于传统的教材都更加生动、更能激发学生们的兴趣。

除此之外还有会"动"的书,安徽时代漫游文化传媒股份有限公司展出的豚宝宝幼儿智能交互一体机,点一下就能让里面的卡通形象"活"起来,跟孩子进行交互。公司严格按照《3—6 岁儿童学习与发展指南》编写了一套电子课件,课件中有一群个性鲜明的主人公,他们用爱陪伴小朋友从小班到大班的成长,给孩子创设了身临其境的环境,打破传统灌输式的教学形式,采用了渗透式教学和情境式教育理念，真正做到了"玩中学，学中玩"。截至目前，豚宝宝幼儿园电子互动课程已覆盖全国 23 个省份的 85 个城市，走进全国 3 000 家幼儿园，每年的销售额呈 500% 增长。而这三本"书"，则全面展示了时代出版在少儿领域产品转型升级、融合创新上的最新成果。

二、生产过程的产品融合创新

所谓生产过程，是指从产品正式投产前一系列生产技术组织工作开始，直到把合格产品生产出来的全部过程。时代出版将创新融入了产品每一生产过程，这正是生产出创新产品的重要基础之一。

在安徽省电子学会公布的 2016 年科技奖名单中，时代出版旗下时光流影平台的按需印刷技术（POD）及应用荣获三等奖，按需印刷是目前新兴的一种出版模式，根据需求的量印刷正好的份数，可以减少库存，有效地整合人力资源、物流资源、信息资源。这一先进的印刷技术，为时光流影的用户个性化出版印刷需求提供了生产技术依托。而时代出版旗下的安徽新华印刷股份有限公司，也一直都在努力探索一条创新发展的新模式，从创立至今，一直不断地加快发展绿色印刷、数字印刷等前沿业务与科技应用，连续 9 年荣登中国印刷企业 100 强排行榜，2015 年排名至 30 位。被国家新闻出版广电总局授予"国家印刷示范企业"称号，作为安徽唯一的国家印刷企业 AAA 级信用企业，成为安徽首批通过绿色印刷认证的企业。如今，面临着企业转型升级的机遇和挑战，安徽新华印刷股份有限公司将继续进行技术改造，顺应市场的转变，提升品牌效应，探寻创新发展模式。

三、生产技术的产品融合创新

生产技术的创新已经成为企业可持续发展的重要手段，是企业生存和发展的基本前提，面对当前出版行业的重大变革，加大技术创新力度，更是出版企业增强发展能力、面对市场竞争的必然选择。生产技术创新的重要性正日益显现：这不仅仅是提高公司经济效益的客观要求，更能够开辟新市场，有利于提高企业的市场竞争力，时代出版一直将生产技术的创新放在重要位置，不断推出具有前沿性和领先性的创新产品。

在第八届中国数字出版博览会上，时代出版自主研发的"一键剪纸"私人订制平台凭借其创新性、独特传承性脱颖而出，斩获创新技术大奖。该项研发将剪纸这项传统文化与先进的互联网技术相结合，缩短了传统剪纸的加工期，使生产流程简洁化，可以说是现代化的信息科学技术与传统文化的一次完美碰撞。不仅给古老的剪纸艺术带来了崭新的生机，使剪纸艺术具有了现代化的特征，更满足了人们日益增长的精神文化需求，使得普通用户也能学习到传统的非物质遗产文化。未来，时代传媒将不局限于剪纸这一项非物质遗产文化，而是会用更加长远的眼光，将诸如皮影戏等一批传统艺术通过互联网手段实现个性化定制。

2018年1月10日，由时代出版和北京开卷信息技术有限公司共同承办的"阅读X"论坛于北京举行，该论坛将眼光聚焦于国内外阅读行业发展的新趋势，共同分享了激发行业变革的前沿新技术。当今社会，一个企业的核心竞争力越来越表现在自主的创新能力以及独立的产品研发能力上，时代出版在生产技术的创新方面，显然从未停止过前进的步伐。

四、呈现形态的产品融合创新

在传统出版行业中，由于出版载体、传播技术等方面的限制，出版物的形态较为单一，但是随着信息科学技术的发展，出版物载体、内容及二者之间的关系已经有所改变，这也导致了出版物的形态呈现多样化的发展趋势。

时代出版目前的产品呈现形态，除了传统的纸质版图书外，还包括以下三个类别：一是精品期刊，例如医学科普类期刊《保健与生活》，外语类教育期刊《海外英语》等；二是影视作品，如《我的老婆大人是80后》《决战前》等；三是包括电子书包应用服务云平台"时代教育在线"、文化生活类数字出版社交平台"时光流影"等在内的新媒体平台。笔者将主要围绕影视产品这一角度讨论时代出版的融合创新实践。

2018年7月，中国作协副主席徐贵祥将作品影视版权整体授权时代出版，19日举办的签约仪式为作品未来的多维开发提供了有力支撑。徐贵祥表明："当写书写到一定程度、有一定积累的时候，我觉得依靠个人力量把个人作品推向社会有一定的难度，也有一定风险，作为安徽籍作家，就选择了安徽出版集团整体运营我的作品。除了出版以外，还有一些视觉、听觉艺术转达和其他一些形式。"这恰巧与时代出版积极探寻丰富产品形态的理念不谋而合，时代出版涉足影视业由来已久，已拍摄多部电影电视纪录片，部分电影作品曾斩获国家电影和国际大奖，而2018年，时代出版依托丰富的内容资源以及和网络内容的良好合作，加大了对影视IP的孵化和运营力度，成立了全国影视IP战略联盟，这意味着其在影视产品方向上有了更多的机遇和可能性。未来，对于让优秀的文化作品发挥更大的社会效益、经济效益，以及为新时代社会主义文化发展作出贡献，时代出版或许会发挥举足轻重的作用。

五、多元融合的产品版权输出

版权输出不仅是向外传播中华文化的重要方式，也是我国出版业走向国际、全球发展的重要途径。时代出版一直十分注重产品的版权输出问题，自成立之初就不断探索创新之路，积极创新对外合作，创新对外贸易模式。时代出版截至2018年9月，已经完成输出版权500余项，位居全国前列，公司之所以能在国际化的大发展环境下抢占先机，与其优秀的版权输出实践密不可分。

8月22日上午，"深化'一带一路'出版合作，纪念改革开放40周年——2018时代出版国际合作签约仪式"在中国国际会展中心新馆举行，时代出版旗下9家出版单位分别与马来西亚、黎巴嫩、新加坡、波兰等国出版单位签订了版权输出协议。时代出版的董事长在仪式上表示：一直以来，时代出版始终以传播先进文化为己任，以打造精品高峰为指引，紧密围绕"一带一路"倡议、加强同周边国家外交和欧美大国合作的国家战略，全力推动文化的融合发展，共享文化繁荣成果。

的确，时代出版一直在产品版权输出方面不断尝试着：在新加坡设立"一带一路"图书专柜、在马来西亚设立"时代图书体验馆"、在波兰成立"美好安徽丝路书香文化推广中心"……截至目前，时代出版已与全球50多个国家和地区的知名文化出版企业建立了战略伙伴合作关系，在2017年发布的"中国图书对外推广计划"综合排名中，集团位列全国第二，在地方出版集团中排在首位。以往是单一的版权输出，现在已经实现多元文化产品的出口；以往是简单的产品贸易，如今是全方位的国际合作；以往是文化实物输出，现在是文化资本的输出，这样翻天覆地的变化背后是一颗坚定的想要传播中国文化的心，走出国门，向世界展示时代精品。

第二节 时代出版传媒产品融合创新的主要经验

一、不断强化融合的战略决策

战略决策,是指解决全局性、长远性、战略性的重大决策问题的决策,涉及企业发展方向、经营方针、技术改造、企业转向、人才资源开发等重大问题,一般多由高层决策者作出,是企业经营成败的关键,直接关系到企业生存和发展。要想提高企业的核心竞争力,加强产品融合创新发展,离不开长远有效的战略决策。

2018年9月28日,时代出版召开了出版融合发展工作恳谈会,在这次大会上,集团董事长强调,企业目前的当务之急就是出版融合发展,这是发展的必由之路。他要求各单位要明确融合发展的内涵和外延,掌握融合发展的方式和手段,提升凝聚力,拓宽眼界思路,尽快拿出发展规划,确立机构人员,在专业细分市场精耕细作,积极做好优质内容资源的数字化转型,同时向产业链的上下游进行拓展,推动渠道运营的多元发展。这次大会进一步统一了思想,明确了企业的发展方向,出版融合发展这是企业当前最根本的发展方向。而早在2017年11月国家新闻出版广电总局对时代出版数字出版及融合发展的调研工作中,集团负责人已经指出时代出版将进一步推动内容、产业、技术、市场的深度融合,做好传统出版的数字化转型升级,同时将持续加大投入,提升公司文化与科技融合创新实力,明确了时代出版将往数字出版及融合发展的方向转型升级。

二、不断创新的管理体制

管理体制是指管理系统的结构和组成方式,即采用怎样的组织形式以及如何将这些组织形式结合成为一个合理的有机系统,并以怎样的手段、方法来实现管理的任务和目的。

在2018年时代出版年中经营管理工作会议中,党支部书记和各分管领导按照"一岗双责"签订了目标协议书，所谓"一岗双责"是指一个岗位承担两方面的职责，相关人员不仅要对所在岗位的具体业务工作负责，还要承担相应的其他管理责任，包括对思想政治工作在内的四个方面的内容负责。全体参会人员专题学习了集团《关于进一步规范集团干部职工网络行为的通知》的相关内容，要求各党小组和部门在会后要组织全体党员和员工对文件内容进行传达和学习，切实增强全体员工规范网络行为的自觉性。会议还对各部门提出了下一步的工作要求，强调各部门负责人要从全社的角度出发，进一步确定部门和个人规划，明确员工定位和部门发展方向，做好部门团队建设，帮助员工与企业共同成长。结合出版社"矩阵式"的管理模式，可以看出时代出版的管理体制发展趋势：一是不断调整管理机构，避免权利的过度集中；二是进一步强化企业行政管理队伍的建设，规范集团干部行为；三是进一步加强廉政风险的预防工作；四是从统治型领导行为转为各个主体的合作管理，透明化管理和协商合作；五是加强领导与员工的联系，强调共同发展。

三、产学研用深度融合的创新机制

"产学研用"是一种合作系统工程，简单理解就是生产、学习、科学研究、实践运用这四者的系统合作，其本质是更好地促进科技、教育与经济的结合，同时也强调了应用，即必须以企业为主体，以市场为主导。要想使得科技成果更好地转化为生产力，离不开"产学研用"的深度融合，对此时代传媒已经走上了一条值得借鉴的创新探索之路。

1. 产学深度融合

早在2009年，时代出版就已经批准设立了国内第一家出版企业博士后工作站，并先后与中国人民大学、武汉大学、复旦大学等国内一流高校达成战略合作关系，先后培养出了一批复合型高端博士后人才，截至2016年8月，该工作站已经累计招收了23名博士后，研究方向涉及数字出版、数字印刷、版权问题等多个领域，同时承担了多项科研项目，申请了多项发明专利，可谓是成效颇丰。

2. 产研深度融合

在2017年安徽省科技厅公布的省科技重大专项拟立项目名单时，时代出版的"基于健康体质大数据的青少年健康促进云服务系统"项目赫然在列,成功获得立项,并获得了120万的支持经费,这一项目不仅体现了时代出版迈向了融合创新发展的新高度,对于安徽出版集团乃至安徽文化行业的科技创新发展更有着重大的意义。该项目的实施,将进一步提升时代新媒体出版社在出版融合发展领域的行业影响力与技术领导力,也将为安徽省出版行业跨界融合、转型升级起到积极推动作用。

3. 产用深度融合

"时光流影"是时代出版集团推出的一款文化生活类数字出版社交平台,被媒体称为中国版的 Facebook,主要依托自主研发的"一键成书"核心技术,集知识共享、内容分发、个人记录等为一体,完美对接了当下网络用户的多样需求。从2014年的测试版上线到如今的全新版本,时光流影平台一直在通过不断的市场分析、丰富产品矩阵,一步步拓宽用户群体。平台同时通过丰富多彩的线上线下活动,不断提升知名度,加强与用户的联系。截至2018年11月,已经有近400万的用户通过这一平台记录下自己的时光并制作成书,真正实现了平台的初衷,即"人人都能创造属于自己的文化",可以说这是时代出版集团对于产用深度融合的一次成功尝试。

四、产品融合创新的人才培养

从宏观方向看,在当今社会,人才已成为企业发展最重要的资源,这股中流砥柱般的力量也决定企业的发展高度。而从行业角度看,转型升级、融合发展是当前文化出版企业面临的重要形势,数字出版人才是推动实现这一目标的核心支撑,时代出版始终不遗余力地致力于人才培养,其在人才培养方面的举措或许可以成为其他企业的典范。

第一,"时光流影"社交平台、"时代 e 博"数字图书资源库等项目的创办,促使大批传统编辑出版人才纷纷改变了思维,开始转型升级为新型的具备信息技术的高端人才。第二,公司设立了"翼基金",用于资助员工们实现优秀的创意,鼓励大胆的突破和创造力。第三,积极参加全国乃至国际举办的数字出版展会,不断学习先进的技术和管理经验。第四,通过全球招募,引进一批有创新思想和数字出版工作经验的人才组建团队,使他们发挥带头作用,同时,派遣优秀人员赴国内各地及海外学习交流。第五,产学深度融合,与众多一流高校合作批准设立了博士后工作站，重点培养适用型高端人才。以上这些举措，能不断地为公司注入新鲜的"血液"，而时代出版也为出版产业转型升级提供了可以借鉴的实践性经验。

五、产品融合创新的多重保障

1. 技术保障

海量内容的数据化是媒介融合发展的关键所在，也是实现产品融合创新发展的根本路径。因而时代出版传媒股份有限公司不断加强对技术的研发，将数字出版、数字教育、大数据技术三个方面作为发展的重点方向，积极建设省级、国家级的重点实验室，为产品融合创新发展提供强大的技术支持，力求打造出版行业的内容数据资源库，依托技术，打造出一系列融合发展创新产品。

2. 平台保障

依托实验室研发的技术，时代出版传媒不断地推出新成果并且将其应用到实际中。应用数字出版技术成果，创建了"时代出版在线"平台，一个集数字书刊出版、智能题库出版、结构化资源出版、富媒体电子书出版等系统于一身的全媒体数字内容出版管理云平台。应用个性化知识服务技术成果，创建了"时代教育在线"平台，创新服务模式的同时，共享教育资源，为一些教育主管部门和学校提供教学资源数字出版与技术应用集成创新成果，以及全民数字阅读服务云平台——"时代书香在线"平台，这些都是产品融合创新发展的强力平台保障。

3. 资金保障

2017年度，时代出版的营业收入在全国上市出版公司位居第9位，市场占有率则在全国出版集团排名前10，公司的市场竞争力不断提高，经济效益稳步增长。同时，时代出版在中国出版政府奖、中华优秀出版物奖、"十三五"国家重点出版规划等国家级大奖和重点评选中再创佳绩，11个项目入选2018年国家出版基金资助，社会效益稳居行业前列。对于产品融合创新发展，时代传媒有着强大的资金背景和优势。

第三节 时代出版传媒产品融合创新的趋势及启示

一、发展趋势

2018年1月10日上午,在北京凯宾斯基酒店三楼会议厅里,一场名为"阅读X:新趋势·新商业·新技术"的论坛正在盛大开启。2018年是新闻出版行业"十三五"规划的重要一年,也是出版行业改革和转型升级的重要一年。作为活动承办方之一,时代出版的负责人王民先生在论坛上表示:在新的时代,安徽出版集团将以内容结构创新为根本,抢占新时代出版改革的新风口;以内容服务创新为突破口,开创新时代服务为王的新局面;将以内容业态创新为新引擎,引领新时代融合发展的新趋势。结合时代出版"建设现代化国际化新型文化出版传媒企业"的公司愿景可见,时代出版未来在产品融合创新方面的主要趋势是:产品内容更加多元、更加重视融合服务创新、加快提高生产技术、加强国际交流融合等。新时代新形势新任务要求有新作为,时代出版或许将以论坛为契机,在未来继续做好转型升级和融合创新发展。

二、启示

现如今,出版行业面临着巨大的机遇与挑战,在这样的大环境下,时代出版无论是在经济效益还是文化效益上都依然能取得巨大的成功,离不开其在产品融合创新上的实践尝试,这或许可以给其他出版企业带来一些启示。

1. 产品内容更加多元化、高质量化

当下,众多出版社面临的主要问题之一是,书的种类越来越多,但是质量却参差不齐,且内容趋于单一化,文化效益和经济效益没有办法做到统一。那么不妨从时代出版身上取取经,不要一味迎合市场,拒绝模仿和重复,加强提高产品内容的丰富性和文化性,经济效益自然会跟着水涨船高。

2. 注重人才培养

"人才是企业的第一资本",科技升级需要人才,产品创新需要人才,甚至公司的运营管理也离不开人才，时代出版一直不遗余力地致力于人才培养，如创办重点实验室、博士后工作站等，其他企业应以此为榜样，致力于培养并发掘更多的人才。

3. 尝试多元形态的产品

正如鸡蛋永远不应该只放在一个篮子里，出版企业的产品形态也不应该只局限于传统的纸质图书，要想在市场中抓住消费者的多重消费心理，就必须推陈出新，进行更多的尝试。

4. 经济效益、社会效益两手抓

从经济学的角度来看，企业的主要目标就是盈利，但是出版传媒业具有文化传播发展者的独特地位，它不应该是一个唯利是图的行业，还应该具有一定的社会效益，这里的社会效益主要指的就是文化效益，要让优秀的文化产品发挥出更大的效益。

除了笔者提到的这几个方面，其他方面就不多做赘述。总的来说，这是一个对于出版传媒业来说充满机遇的时代，也是一个面临挑战与转型的时代，如何提升企业的核心竞争力，更好地融合创新发展，各大企业还有很长的一段路要走。

第十二章 湖北日报传媒集团媒体融合创新发展的经验与特点

黄小刚[①] 刘 星[②]

2014年8月18日,《关于推动传统媒体和新兴媒体融合发展的指导意见》经中央全面深化改革领导小组第四次会议审议通过,旨在通过传统媒体与新兴媒体的深度融合,打造顺应时代发展的新型主流媒体,媒体融合被提升到了国家战略的高度,2014年也被称为"中国媒体融合发展元年"。在此背景下,全国各大传统媒体纷纷布局新媒体产业,经过近年来的探索和发展,全国传统媒体与新兴媒体融合发展已形成一定格局和规模,并形成了多样化的发展模式。湖北日报传媒集团作为华中地区重要的党报集团之一,对媒体融合发展进行了诸多有益探索,取得了显著的成绩,积累了许多值得借鉴的实践经验。

第一节 湖北日报传媒集团基本概况

《湖北日报》创刊于1949年7月,是在当时的鄂豫区党委机关报《鄂豫报》和江汉区党委机关报《江汉日报》基础上组建而成的。70年来,《湖北日报》始终以坚持正确舆论导向为宗旨,与荆楚大地共奋进,与千万读者同风雨,锐利改革,不断发展。2001年4月,以湖北日报社为核心组建了湖北日报报业集团,2007年4月更名为湖北日报传媒集团,2015年底又正式组建为省

[①] 黄小刚,华中师范大学国家文化产业研究中心在读博士,研究方向:文化产业、媒体融合。
[②] 刘星,贵州师范学院旅游文化学院讲师,硕士,研究方向:文化产业。

属国有文化一类企业湖北日报传媒集团有限责任公司。发展至今，湖北日报传媒集团有限责任公司已从一个日报社成长为拥有 8 报、8 刊、12 网站、5 个移动客户端和 1 家出版机构、64 家（独资、控股）公司的大型综合性传媒集团，在全省 17 个市州建有分社或记者站，是湖北最大的新闻信息平台和外界了解湖北的重要信息窗口。

近年来，湖北日报传媒集团从制度、内容、产品、人才、技术等方面着手，大力推进媒体深度融合发展。截至目前，已基本建成全媒体指挥中心和全媒体采编系统，理顺了报、端、网、微一体化的运行架构，深入推进新闻策、采、编、发流程再造，不断完善"一次采访、多次生成、线性发布、多媒体呈现、全时段传播"和"端网速度、纸媒深度"的新闻生产发布新形态。截至 2017 年底，集团共有 5 个移动客户端，开设微博、微信等第三方平台官号 90 个，日均新媒体受众 5 500 多万人。形成了省委机关报和都市类媒体在融合传播上的"双轮驱动"格局。其中，湖北日报客户端装机量达 500 万，是湖北省下载量和用户量最大的本土新闻客户端；《楚天都市报》客户端装机量达 40 万、微博粉丝突破 1 000 万、微信公众号订户超 115 万，居全国媒体自建平台十强、华中地区第一。此外，集团还不断拓宽经营业务，形成了以传媒主业、文化创意为双核，以文化地产、文化投资为支撑的多元产业发展新格局。

第二节　湖北日报传媒集团媒体融合创新发展经验

一、深耕内容：媒体融合创新发展的根本

无论是以深度见长的传统媒体，还是以速度占优的新兴媒体，优质、及时的内容始终是这些媒体产品的核心竞争力所在。近年来，湖北日报传媒集团根据不同媒体产品属性和特点，不断创新产品内容形式，深耕产品内容创作，形成了"端网速度、纸媒深度"的产品内容生产与发布新格局。

1. 纸媒改版，强化深度

为进一步发挥传统媒体在信息采集和深度解读上的优势，持续推出思想性

强、观点鲜明的深度报道和评论，强化内容品质，不断提高传统媒体产品的权威性和公信力。自2012年以来，湖北日报传媒集团结合市场情况对其核心产品《湖北日报》进行了多次改版。其中，2012年重点强调产品的市场需求，对报纸板块设置进行调整，以适应读者分众化、小众化的消费特点；2013年重点强调党报的权威发声，增设了评论专版，直面社会热点，引导社会舆论；2014年重点强调产品的理论深度，增设了"今日视点"栏目，该栏目以深度调查、深度报道为定位，旨在推出一批有深度、有思想的社会报道，不断强化《湖北日报》的理论深度，彰显《湖北日报》的竞争优势。

2. 端网创新，强调速度

随着集团不断布局新媒体领域，推出多元化的新媒体产品，报道什么内容、以什么样的形式来报道内容也就成了集团重点思考的问题。近年来，湖北日报集团不断转变思想观念，强化互联网思维，结合新媒体产品方便、及时、高效、简短等特点和消费者碎片化、移动化、可视化等新消费习惯，通过丰富媒体产品的内容呈现形式，创新媒体产品的社会传播渠道，持续提高媒体产品的时效性和可读性。比如通过实施主题宣传网络化表达改造工程，在内容呈现与表达方面，整合利用了图文、图标、动漫、音频、视频等多样化的表现形式；在内容传播渠道方面，除了传统纸媒传播渠道之外，还综合运用了网络、手机报、客户端等多元化的网络传播平台，这就极大地丰富了传统媒体新闻报道的内容形式和传播渠道，提升了集团媒体产品的时效性、可读性和互动性，推动了传统媒体在阅读方式上从平面化的可读到立体化的可视、在内容呈现上从静态性的独立呈现到动态性的多元互动、在传播渠道上从平面一维传播到立体多维传播的转型升级。

二、做精产品：媒体融合创新发展的关键

全媒体产品是媒体融合创新发展的市场载体和试金石。近年来，湖北日报传媒集团以《湖北日报》为基础，不断开拓创新，推出了一系列全媒体产品，并培育出一批市场占有率和影响力较大的精品。

1. 打造类型齐全的全媒体产品矩阵

湖北日报传媒集团以《湖北日报》为旗舰，发展并培育出8报、8刊、12网站、6个微博、5个微信公众号、5个移动客户端和1家出版机构，形成了类型齐全、优势明显的全媒体产品矩阵。

表12-1 湖北日报传媒集团全媒体产品矩阵

序号	报纸	期刊	网站	微博	微信	移动客户端	出版机构
1	湖北日报	特别关注	荆楚网（湖北日报网）	@湖北日报	荆楚网	湖北日报客户端	楚天书局
2	楚天都市报	支点	湖北省人民政府门户网	@湖北省人民政府门户网	楚天都市报	看楚天客户端	
3	农村新报	新闻前哨	大楚网	@湖北发布	腾讯大楚网	湖北省人民政府客户端	
4	三峡晚报	党员生活	楚天都市网	@三峡晚报	三峡晚报	三峡晚报客户端	
5	楚天快报	楚天法治	湖北农村网	@楚天都市报	楚天襄阳网	位视客户端	
6	帅作文周报	特别健康	三峡新闻网	@支点财经			
7	湖北手机报	大武汉	楚天襄阳网				
8	三峡晚报手机报	网络新舆情	支点网				
9			视界网				
10			党员生活网				
11			楚天法治网				
12			大武汉位视				

资料来源：根据湖北日报传媒集团官方网站资料整理。

2. 打造极具影响力的文化传媒品牌。根据中国记协发布的《湖北日报传媒集团社会责任报告（2017年度）》（以下简称《报告》）显示，截至2017年年底，湖北日报传媒集团无论在传统的报纸、期刊等纸媒产品，还是微信、微博、客户端、网站等新媒体产品市场方面，都取得了显著成绩。

在中国记协发布的这份《报告》中，将手机报作为期刊的电子版和数字化延伸，也纳入到了报刊期发行量的统计之中。按照这种统计方式，在集团所属的16种报刊产品中，2017年期发行量最高的是《湖北手机报》，达300万份；其次是《特别关注》和《湖北日报》，分别为180万份和42.7万份。如果排除《湖北手机报》，仅统计传统纸质报刊，那么期发行量前三甲的分别是《特别关注》《湖北日报》）和《党员生活》，发行量分别为180万份、42.7万份和30万份。可以看出，一方面，数字化阅读已经成为大众较为青睐的阅读方式，依托数字化手段进行媒体产品消费成为消费者主要的消费方式；另一方面，在传统纸质媒体产品中，时政类期刊凭借发行渠道上的独特优势而保持较高的发行量，而都市类期刊受大众阅读方式和新媒体的冲击，发行量相对较低，发展难度较大。

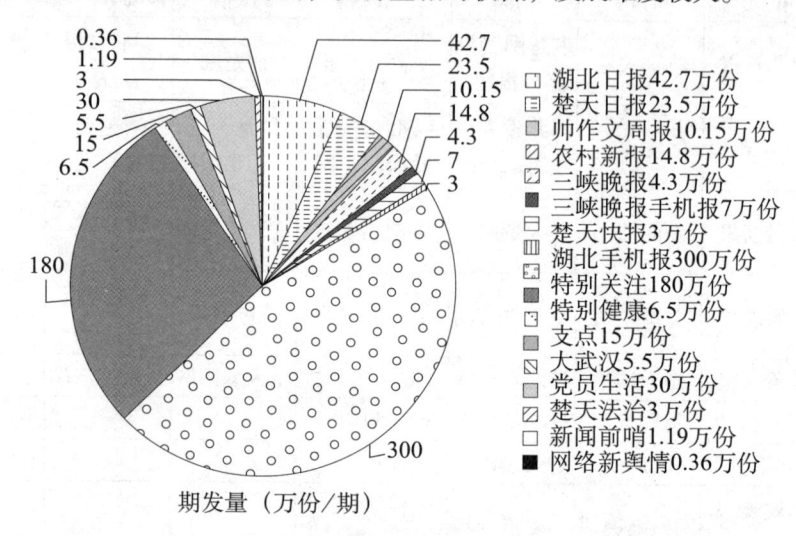

图例：湖北日报42.7万份；楚天日报23.5万份；帅作文周报10.15万份；农村新报14.8万份；三峡晚报4.3万份；三峡晚报手机报7万份；楚天快报3万份；湖北手机报300万份；特别关注180万份；特别健康6.5万份；支点15万份；大武汉5.5万份；党员生活30万份；楚天法治3万份；新闻前哨1.19万份；网络新舆情0.36万份

期发量（万份/期）

图 12-1　湖北日报传媒集团 2017 年报刊期发行量统计图

资料来源：《湖北日报传媒集团社会责任报告（2017 年度）》，http：//www.hubeidaily.net/GroupDynamics/52.jhtml。

从集团 2017 年新媒体产品用户规模情况来看，在微博粉丝量方面，以"@楚天都市报"微博粉丝量最高，达 1 000 万；其次为"@支点财经"和"@三峡晚报"，分别为 720 万和 500 万。在微信粉丝量方面，仍然是楚天都市报占据榜首，其粉丝量达 115 万，其次是腾讯大楚网和三峡晚报，分别为 60 万和 52 万。结合图 12-1 可以发现，《楚天都市报》纸质版期发行量并不是太高，但其相应的新媒体平台却尤为活跃，取得了较好的发展。

表 12-2　湖北日报传媒集团 2017 年新媒体产品用户规模

类别	名称	下载量（万）	类别	名称	粉丝量（万）
客户端	湖北日报客户端	500	微博	@湖北日报	329
	看楚天客户端	40		@楚天都市报	1 000
				@三峡晚报	500
	位视直播	26		@支点财经	720
				@湖北省人民政府门户网站	198
类别	名称	日均UV（万）		@湖北发布	347

续表

类别	名称	下载量（万）	类别	名称	粉丝量（万）
网站	湖北日报网（荆楚网）	29.7	微信	楚天都市报	115
	腾讯大楚网	50		腾讯大楚网	60
	湖北省人民政府门户网	25		三峡晚报	52
				楚天襄阳网	40
				荆楚网	22.6

资料来源：《湖北日报传媒集团社会责任报告（2017年度）》，http：//www.hubeidaily.net/GroupDynamics/52.jhtml。

除了形成类型齐全的全媒体产品矩阵之外，湖北日报传媒集团尤其注重品牌建设，既有全面化的产品布局，又有重点性的精品打造。近年来，除《湖北日报》外，集团还着重培育了《楚天都市报》《特别关注》以及荆楚网（湖北日报网）、大楚网等一批在全国范围内都比较有影响力的文化传媒品牌。其中，《湖北日报》日最高发行量超过65万份，在全国省报中排名前三，近年来年广告收入超亿元；《农村新报》期发行量突破14万份，在全国省级三农类报纸中居前列；《特别关注》杂志最高期发量431万份，发行量多年稳居全国期刊第一；荆楚网（湖北日报网）是湖北唯一重点新闻网站，其运营单位荆楚网络科技股份有限公司于2014年7月在全国中小企业股份转让系统（即"新三板"）挂牌上市，"成为全国首家在新三板上市的省级重点新闻门户网站"；[1] 大楚网是湖北浏览量最大的一站式城市生活门户网。[2]

2018年6月20日，世界品牌实验室（World Brand Lab）发布了第十五届"中国500最具价值品牌"排行榜，《楚天都市报》再度上榜，位列第352名，其品牌价值首次突破百亿，达115.39亿元，比2017年的95.05亿元上升了20.34亿元，是湖北省唯一上榜媒体品牌。"中国500最具价值品牌"排行榜自2004年第一次发布以来，已连续发布了15届，《楚天都市报》届届上榜，从未缺席，足见该报品牌价值较强的稳定性和持续的影响力。

三、完善制度：媒体融合创新发展的保障

打破传统媒体原有的管理制度和体制机制，建立适应媒体融合发展的新型管

---

[1] 代星，郭继远．媒体融合发展的模式——以湖北日报传媒集团为例．新闻前哨，2015（04）：47-49．

[2] 以上数据来源：湖北日报传媒集团官网，http：//www.hubeidaily.net/GroupSurvey.jhtml。

理制度和体制机制是确保媒体融合发展得以顺利开展的根本保障，这已成为众多传媒集团的普遍共识。湖北日报传媒集团以制度改革与创新为重点，为集团媒体融合创新发展理顺关系、铺平道路，取得了显著成绩。

1. 建立适应媒体融合发展的组织结构

高效合理的组织结构设计是推动媒体融合发展的基础和保障，有助于为媒体融合发展破除壁垒、扫清障碍。一方面，湖北日报传媒集团通过推动"三个分开"，[①]进一步厘清了事业管理与企业经营、内容采编与媒体经营以及人力资源、财务管理等方面的关系，为集团媒体融合发展奠定了良好的制度环境。另一方面，为了有效推动媒体产业"流程再造"，将原有的各业务部分进行重组，组建了采集生产、集成发布、网络传播和用户分享四大部门。此外，还以荆楚网、湖北手机报、大楚网等新媒体产品为基础与核心组建了新媒体产业集团，进一步调整和优化集团组织结构，为集团媒体融合发展奠定了良好的组织环境。

2. 建立全媒体采编一体化管理制度

为推动采编一体化建设，实现传统媒体与新媒体的业务融合，湖北日报传媒集团建立了"线索共享、采访同行、全媒体互动、多平台呈现"的全媒体采编一体化制度。根据这一制度要求，传统媒体采编人员不仅要掌握传统的采编技能，还需同时掌握拍照、摄影以及音频、视频编辑等相关技能，同时要学会编写简短新闻和报道，第一时间以快讯等形式向集团新媒体部门发稿，其内容也由原来单纯的文字内容向集文字、图片、音频、视频等于一体的多元化信息内容转型，对传统媒体采编人员提出了更高的要求，推动传统媒体采编人员不断进行自我知识更新与能力提升。对于新媒体采编人员而言，同样需要与传统媒体采编人员进行密切配合，通过参加采前会、编前会等传统媒体新闻采编工作，了解最新的社会新闻信息，并结合新媒体平台属性和内容要求，有选择性地进行编辑与发布。目前，集团已初步形成了"网媒及时发快讯、网民互动看反应、根据热点挖深度、精品报道见纸媒"的传播链条。[②] 极大地整合了传统媒体与新媒体的资源，重构了全媒体发展流程。事实上，在媒体融合创新发展要求下，每一个采编人员都是一个全能型"全媒体记者"，原有传统媒体采编人员需要学习和掌握新媒体产品

---

① "三个分开"主要是指"事企分开"、采编经营"两分开"以及人员、岗位、业务资产、经费来源和日常管理"五分开"。

② 中共中央宣传部新闻局编. 中国媒体融合发展的实践与探索. 学习出版社，2015：267.

采编技能，新媒体采编人员同样需要了解传统媒体产品内容采编与报道撰写方式。通过建立全媒体采编一体化管理制度，塑造一专多能的"全媒体记者"队伍，确保了集团不同形式媒体产品的内容供给，并将这些新闻内容根据不同平台需求和特点进行个性化、多元化呈现。

3. 建立动态改版长效制度

湖北日报传媒集团根据市场变化，对传统纸质媒体产品进行持续改版和改革，逐步形成了常态化、针对性的改版机制。以《湖北日报》为例，通过持续不断的改版，在报型方面，将报型从原来的720mm改为781mm，实现报型由窄变宽；在板块方面，从每周80版增加到96版，丰富了报纸的内容；在版面配置方面，紧紧围绕读者需求而设，使之更加符合受众需求。如2012年进行板块化改版，2013年增设了评论专版，不断提升权威性，2014年增设"今日视点"栏目，不断提升报道深度等。

4. 建立人才流动发展制度

复合型专业人才是推动媒体融合创新发展的关键。近年来，湖北日报传媒集团除了通过外部直接引进高级专业人才之外，还创新开展了内部人才流动培养方式，不断加强集团人才队伍建设，逐步形成了相对稳定的人才流动发展制度。一是从传统媒体平台抽调骨干记者、编辑到荆楚网、大楚网等新媒体平台，充实新媒体平台采编队伍，提升新媒体平台的采编能力。二是将部分新媒体中心的专业人才整合至楚天都市报等传统媒体平台，推动传统媒体社区化转型。三是在前两步的基础上，整合传统媒体和新媒体采编人员组建"全媒体报道突击队"，[①] 打破传统媒体与新媒体界限，实现采编队伍和采编业务的融合发展。

四、强化技术：媒体融合创新发展的支撑

新媒体是科学技术日益进步与转化的结果，媒体融合正是传统媒体在面对现代技术革命以及新媒体冲击下的应对之策，传统媒体要真正转型升级，实现与新媒体的融合发展，在硬件设施建设上就必须以新媒体技术为切入点。

1. 建立全媒体指挥中心

全媒体指挥中心是湖北日报传媒集团推动媒体融合发展的重大技术攻关和战

[①] 中共中央宣传部新闻局编.中国媒体融合发展的实践与探索.学习出版社，2015：268.

略部署，该指挥中心集"同步视频采访、全媒体编辑、实时发布、舆情监控等功能于一体"，[1] 形成了采、编、发一体化的新型采编格局，极大地提高了媒体产品的时效性。同时，通过强化与用户之间的实时互动，及时了解最新舆情和用户信息，从而使得媒体产品的针对性得到极大提升。

2. 建立舆情监测处置系统

如果说全媒体指挥中心是集团全媒体产品生产、加工与推送的中枢神经和总部基地，那么舆情监测处置系统就是这个总部基地的情报机构。该系统具有强大的舆论监测与信息反馈功能，通过对湖北省17个地州市进行24小时不间断的实时监测，及时发现最新舆情信息并反馈到集团总部，从而为集团新闻内容采编与宣传报道提供大量、及时的线索。

五、多元经营：媒体融合创新发展的延伸

湖北日报传媒集团不断深化文化体制改革，推动"事企分开"、采编经营"两分开"，目前已形成以传媒主业、文化创意为双核，以文化地产、文化投资为支撑的多元产业发展新格局。推动湖北荆楚网络科技股份有限公司和湖北特别关注传媒股份有限公司成功挂牌新三板。2017年，集团营业收入近30亿元，在国家新闻出版广电总局报业排名中居第7位，位列全国省报第一方阵。

1. 文化产业

除传媒主业之外，多元化的文化产业经营是集团发展的重要引擎。如位于东湖新技术开发区和湖北自贸区武汉片区的楚天传媒产业园，是中西部地区规模最大、技术实力最强的大型综合性印刷基地，也是集团布局文化产业的重大项目，将形成以包装、设计和印刷为主要业态的文化产业聚集区。此外，作为集团办公驻地的楚天传媒大厦以及楚天181创意产业园，汇聚了文化产业领域诸多专业人才、创意机构，成为全省文化产业发展的重要引擎之一。其中，181文化创意产业园已有近百家企业进驻，年产值数十亿元。

2. 文化地产

集团于2001年成立了全资子公司湖北楚天房地产开发有限责任公司，开始进军房地产行业，至2017年，地产销售额达300多亿元，成为传媒界驰骋房地产

---

[1] 中共中央宣传部新闻局编．中国媒体融合发展的实践与探索．学习出版社，2015：270．

市场的开拓者和领军者。近年来，公司坚持社会效益与经济效益并重，项目文化品位与建筑质量齐抓的发展理念，重点发展文化地产，探索文化产业与地产融合发展模式。如作为湖北省"十三五"重点文化项目之一的武汉国际文化创意产业城，依托楚天181创意产业园，以宣传展示荆楚历史文化为主题，对武汉大道、黄鹂路、翠柳街覆盖区域进行文化创意改造，按照建成全国一流文创产业园区示范标杆的目标进行规划和建设，将成为武汉市乃至湖北省首屈一指的文创产业聚集区、东湖路上最靓丽的地标性建筑和荆楚主题文化景观街区。

3. 文化投资

以文化投资为重点的资本运作是集团拓展多元化发展的重要路径。近年来，集团分别参股了长江证券、汉口银行、湖北银行、三峡农商行等金融机构，并发起设立基金项目。截至2017年底，集团有各级各类公司64家，其中全资子公司35家、控股公司29家，此外，还有各级参股公司24家，股权投资项目7个，其他媒体、分社、非独立法人经营单位10家。

第三节　湖北日报传媒集团媒体融合创新发展的特点

湖北日报传媒集团作为华中地区重要的党报传媒集团之一，近年来，集团上下转变观念、改革创新，不断推动集团媒体融合发展，成为全国党报集团媒体融合发展的重要典型，并呈现出以下突出特点。

一、发展观念统一化

湖北日报传媒集团始终坚持和统一媒体融合发展的观念，不断推动集团改革创新与融合发展。2014年，集团就提出实施"全媒体、多元化"的发展战略，统一媒体融合发展观念，并采取了一系列措施不断推动集团在内容、渠道、平台、经营和管理等方面的融合发展，推出了一系列全媒体产品，形成了类型齐全的全媒体产品矩阵，培养组建了一支专业化的全媒体人才队伍，为集团媒体融合发展提供了坚实的人才基础和智力保障。

1. 强化互联网发展思维

推动媒体融合发展，就是要充分利用现代科学技术，尤其是互联网技术去改造传统媒体，推动传统媒体转型升级，这就决定了必须以互联网思维来指导和引领媒体融合发展。与传统媒体以我为主、线性传播、互动性弱等特点不同，互联网思维强调用户体验，以消费者为主，通过全面、即时传播与互动交流，满足消费者多元化、个性化的消费需求。自启动媒体融合发展战略以来，湖北日报传媒集团始终强调转变发展思路，不断强化互联网发展思维，以市场为主导，以用户为核心，不断强化技术支撑，丰富内容形式，拓宽传播渠道，强化用户体验，为用户提供多元化、个性化的产品和服务。

2. 强化一体化发展意识

媒体融合发展并非是在原有传统媒体组织结构和产品基础上增加新媒体业务，而是在资源利用、要素整合、组织结构、管理体制、传播体系等全方位的整合，是一种你中有我、我中有你的一体化发展格局。就目前来看，很多传统媒体集团纷纷通过设立网站、开设微博、微信、客户端、短视频等形式布局了新媒体业务，然而这种融合只是简单的产品叠加，并非真正的融合。近年来，湖北日报传媒集团始终坚持和强化一体化发展意识，从管理制度、采编系统、组织结构、人才建设、传播体系等多方面着手，推动传统媒体与新媒体一体化融合发展。

3. 强化跨界发展观念

随着现代经济社会发展，不同产业之间的界限日益弱化，尤其是现代科学技术的发展，日益消弭了产业发展的传统边界，跨界发展成为现代产业发展的重要特征。近年来，湖北日报传媒集团不断强化跨界发展观念，推动跨界经营与多元发展，在文化产业、文化地产、文化投资等领域攻城拔寨，取得了显著成绩。

二、传媒产品品牌化

注重品牌建设、打造品牌精品、深挖品牌价值、扩大品牌影响是湖北日报传媒集团媒体融合发展的显著特点。传媒产品作为一种文化产品，具有经济、文化和意识形态三重属性，与之相应的传媒品牌也就不仅仅是一个商业品牌，更是一个文化品牌。传媒品牌所蕴含的丰富的文化信息与深厚的文化内涵，能够给消费者带来更多的情感满足、心灵慰藉、精神寄托和美感享受。同时，传媒品牌的经济属性和文化属性又是相辅相成的，通过丰富而深刻的文化内涵，满足部分消费者的文化需求和寄托，形成消费者对品牌产品的消费偏好与忠诚，从而不断提升传媒品牌的社会影响力，并将其转化为经济效益。

近年来，集团依托传统媒体优势，借助打造全媒体产品契机，不断培育和建设了《楚天都市报》《特别关注》以及荆楚网、大楚网等一批品牌媒体产品，持续扩大集团品牌知名度和影响力。其中尤以《楚天都市报》最为突出，该报已连续15届上榜"中国500最具价值品牌"榜，是湖北唯一上榜媒体，2018年最新发布的品牌价值更是高达115.39亿元。

三、经营内容多元化

纵观世界产业发展格局，不同国家和地区几乎都将传媒产业作为文化产业的重要组成部分，而以文化内容为核心的媒体产品生产与经营则是传媒产业的核心所在。为此，湖北日报传媒集团不断深化文化体制改革，推进"事企分开"，厘清事业管理与产业发展之间的关系，不断健全和完善现代企业管理制度，为集团经营发展提供坚实的制度保障。同时，集团在坚持传媒主业，确保社会效益优先原则基础上，以文化内容为核心，以文化产业发展为重点，进行多元化的产业发展与布局，从而实现了公益性文化事业和经营性文化产业双轮驱动与共同发展，并逐步形成了以传媒主业、文化创意为双核，以文化地产、文化投资为支撑的多元产业发展格局。

第十三章 基于"两微两端"的新闻杂志媒介融合发展研究
——以《Vista看天下》的融合实践为例

鲍丹禾[①]

2005年6月,一本名为《Vista看天下》的新闻杂志异军突起,出现在国内期刊市场上。这本定位于高端精英人群的时政文化类杂志,与此前人们所熟知的新闻期刊如《瞭望》《半月谈》《三联生活周刊》《中国新闻周刊》相比,有着截然不同的风格。它新闻性极强,而且总能以轻松幽默的网络化语言对新闻事件进行诠释;它并不都是自采文章,每期杂志中有很多文章都是对网络各种信息源的精妙整合。这种整合仿佛一位高明的厨师将各种美味佳肴烩于一锅,不但不让人讨厌,反而符合了网络时代的读者阅读期待。

这本由宁夏日报报业集团主管的杂志是全球华文媒体BPA认证市场发行量最大的新闻期刊,单期发行接近80万份。即使如此,在移动通讯时代,杂志仍然面临着不小的挑战,在做好杂志品质的同时,如何进行融合发展,是一个亟待破解的难题。

第一节 《Vista看天下》的市场定位

2005年,传统媒体已经呈现式微之势。在这样的背景下,新创一本刊物并且在短期内就受到市场欢迎,不能不说是一个奇迹。而"奇迹"的出现,不是偶然

---

① 鲍丹禾,现代教育报总编辑助理,主任编辑;毕业于中国传媒大学,新闻学博士,艺术学博士后;主要研究方向为媒介融合、文化产业等。

的，一定和产品的定位密切相关。

一、"新闻类与文摘类"杂志的结合

按照美国著名市场营销专家杰克·特劳特的观点，所谓定位，就是令你的企业或产品与众不同，形成核心竞争力，对受众而言，就是鲜明地树立品牌。

在传统新闻杂志一统天下的市场，作为发展前提的"定位"尤为重要。如果还是和其他新闻杂志一样，走同质化的老路，那么可以说，这本杂志还没有开始就已经失败。所幸，《Vista 看天下》对定位非常重视，创办人明白，必须占有市场的空白点，或者虽然不是完全的空白点但却是被市场占据的根基并不十分牢固的切入点，只有这样，才能开辟一片新天地，用差异化的操作去占据阅读者的心灵，建立独特的品牌优势。

《Vista 看天下》主编李红平曾经说："2005 年，几个资深新闻人走到一起研究中国的杂志市场的时候发现，如此多的新闻类周刊和文摘类读物中，居然没有一款适合崛起的中产小资们轻松阅读的产品。"[1] 从这句话中可以看出，杂志的目标消费者是"崛起的中产小资们"，杂志的内容定位是"新闻类与文摘类"的结合。

二、中产阶层的信息需求

中国社会，尤其是中国都市社会的阶层结构正在逐步趋向"橄榄型"结构，即上层和底层相对偏少，中间层众多的结构。主流人群可以说是以中间层为主要代表，拥有较多的社会话语权和社会财富创造力的人群。换而言之，主流人群就是我们通常所说的"中产阶层"。

关于中产阶层的基本特征，一种简要表述是"政治后卫，消费前卫"[2]。中产阶层是中国改革开放的直接受益者，有机会接受优质教育，并且由此获得了良好的教养和体面的工作。他们的普遍心态是对社会的稳定期待。中产阶层的消费观念明显带有"前卫"特征。一项对中产阶层的调查显示，这一群体的消费理念一改中国人长期以来的保守态度，投资超过存款，愿意为个人事业发展、地位提升和良好家庭环境的创造进行投资；消费内容上追求实用，但追求

---

[1] 郑琳. 站到《看天下》幕后看一本杂志走红的原因. 钱江晚报, 2010 – 7 – 16.
[2] 周晓虹. 中产阶级：何以可能与何以可为？江苏社会科学, 2002 (6).

品位和炫耀性消费的人群比例也较普通人高；群体内部消费倾向分化，追求个性，也是这一群体整体性的消费特征。

在一个信息爆炸的时代，中产阶层对信息的需求也有自身的特点。他们希望有人将浩如烟海的信息梳理整合，这样他们就可以花较少的时间以获取较丰富的资讯。从内容方面看，他们渴望在忙碌的工作之余看到更轻松更娱乐化的内容。其实，中产阶层对时政是关注的，只是中国的时政信息通常神秘而严肃，如果有去神秘化同时轻松活泼的信息提供给他们，将会引起他们的兴趣。

三、独特定位有益于市场占有率

《Vista 看天下》的主管单位是宁夏日报报业集团，宁夏位于中国西部地区，就政治资源而言，没有优势。通观国内市场上的新闻期刊，如《瞭望》和《半月谈》的主管单位都是中国实力最雄厚的媒体机构新华社，具有强大的政治资源优势。《中国新闻周刊》的主管单位是中国新闻社，《三联生活周刊》的主管单位是三联出版集团，这些主管方都在北京等一线城市，要么是权威新闻单位，要么是大型出版机构。这些期刊的新闻产品大部分是原创、深度作品，当然强调可读性，但是总的来说，是以"严肃"为标签的。

尽管《Vista 看天下》的编辑部门设在北京，但他们仍然不具备丰厚的政治资源。既然缺乏政治优势，只能另辟蹊径。《Vista 看天下》走的是"新闻+文摘"的道路。国内的文摘杂志其实同质化十分严重，主打的普遍是"心灵鸡汤"的路子，这种文摘类期刊在早些年受到市场肯定，但是移动互联时代，人们越来越不需要在杂志上寻找心灵的慰藉，因为可以获取的渠道实在太多了。《Vista 看天下》里面的文摘内容主要是与新闻相关，这种"原创与文摘相结合"的模式形成了杂志独特的风格，这成为杂志能够在波诡云谲的期刊市场"做最好看的新闻杂志"的前提条件。

第二节 《Vista 看天下》的内容特色

《Vista 看天下》在 2011 年以前，有过几次改版，杂志的各个板块经常有调整，从 2011 年后，基本固定下来，目前的板块主要包括：时政、封面报道、财经、视觉、社会、娱乐、文化、生活等。这些大的板块下面还有一些小板块。

从时间的纵轴来看，杂志的内容有历史、现在和未来；从空间的横轴来看，既有国内的内容，也有国际的内容。杂志满足了主流读者——中产阶层的需求，他们需要有人对政策进行解读，他们需要了解社会的发展进程，他们需要轻轻松松的八卦信息。当然，他们还需要更美好的生活指引。这些，在《Vista 看天下》都可以找到。

《Vista 看天下》还有一个读者群体往往为人所忽略，那就是都市里年轻的大中学生，他们将是未来的中产阶层。杂志早期的创始人林楚方曾说："《Vista 看天下》的销量不少是由高中生和大学生贡献的，而很多成年人不是通过销售渠道了解到《Vista 看天下》，而是看到他们的孩子在看，然后再拿过来阅读，并成为了杂志的忠实读者。"[1]

《Vista 看天下》的口号是"做最好看的新闻杂志"，那么，怎样才能做到"好看"呢？通过对杂志的样本分析，笔者认为，核心在于"新闻的故事化和娱乐化"。

一、新闻的故事化

"新闻的故事化"就是要求刊物的采编人员具有将新闻讲成故事的能力。人们一直以来都有喜欢故事的天性。而现在，"讲故事"更是成为一项综合了情商、教育、娱乐等方面的沟通策略。这不足为奇，因为科技带来了信息大爆炸，人们需要有意识地将这些信息转换成大脑容易接受的方式来理解：故事。期刊的采编人员如果学会将新闻以故事的形式叙述，并且能让受众有所感悟的话，那么相互间的沟通将会顺利进行。故事可以形成巨大动力，让人际交流的内容更丰富更顺畅，让人们产生共同的感受。

讲好故事并不容易。所有的故事都具有类似的元素：人物、情节、环境、矛盾等。如果把这些元素简单罗列出来，显然难以引起受众的共鸣。这样的罗列只能算是从外而内地构建故事。高超的讲述者则是要善于从内而外地讲述，

---

[1] 林楚方. 改革试点中的宁夏样本——《看天下》的渠道和内容建设. 中国记者，2009(10).

这样才能共情共鸣。所以，需要采编人员将情感和人际交流放在首位，只有赋予自己传达的新闻信息以生命时，才能让故事真正鲜活起来。

从《Vista看天下》的样本考察看，杂志具有讲好故事的能力。在写作中，他们引入西方爱讲故事的新闻写作方式，把一个复杂的问题剖析、具体化，并尽力用引人入胜的方式给受众以较深的印象。

二、新闻的娱乐化

"新闻的娱乐化"则是与当下的社会文化背景相契合的。过于严肃、说教的表达方式让受众感到厌烦。在人们更加追求个性发展、追求宽松环境的条件下，"新闻的娱乐化"并不是一个贬义词，它其实体现了一种平等而互动的交流。它恰恰是杂志的采编人员抓住了受众的心理需求而做出的回应。"娱乐化"并不可怕，上海大学文学院教授、博士生导师葛红兵认为："泛娱乐化不会害死人，也不会真的危害社会，一个洋溢着自由和欢笑的社会总比一个拘谨和压抑的社会更好。"

诚然，"娱乐化"是要有底线的。从社会责任的角度看，《Vista看天下》内容娱乐化的限度把握得较为恰当。杂志通常用幽默的口吻来叙述，而这种叙述又并不陷入低级趣味的尴尬境地。由此可见，采编人员所采用的是真正的读者视角。

某种意义上说，"新闻的娱乐化"是资本影响下的全球信息化时代的必然。"娱乐化"具有最大多数人可以接受的特征，人们在微笑的信息交流中达到完美的沟通。

采取"新闻的故事化和娱乐化"的模式，和《Vista看天下》杂志的人员结构也有关系。根据笔者与杂志社相关负责人的访谈了解到，不同于一些大机构下属的新闻杂志人员众多的特点，《Vista看天下》的采编团队只有三四十人。在人员精简的情况下，少一点原创，多一点整合，正好是一举两得的事情——一方面让杂志呈现出截然不同的气象，另一方面也节约了运行成本。

2018年7月28日的《Vista看天下》（总第425期）的封面文章是《戊戌变法120年：被误读的慈禧与光绪》虽然是以历史事件为题材，却充分体现了内容的故事性。文中对慈禧太后在变法初期表现出来的宽容、光绪帝在变法过程中的操之过急都有新的解读，对清朝官员张荫桓和《泰晤士报》驻华记者莫理循的描写，都打开了读者对历史认知的新视角。整篇封面文章虽然很长，但是通过与史学家的交谈以及重新组织文字，记者将120年前的故事绘声绘色地叙述出来，仿佛重现了戊戌变法的前前后后。

2018年6月28日的《Vista看天下》（总第422期）的封面文章则是《C位女孩的秘密：残酷青春物语》，如果说戊戌变法那篇封面故事更倾向于"故事性"，那么这篇则更强调"娱乐性"。文章对2017年10月开始的《创造101》综艺节目进行了剖析，阐述了节目组为什么要做这一档以女生为主角的真人秀节目，后期又是如何包装、开发，并逐步成为大众舆论的热点话题。这样的文章其实综合了"故事性"与"娱乐性"，相对而言，"娱乐性"的意味更强。选题非常适合90后甚至00后的年轻读者。

三、杂志内容写作的三大特点

笔者通过对杂志三年来的样本分析可以发现，《Vista看天下》在内容写作方面有如下三大特点。

1. 事件的多维角度

在封面文章中，通过多维角度使得新闻事件或历史事件立体化呈现是杂志的一个重要操作方式。这些多维的角度决不是人云亦云，而是通过采编人员不断的思想碰撞后得到的新角度新观点。在杂志的其他版块中，也运用了这样的操作方式。

2. 人物的立体鲜活

杂志在描写人物的时候，十分忌讳将人物脸谱化或者一边倒，而是力图通过细节的描写，展现人物的复杂性和丰富性，展现人性的多面。无论是采写新闻人物、历史人物抑或是政治人物，采写者都尽量站在一个平视的角度进行叙述。由此可见，杂志无形间体现了对新闻专业主义的尊崇，这也是其能够赢得众多受众的原因之一。

3. 短句短段落的叙述方法

采用短句子、短段落的写作方法，能够让受众的阅读较为轻松，更符合泛阅读时代的受众获取信息的心理。同时，短句子显得干脆有力，让文章的节奏感很强，提升文章气场。

第三节 《Vista看天下》的融合发展之路

内容和市场化运作再成功的传统媒体都无法逃避新媒体环境下的发展之路，《Vista看天下》也不例外。

一、新媒体的平台和产品特征均发生变化

1. 媒体平台发生变化

早期的新媒体平台是如新浪、搜狐、网易这样的门户网站，从根本上说，门户网站是一个信息聚合的场所，它搜集信息然后发布信息，从这一点看，网站和报纸、杂志、广播电视等传统媒体一样都是一对多（即一家发布，众多受众接收），只不过借助了互联网的传播路径。

随着博客、微博、豆瓣、优酷等社会化媒体的兴起，平台的社交特征日益凸显。在这些平台上，主体多元化，思想观点的表达更为自由顺畅。

近年来，手机客户端扮演起更重要的角色。如微信、今日头条、喜马拉雅、知乎等，这是技术发展到一定阶段后，智能手机等电子产品普及所带来的必然结果。新媒体的移动属性带来的是自然而然的伴随性消费。

2. 媒体产品特征发生变化

在移动化时代，媒体产品必须做出相应的调整和补充。如果一味坚持原来的做法，故步自封，久而久之必然会失去受众。新发展环境下的媒体产品普遍有以下几大特征。

（1）产品的移动化。移动的场景、伴随性的消费，使人们尤其是年轻人能够随时随地接触资讯，而不再是手里拿着一份纸质版的媒介。

（2）产品的视听化。短视频、音频、直播等形式越来越普及，它们让媒体形式更为多元，让受众接受信息的方式更加轻松，带有明显的娱乐元素。

（3）产品的垂直化。产品的市场细分和精准定位日趋明显，产品依附的平台逐步向社群媒体转化。在社群媒体，受众可以轻易地找到自己所喜欢的内容。某种意义上说，由于垂直化，人们的社交圈扩大了。

（4）产品的个性化。今天，大众传播的目标越来越难以实现，个性化、小众化的传播反而更能赢得受众。大数据的普及和算法的精准都助推了产品个性化的趋势。

二、《Vista看天下》的两微两端发展

微信、微博和客户端是传统媒体走向融合发展之路的普遍选择。应该说如今与网络嫁接的媒体产品形态主要以两微一端的模式呈现，但呈现方式异常丰富。笔者通过与《Vista看天下》微信、微博及客户端相关负责人的访谈了解到，目前，杂志的两微和客户端工作都在稳步推进，但是呈现方式的多样性有待提高。

1.《Vista看天下》的微博

《Vista看天下》官方微博开设于2009年10月，内容涵盖时事、经济、文化、娱乐等多个领域，粉丝数超过1 200万，影响力突出。官微的更新较为频繁，成为信息发布的重要渠道，但这些信息未必全是原创，也有不少转自其他媒体。信息多为新闻，满足了受众快速获知资讯的心理。由于微博每条字数的限制，所发布的这些新闻资讯多是简要而概括的。尽管杂志的微博更新频率明显高于其他同类媒体，但是显然，杂志社并没有将微博作为一个新媒体发展的主战场。

一方面，微博自身的碎片化特征决定了其有限的内容承载量，导致受众无法看到更为深入详尽的新闻报道；另一方面，《Vista看天下》的相关负责人透露，微博的作用更在于杂志品牌的维护和传播，稳定住原有的粉丝。

2.《Vista看天下》的微信

《Vista看天下》的微信公众号开通于2012年11月，每日更新，推送时段一般为每天的20：00至22：00，每次推送文章一般为4—5篇。公众号菜单分为三个板块：重磅稿件、联系我们、政商智库。微信粉丝数达160多万，影响力较大。

微信公众号的内容多为原创加杂志稿件的精选。每天公众号的头条均为原创内容，内容制作者紧跟新闻热点，但又不局限于新闻热点，而是往往以之为由头，制作得更加跳脱而有趣。如2018年8月26日的微信公众号头条《坐一次火车，相当于看了100本故事会》，内容的缘起在于当时引起社会广泛关注

的"女乘客高铁上遇到霸座男"事件，由于各大媒体对这一事件已经进行了详尽的报道，如果《Vista看天下》的微信公众号继续就事论事显然没有新意，人云亦云不是其风格。制作者独辟蹊径，提前在8月22日向受众发起了一次征集，请大家聊聊在火车上遇见过或者听说过哪些奇闻轶事，内心又有怎样的感受。消息发出，应者云集。制作者将这些原汁原味的"火车故事"刊发出来，使得整篇文章生活气息浓厚，趣味性、可读性都极强。所以，视角独特、又具有制作者与接受者互动性质的稿件深受欢迎。

从笔者的统计看，《Vista看天下》微信公众号的头条文章阅读量普遍超过10万。样本分析，公众号头条文章每周平均6.5条阅读量达到10万加，每周会有两条过20万的阅读量，一个月会有两三条过50万阅读量。

由于一些热点话题受到宣传单位的限制，所以在选题方面，微信公众号有时显得力度不够。众多的选题关注年轻人生活中的一些细小方面，比如热播剧、职场故事等。

《Vista看天下》微博与微信由同一个团队运营，团队人数约5至6人，人手精干。但也正因为人少，工作强度较大。微信的头条每日更新，且均为数千字的原创作品，所以在选题确定和完成写作以及人员保持长时间的工作热情方面都存在一定难度。

3.《Vista看天下》客户端

《Vista看天下》的客户端经过了多次改版，截至该文完稿时仍处于改版过程中。目前，客户端有"资讯""杂志""个人书架"和"账号"四大板块，其中"资讯"板块包括"推荐""时政""封面故事""财经""娱乐""文化""生活""专栏"共8个栏目，"杂志"板块是《Vista看天下》的往期杂志，可以免费下载到"个人书架"板块；"账号"板块则包括"点击登录""消息""去评分""清理缓存"和"关于"五部分，支持第三方登录，同时设计有文章的评论和分享功能。客户端制作者往往通过这一板块获得粉丝的信息反馈。

客户端上的文章多为往期杂志上的文章，从目前看，由于改版的原因，其更新速度较慢。客户端的重点在于"资讯"板块。

据了解，《Vista看天下》客户端的总下载量累计已经超过40万。客户端的内容制作团队与杂志的制作团队重合，所以其中的文章多是原创、深度稿件；客户端的运营团队包括一名运营人员和四五名美术编辑。杂志采编人员将稿件交给客户端运营团队，运营团队负责刊发。

由于杂志是旬刊，每逢 8 日杂志开选题会，在选题会上，一般也会对近期客户端的工作做基本部署。

总的来说，客户端的建设相比微信公众号和微博有所欠缺，各栏目更新速度不均，整体更新速度偏低。"资讯"板块中只有文字和图片内容，没有视频和音频内容。这说明由于人手、资金等原因，《Vista 看天下》客户端对于新的媒介表达方式反应较慢。

4.《微刊——Vista 看天下政商智库》客户端

值得注意的是，除了杂志的客户端，《Vista 看天下》还从 2016 年年底开始做了一个《微刊——Vista 看天下政商智库》客户端（以下简称《政商智库》），该客户端主打严肃新闻，走知识付费路线。如果下载安装客户端，并在客户端上阅读，是完全会员制收费的；如果通过公众号看，可以做到先免费阅读一部分，若需继续阅读，则必须转客户端收费。

付费方式多样，包括按年、季、月、周、期收费等，目前选择周付费的人数居多。

《政商智库》从周一至周六，每日更新。每天有七八个栏目。选题包括时政、社会等相对严肃的公共话题。目前下载量累计已达数十万，粉丝基本上是《Vista 看天下》客户端的粉丝。

《政商智库》由一个独立团队在运作，大约 40 人。由于人员较多，开支巨大，所收费用未能覆盖运营成本；同时，因为是相对较新的客户端，市场知晓度还不够，所以在推广方面还存在一定困难。

第四节　《Vista 看天下》的融合发展对策分析

从目前《Vista 看天下》的两微两端发展以及媒介融合的推进程度看，尚有不少待改进之处。

一、大力发展客户端，加强客户端与两微协同合作

《Vista 看天下》的微博和微信经过多年发展，内容方面日臻成熟。同时，

依托新浪和腾讯两大公司的技术支持，可以说，其微博和微信取得了不俗的业绩，并且是每日更新内容，与受众保持良好的互动。但是，需要了解一点，微博和微信毕竟是建立在他人媒体平台之上，所以着力发展客户端这一点不容小觑。

《Vista 看天下》客户端的"杂志"板块存放的是往期刊物，时效滞后严重且期数有限。杂志社已经认识到这一问题，因此正在改版过程中。改版后，将由免费下载杂志改为付费阅读，并对列出的刊物进行更新，争取纸质杂志与客户端上的电子杂志同期推出。这样，受众不必去报亭等场所购买纸质版也可以同步阅读当期内容。

杂志社之所以推出这项服务，在于后台评论板块众多粉丝的呼声。应该说，这是媒介融合时代的必然发展。

对于《政商智库》客户端，一方面利用好原有的杂志粉丝资源，另一方面需大力推广，可考虑与其他传播力更强大的平台合作，或通过与一些政治资源雄厚的部门合办活动等方式，增加粉丝下载量，提高付费率。

客户端与微信、微博的协同合作有待加强。因为是两批人员分别操作客户端和两微，所以协同较少。杂志 2018 年 6 月 28 日关于综艺节目"101 女孩"的封面文章刊出后，在客户端上可以阅读到。而在此之前，微信已经对这一话题进行了至少三次的多角度报道。由此看来，这种"协同"并不是真正意义上的协同，而是无意识的。更多时候客户端上刊发的杂志封面文章与微信公众号文章没有必然关联。

未来，应该发挥微博和微信及时快捷的特点，广聚人气。微博着眼于品牌的建设推广和时事新闻的发布，微信公众号则着眼于更详尽、更具深度和独特视角的文章推送。客户端的优势在于板块和容量的丰富性，以及形式的多样化。

二、发展多媒体表达方式，加强与受众的互动

《Vista 看天下》的两微和客户端尽管内容可读，但是在呈现方式上还是和杂志一样——传统的图文方式。音视频、动画等新兴表达方式亟待增加。"随着无线网络的日益普及，手机杂志可以实现图、文、声音、视频、动画的拼贴融合，用户和手机不只是单纯的阅读和被阅读关系，手机的娱乐性可以通过手

机杂志充分体现出来。"[①]

新媒体时代，受众对于形式的重视有时胜过对内容的重视。多媒体呈现会使传播效果更好，传播速度更快。音视频和动画所包含的信息量更为直观而有趣，且具有强冲击力和感染力，与受众的需求相吻合。

不只在微博、微信、客户端上可做多种呈现，即使在纸质版杂志上，每篇文章或者部分文章后面也可以印制二维码，受众通过扫描二维码进入更多元、更海量的信息空间获取资讯。

三、发展盈利模式，加强用户思维建设

目前，《Vista看天下》客户端的广告量很少，这表明广告主不轻易在客户端上投广告。而更为严峻的形势在于，广告主在所有纸质杂志上的投放正逐年减少。所以探索新的盈利模式势在必行。

媒介融合时代的盈利模式没有单一固定的模式，各家都在探索中。前文已经说过，目前的平台发展趋势已经转变，不再是"我传你受"的"一对多"模式，而是传者与受者相互交叉、相互渗透的互动关系，所以对于《Vista看天下》来说，亟待树立用户思维，进一步加强互动，打造集信息、社交、服务于一体的平台型媒体。

在推广、打造的过程中，一定要与时俱进，关注市场上最前沿的媒体传播平台并加以合作，因为在互联时代，唯有交互、链接，才能探索出新路。

四、发展新媒体部门，加强人员队伍培养

和众多的传统媒体一样，《Vista看天下》杂志对新媒体的重视程度仍需加强。如音频、视频的制作都需要专业人才来完成，而现有的工作人员尚无法满足这样的工作需求。人才缺乏一直是传统媒体融合发展的瓶颈之一，但从长远的发展看，人员数量和质量都需加强，分工也需更为明确。不仅需要专业人才来完成多媒体呈现工作，还需要"走出去"，和市场上其他强势传播平台合作，相互借力，共同推进。

[①] 曹莲娜.《看天下》杂志手机版的问题及对策.视听，2013(9).

《Vista看天下》无论纸质版杂志,还是微博、微信和客户端由于前期积累的粉丝量可观,已经具备较好的融合发展基础。下一步,通过细化和完善,通过相互间的紧密协作,融合发展水平如同其纸质版所达到的高度,实现新媒体环境下"新闻故事中的F1"的目标是可期待的。

经营管理融合创新篇

第十四章 长江出版传媒股份有限公司经营管理融合创新研究

彭 莹[①]

长江出版传媒集团(下文称"长江传媒")组建于2004年,于2009年完成转企改制,2011年底实现主业整体上市,成立集团控股的上市公司"长江出版传媒股份有限公司",即湖北文化产业第一股——"长江传媒"。

第一节 长江传媒的组织架构和经营情况

一、集团构成

2011年年底,长江传媒整合了旗下24家公司,业务涵盖了出版、音像制品、报刊出版、发行、印刷、数字出版业务,此外还涉及教育、旅游、国际贸易等业务。详见表14-1。

表14-1 "长江传媒"境内部分子(分)公司一览表

出版业务	音像业务	报刊业务	发行业务	印刷业务	数字出版	其它业务
湖北人民出版社有限公司	九通电子音像出版社有限公司	长江报刊传媒集团	省新华书店(集团)有限公司	湖北新华印务有限公司	湖北长江传媒数字出版有限公司	湖北省新华资产管理有限公司

[①] 彭莹,博士,北京城市学院讲师,主要研究方向为数字出版、出版管理、新媒体等。

续表

出版业务	音像业务	报刊业务	发行业务	印刷业务	数字出版	其它业务
长江文艺出版社有限公司			湖北长江文化广场有限公司（长江书城）	湖北长江出版印刷物资有限公司	湖北博盛数字教育服务有限公司	崇文国际
湖北教育出版社有限公司						长江教育研究院
湖北科学技术出版社有限公司						湖北省中国青年旅行社有限公司
长江少年儿童出版社集团						湖北长江传媒国际旅行社有限公司
湖北美术出版社有限公司						新恒基长江（武汉）国际贸易有限公司
崇文书局						

资料来源：作者根据公开资料整理。

除了表 14-1 显示的境内子（分）公司以外，长江传媒还开设了英爵意等 3 家境外子公司，致力于中外文化交流。

二、主营业务

长江传媒集团的业务涵盖"编、印、发、供"。虽然扎根于荆楚大地，但长江传媒的业务范围不仅仅局限于湖北省内。根据长江传媒集团的年报数据，2017 年，湖北省内的营业收入约为 46 亿元人民币，湖北省外营业收入约为 64 亿元人民币，省内省外营收比例约为 1∶1.4。如图 14-1 所示。

如果分行业观察，会发现长江传媒集团的物资销售业务、发行业务、出版业务是最主要的三大营收来源，分别占比 60%、21% 与 14%。此外集团还有少量的印刷业务与其他业务。详见图 14-2。

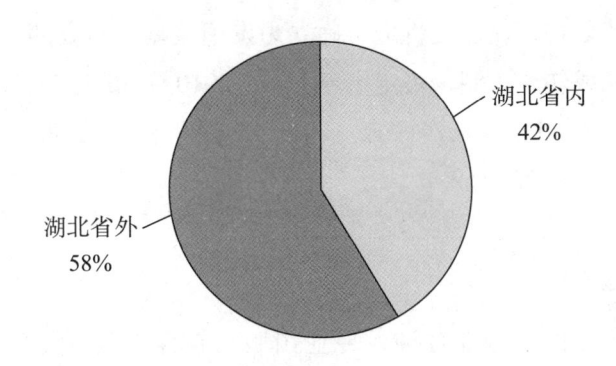

资料来源：作者根据集团2017年年报制图。

图14-1　2017年分区域营业收入

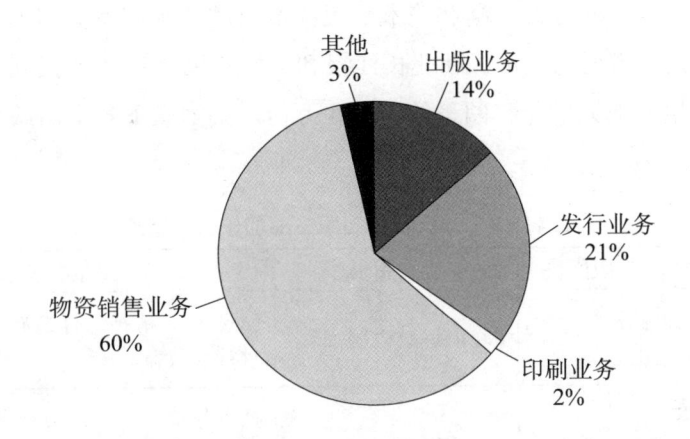

资料来源：作者根据集团2017年年报制图。

图14-2　2017年分行业营业收入及占比

三、集团整合历程

长江传媒集团旗下的出版社大多拥有深厚的历史与文化积淀。比如，湖北人民出版社的历史可以追溯到1951年成立的中南人民出版社；长江文艺出版社成立于1955年；湖北教育出版社成立于1982年；专注于报刊出版的湖北长江报刊传媒（集团）有限公司可以追溯到1949年创刊的《湖北教育》编辑部；专注于音像出版的九通电子音像出版社有限公司成立于1993年，等等。2004年，长江出版传媒集团成立，成为区域性、国有性质的大型出版传媒文化产业集团。经历了转企改制，各个出版社发挥了更为积极的作用。

在集团组建之初，就已经将上市确立为发展战略中重要的一环。2009年3月，长江传媒完成转企改制，决定借壳上市。2010年12月31日，集团下属的15家出版业务子公司完成资产注入。2011年年报公布后，股票名称正式变更为"长江传媒"（600757）。[①]

四、经营模式

长江传媒集团的出版业务涉及专业出版、教育出版、大众出版与少儿出版，旗下出版社在不同的出版领域吸纳资源、打造核心竞争力。其中，湖北人民出版社擅长出版文史类书籍，长江文艺出版社擅长文学类图书出版，以"畅销+长销"作为经营方针。湖北美术出版社推出的美术高考类图书、美术教育类图书也得到了市场的认可。湖北长江报刊传媒集团以教育类报刊见长，旗下报刊《小学生天地》的年订阅量约为125万份。集团旗下各个出版单位的特点详见表14-2。

表14-2 长江传媒出版主业的子公司特点

出版社	出版版块	代表图书	出版特色
湖北人民出版社有限公司	社科综合类出版	《晚清财政说明书》	弘扬人文精神，打造精品力作，追求社会效益。
长江文艺出版社有限公司	大众读物出版	《朝花夕拾》《余秋雨散文》	拥有苏童、余华、余秋雨、二月河、方方、池莉、刘震云、王蒙、王小波、顾城、海子、舒婷、严歌苓、陈忠实、周国平、毕淑敏、刘墉、冯仑等知名作家。
湖北教育出版社有限公司	教材教辅出版	小学《品德与生活》和《品德与社会》、小学和初中《语文》、小学《英语》、小学《科学》、小学和初中《艺术》、高中《数学》	湖北省唯一同时具有教材出版资质和多套国标教材的出版社；旗下拥有少儿图书策划、制作和发行企业海豚传媒。

---

① 韩晓，冯海燕.长江出版传媒集团借壳上市 湖北文化产业第一股诞生.湖北日报，2012年1月19日第1版.

第十四章 长江出版传媒股份有限公司经营管理融合创新研究 | 经营管理融合创新篇

续表

出版社	出版版块	代表图书	出版特色
湖北科学技术出版社有限公司	医学类、科普类专业出版	"绿手指"系列园艺图书，"长江三峡工程技术丛书"	较早实行独立经营；旗下拥有非洲公司。
长江少年儿童出版社（集团）	少儿出版	《杨红樱画本·校园童话系列》，《曹文轩画本》	控股子公司包括全国国有文化企业第一家幼教类新三板公司爱立方儿童教育传媒、国内知名的混合所有制儿童文化服务品牌海豚传媒、在上海设立的致力于国际顶尖育儿教育拓展的安柏教育公司、在北京设立的聚焦于高端优质内容资源整合的智慧树公司等。
湖北美术出版社有限公司	美术类专业出版	《中国法帖全集》（17卷）、《中国古版年画珍本》（11卷）、《图说中国非物质文化遗产·中国最美》（2辑18册）	旗下拥有湖北嘉宝艺术有限公司。
崇文书局	工具书、文化典籍的出版	《汉语大字典》《中华成语全典》《新编学生字典》	具有深厚的历史文化底蕴，原名湖北官书局，是晚清全国著名的四大官办书局之一，2002年正式更名为崇文书局。

资料来源：作者根据公开资料整理。

根据开卷数据，长江传媒集团的市场占有率表现良好。2016年，集团在全国实体书店中的市场份额为3.20%，排名第4位。在网店销售中也有不错的市场表现。

在发行业务方面，长江传媒旗下整合了专注于发行业务的湖北省新华书店（集团）有限公司。湖北省新华书店是区域性的中盘商，是湖北省规模最大的国有图书发行企业。截止到2016年年底，省新华系统已建成77家发行分公司、270家营业网点（数据来自集团2017年年报），其连锁公司能够覆盖到全省各市县。如图14-3所示。

资料来源：湖北省新华书店（集团）有限公司官网。①

图 14-3　湖北省新华书店（集团）有限公司的分销渠道

五、财务表现

综合近三年的数据来看，长江传媒集团的表现良好，2015—2017 年的营业收入均在 110 亿元以上。其中，2016 年的年营业收入达到 137 亿元，与同期数据相比增长 15%。2017 年的年营业收入为 112 亿元②。长江传媒集团净利润连续三年上升，在 2015、2016、2017 年的表现分别是 2.3 亿元、4.8 亿元和 6.3 亿元，上升的幅度较快。详见图 14-4 所示。

分产品来看长江传媒 2017 年的财务表现，图书出版业务共占比 34%，其中教材教辅类营收 29.2 亿元，占比 23%；一般图书类营收 14.6 亿，占比 11%。除了出版主业，大宗贸易、印刷等物资贸易所占营业收入比重较大，分别是 34% 和 25%。详见图 14-5。

---

①　湖北省新华书店（集团）有限公司—集团概况—分销渠道．详见网页 http://www.etjbooks.com.cn/list.aspx?NodeID=46.

②　根据 2017 年年报，2017 年数据较去年同期有所下降，主要是由于大宗贸易和其他物资贸易的规模压缩了 30 亿元。如果剔除该因素的影响，出版与发行主业收入较去年同期增长 6%。

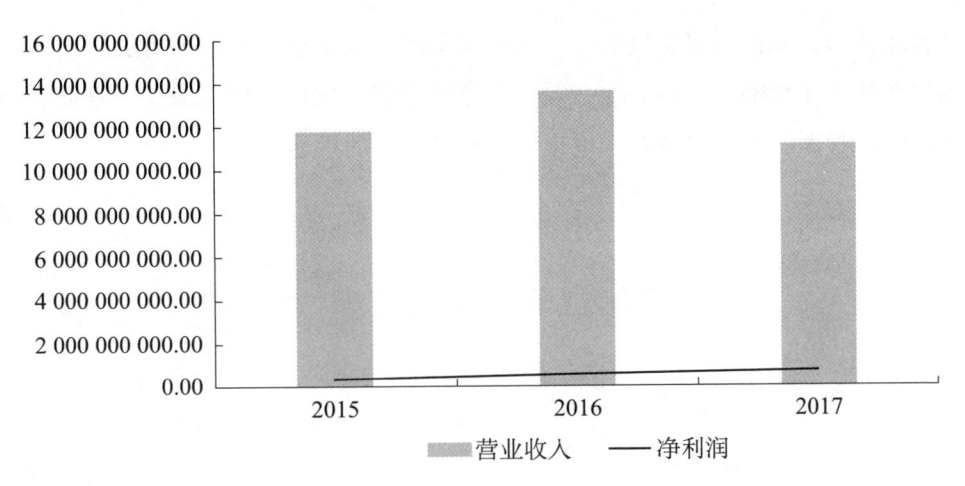

资料来源：作者根据集团2016、2017年年报制图。

图14-4 长江传媒集团2015—2017营业收入与净利润

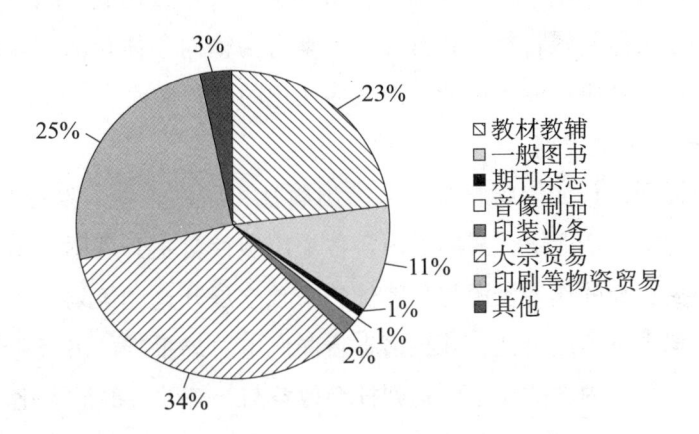

资料来源：作者根据2017年年报制图。

图14-5 长江传媒集团2017分产品营业收入

六、集团上市带来机遇

长江传媒抓住了上市机遇，由此取得长足的发展。长江传媒的上市过程经历了重重磨难，以"三步走"的方式最终完成了借壳上市。第一步是转企改制，即遵循我国新闻出版业转企改制的要求，将原有的事业单位性质转变为国有企业；第二步是人才安置，在改制中将员工的身份转变为"企业人"；第三步是借壳进行整体上市。改制、上市的过程持续了多年，其中牵涉许多资产的产权问题，以及原独立法人资格的注销重组问题。集团的整体上市进一步释放了企业活力，不但可以募集资金，还可以运用更加灵活、创新的方式进行出版物生产和人才激励。上市企业必须公开经营状况，这样也可以激励企业制定更为科学的管理制度，对企业来说提供了长足发展的机遇。

第二节 集团管理

一、集团扩张战略

长江传媒集团的扩张战略充分体现了一体化经营的思路。长江传媒集团的业务涵盖了出版、印刷、发行与物资贸易，这几大业务构成了纵向一体化的产业链。此外，长江传媒将数字教育等业务整合为横向一体化的产业链，并且投资了地产产业、健康产业等产业，形成多元化的经营局面。

1. 纵向一体化战略

上文中提到，长江传媒整合了多家出版社、印刷企业、发行与物流企业，形成了完整的出版产业链。集团之内，各个出版社自主开展图书出版工作。各个出版社根据自身的作者资源与品牌优势来独立展开选题策划。图书选题在各个出版社内部进行多层论证，并提请省新闻广电总局批准。出版业务的相对独立，可以避免集团内部的竞争，达到社会效益与经济效益的最大化。

集团旗下的新华印务有限公司为出版物的印刷业务提供了有力支撑。整合后的新华印务拥有较强实力，总资产4.3亿元，能够实现现代化的印刷管理。集团内的出版物主要委托新华印务有限公司印刷，当然，各出版单位也可以自主选定印刷厂，以保证图书在生产高峰时期的图书供应。湖北长江出版印刷物资有限公司则为印刷物资提供支持，其经营范围包括批零兼营纸张、印刷机械及配件、印刷器材、造纸材料与纸张加工等。

湖北省内的发行业务主要由湖北省新华书店承担。省新华书店随着长江传媒整体上市，其组织架构详见图14-6。

集团内各个出版社与省新华集团属于非排他性的上下游关系，集团内出版社出版的图书不仅由湖北省新华书店代理经销，也可与其他代理商合作。湖北

第十四章　长江出版传媒股份有限公司经营管理融合创新研究　|经营管理融合创新篇|

省新华书店既可以经销集团内本版图书，也可经销其他出版社的产品。

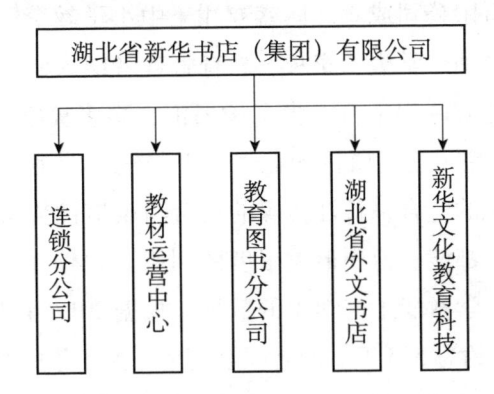

图 14-6　湖北省新华书店（集团）有限公司组织架构图

资料来源：作者根据公开资料整理。

除了上述的传统出版产业价值链，长江传媒也借助技术的力量，用数字出版业务来延长出版产业链。长江传媒集团于 2009 年成立了名为"长江数字公司"（下文称长江数字）的全资子公司。"长江数字"的主营业务包括两个方面：一方面依托长江传媒的出版资源，帮助传统出版业务开展数字版权运营；另一方面，"长江数字"也运营原创数字内容，包括以数字阅读与原创文学为主的长江中文网、以微信公众号阅读为主的"书香＋"微阅读等等，并以此生产自有的原创内容，为挖掘有潜力的 IP、进行全版权运营奠定基础。将数字出版纳入体系的纵向一体化战略，既可以从内容源头上挖掘有潜力的作者资源，又可以为图书内容寻找纸质图书之外的载体与分销渠道，让优质内容不再局限于传统出版与发行。从这个意义上说，长江传媒对数字出版业务的创立与整合，让传统意义上的产业价值链得以延长。

2. 横向一体化

长江传媒整合了专注于中小学教育的博盛数字教育，以及专注于学前教育的爱立方，这是长江传媒在横向一体化扩张战略上的典型表现，即将同一阶段、不同优势的企业联合起来共同发展。

教育类出版与在线教育、数字教育业务处于生产链同一阶段、不同类型，长江传媒集团的优势在于出版主业，其拥有大量优秀的内容与强大的渠道，也有比较强大的品牌效应。长江传媒集团对数字教育业务进行整合，既可以发挥资金、资源与渠道优势，又可以直接切入垂直市场，对细分领域精耕细作。

2012年，由长江传媒与湖北省教育厅教育信息化发展中心合资组建的湖北博盛数字教育服务有限公司成立。博盛专注于中小学教育，运作了多个数字教育项目，将中小学教师、学生、家长、教育管理者纳入同一个社区。这些项目包括：多多社区、地方课程平台、多多读书汇、多多翼学通（手机）、教师派（教师助手）硬件产品。这些项目涵盖了线上与线下业务、虚拟社区与硬件产品。通过横向一体化的整合，长江传媒的资金与渠道优势与湖北省教育信息化发展中心的数据资源都能够得到最大限度的利用。省教育信息化发展中心已经积累了覆盖全省中小学教职工与学生的数据。根据2017年年报数据，目前多多社区的实名用户数量约为515万。两者联合起来，为业务扩展提供了必要支持。

爱立方儿童教育传媒股份有限公司是长江传媒集团横向一体化的又一案例。爱立方专注于学前教育，研发的产品体系包括幼儿园课程、幼儿园教具、幼教云平台和连锁幼儿园（2013年开展）。爱立方由长江少儿社控股，长江少儿社也以此为契机进军学前教育服务，探索文化教育的前沿领域。

3. 多元化

长江传媒集团的多元化经营涉及国际贸易、地产产业、健康产业等，新恒基长江（武汉）国际贸易有限公司即是多元化经营战略的产物。新恒基（武汉）由香港新恒基国际集团与长江传媒共同出资成立，业务涉及石化产品、橡胶、农副产品等。该公司的组织架构如图14-7。

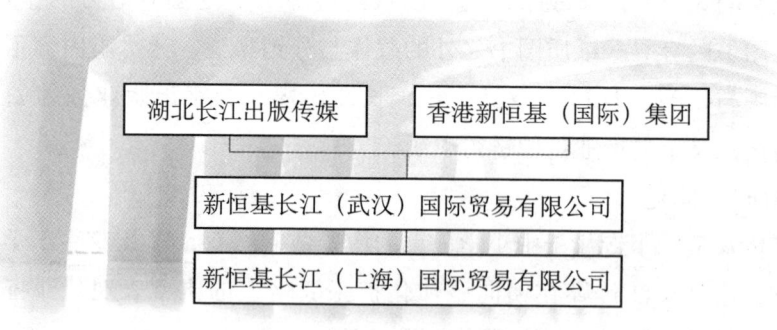

资料来源：新恒基长江（上海）国际贸易有限公司官网。①

图14-7 新恒基长江国际贸易有限公司组织架构图

① 新恒基长江（上海）国际贸易有限公司组织架构．http://www.shcj-wh.com/index.php?a=lists&catid=26.

企业的多元化经营，可以使企业在与其他产业的合作中探索新的发展模式，培养专业的人才队伍。

二、集团财务管理

1. 财务管理制度

根据长江传媒 2013 年 11 月公开的《财务管理暂行办法》，应按照产权明晰、权责明确、政企分开、管理科学的要求，建立现代企业制度和财务权力体系。长江传媒集团将"建立健全股份公司内部财务管理制度""确保资产保值增值"视为集团财务管理的基本原则和主要任务。①

长江传媒在资金管理方面有着明确的规定。对资金的使用实行审批制度，要求旗下各公司遵守"先生产经营、后消费"的原则。这样可以落实科学的财务管理制度，明确审批权限，旗下各个子公司也可以据此合理安排资金的支出。

在成本管理方面，长江传媒实行对成本的细化核算。值得一提的是，集团要求："一般出版物要按品种分版（印）次设置明细账卡核算，教材、教辅要按季、品种设置明细账卡核算，期刊按品种分期次核算。"② 这样可以根据不同类型出版物的特点明细核算，便于随时跟踪各种出版物的盈利情况。此外，长江传媒严格控制成本和支出，从出版选题环节开始，预测图书的成本、销售量和利润，并根据测算的经济效益决定出版主题。在材料采购、印刷、装订等支出方面，注重成本控制，注重对成本管理的制度建设，比如明确规定编辑不可领取本人责编出版物的稿酬、禁止合作出版物在出版社体外循环等等。

2. 财务战略

从财务战略的层面来看，长江传媒非常重视股权投资，并取得了良好的收益。

根据 2017 年年报数据，2017 年报告期内，长江传媒的股权投资约为 3.6 亿元，比去年同期增长了 203%。长江传媒通过并购重组、投资新设、股权投

---

① 长江出版传媒股份有限公司资产管理办法. www.cninfo.com.cn/finalpage/2013-11-28/63310207.PDF.

② 长江传媒：财务管理暂行办法. http://stock.jrj.com.cn/share,disc,2013-11-28,600757,00000000000008mxzg.shtml.

资、对全资子公司增资的方式,对图书出版发行、期刊出版发行、国际文化交流等业务进行投资。从年报数据看,长江传媒的重大股权投资成长性良好。如表14-4所示。

表14-4 集团主要控股参股公司

序号	被投资单位	持股比例（%）	期末账面价值（元）	期初账面价值（元）
1	北京长江新世纪文化传媒有限公司	39.10	33 064 395.76	33 357 362.85
2	心喜阅信息咨询（深圳）有限公司	50.00	13 487 289.83	11 769 059.79
3	西苑出版社有限公司	50.00	28 715 655.13	0.00

资料来源：长江传媒集团2017年年报。

此外,长江传媒集团还投资了若干与出版主业相关的项目,包括对《湖北安全生产》期刊的投资、对经营图书批零的九丘实业有限公司的投资；对非出版业务的投资也有涉足,比如对湖北银行股份有限公司的金融类业务的投资。除此,还有对长江国际传媒（伦敦）有限公司的投资等国际文化交流业务。

三、人才管理

1. 人才培养机制

我国的出版机构经历了转企改制和股份制改造,如何最大程度地发掘与激励人才一直是重大命题。长江传媒集团在人才管理工作中摸索出一条适宜的路径。集团在上市前,已经完成了工作人员的身份转换。在上市后的新阶段,集团逐步建立了更为规范的人才培养机制。

首先,在人才的招聘环节把好关。集团一般采用两种人才招聘渠道：其一是秋季的应届毕业生招聘,为企业发掘刚刚迈出校门的潜力人才；其二是春季的社会招聘,招揽有工作经验的成熟人才。其次,根据能力用人,充分发挥薪酬激励的作用,将薪酬向工作一线、管理一线倾斜。为配合"项目制""社中社"的出版创新机制,在薪酬管理上提供支持,对重点策划的出版项目,在出版社内部设立首席编辑工作室,大胆地选拔任用"首席编辑"。最后,在全员层面进行有针对性的培训,帮助员工做好职业规划。目前,集团正在实施"十百千人才培养计划",重点培养传统产业和新兴产业的10名领军人物、100名精英人才和1 000名骨干人才。对人才分层次、有重点的培养,可以为人才梯队建设提供有效的支撑。

2. 人才战略

长江传媒集团以出版为主业，除了重视编辑队伍的人才建设与人才培养以外，还必须将作家培育、作者维护视为重点工作。这是可以提升到人才战略高度的命题。

作者资源是十分重要的人才战略资源，长江传媒集团给予了相当高的重视程度。以集团旗下的长江文艺出版社为例，该社与苏童、余华、余秋雨、毕淑敏、刘墉、冯仑等许多知名作家、出版名家名作。这是打造畅销书的有力保障。随着对数字出版业务的投入增加，集团在维护知名作家的同时，还启动了"草根作家培养计划"，即以长江中文网为平台，对有潜力的作者进行培育，为网络原创文学、进而为 IP 孵化提供保障。截至 2017 年，长江中文网已经培育了 3 名"主神"级作家，10 名"大神"级作家，还有 200 名重点作家和中坚层作家。长江中文网指导新驻作者的创作，并用提高千字稿酬的方式激励作者创作精品。随着数字出版与全版权运营模式的兴起，原创作者在网络平台上逐渐拥有更为强大的影响力和品牌效应。

一般来说，企业的生产要素离不开"人、财、物"，生产环节离不开"供、产、销"，具体到出版经营企业，则表现在"编、印、发"的环节上。出版业是比较古老的产业，具有悠久的历史，然而随着数字技术的发明和普及，出版产业焕发了新的活力。

长江传媒始终围绕着图书出版"编、印、发"的主产业链，在各环节上有所延伸发展。比如，在产业链上游的内容生产中，既保持传统的图书出版业务，又顾及对存量内容的数字化传播，以及原创数字内容的整合与分发，形成了数字出版的自有产业链。在图书印刷的环节上将大宗消耗品的供给也纳入到产业链中来，在发行环节上涉及现代物流和综合贸易。总体来看，长江传媒已经形成了多产业链运营的庞大体系。

第三节 长江传媒的经营管理之道

湖北长江出版传媒集团能够达到这样的规模与效益，其原因有外部因素也有内部因素。从外部的政治、经济因素来看，我国"十三五"规划提出，到"十三五"期末，文化产业将成为国民经济的支柱产业，这对身在其中的长江传媒集团来说是利好的外部因素。内部因素也是不可忽略的，集中表现在长江传媒对营销理念的贯彻，以及对管理战略的布局规划方面。

一、营销理念贯穿全产业链

1. 准确切分细分市场，打造精品力作

长江传媒集团的市场意识、竞争意识很强，经过多年的调整与发展，目前各个子公司已经形成比较明确的细分市场，并能够在各个细分市场上出版精品力作。根据2017年的开卷数据，湖北美术出版社在美术出版细分领域的市场占有率排在第一位，长江少年儿童出版社在少儿出版细分市场排名第二位，长江文艺出版社在文学细分领域排名前三位。

目前，集团旗下各出版社已经形成了独特的出版特色与品牌优势，多年以来积累了许多知名度高、有代表性的出版物，在读者群体中颇受认可。比如长江文艺的《致教师》、《致成长中的你——十五封青春书简》、湖北教育出版社的《中国教育改革》10卷丛书，等等。

集团旗下多个出版社打造的系列图书也已经获得了市场认可，拥有一定的知名度。例如，湖北人民出版社的《朝读经典》系列、湖北科技社的园艺类图书、崇文书局的"崇文馆"系列、九通社的"九通早教"，等等。各个出版社在细分市场上形成独特的品牌优势，既可以避免集团内部的同质化竞争，又可以依托集团的平台，发挥规模经济的优势。

长江传媒集团旗下各出版社的出版特色不尽相同，长江传媒集团综合布局，非常重视对出版特色的打造，并依据出版特色，实施"一社一品"的战略。各个出版社的精品力作为出版品牌的塑造起到了重要作用。崇文书局的"一社一品"项目图书包括古典诗词产品线、中国古典文学产品线；湖北科技出版社的"一社一品"项目图书是"绿手指"园艺图书；湖北人民出版社设置了文史（《荆楚文库》）编辑部，承担"一社一品"图书的选题策划工作。长江传媒集团在管理制度上将人力、财力向重点出版物倾斜，重点扶持精品力作。

2. 官网即网店

营销理念在长江传媒集团中贯穿始终，最直观的体现就在于集团旗下各个出版社的官方网站。官方网站是集中展示畅销图书、新版图书的阵地，长江传媒旗下出版社不仅在官网的重要位置展示重点图书，还用二维码的形式显示天猫官方旗舰店的入口，下单购买非常方便。对用户来说，体验到官网即网店，既可以增加品牌黏性，又可以提高购买的可能性。

以湖北人民出版社为例，在该出版社的官网上，读者、作者、编辑互动的多种入口集中"亮相"。其中，微淘主页、官方微信公众账号的二维码在网页两侧用浮动广告的形式展示，"湖北人民出版社爱读"官微在网页右方展示，天猫旗舰店的入口用横幅旗帜广告的形式展示，并同时展示本社图书《影响中国的 480 天》。详见图 14-8。

资料来源：湖北人民出版社官方网站。

图 14-8　湖北人民出版社官方网站截图

以社科文艺、当代文学出版为主的长江文艺出版社，更是将重点出版物的打造放在重要地位。在 2018 年 8 月，长江文艺出版社的官网用浮动广告、旗帜广告、滚动广告等多种形式来展示《左宗棠》《林清玄散文精选》《20几岁决定女人的一生》等重点图书。

二、集团管理战略

从企业全局的、长远的发展方向、目标以及资源调配的角度分析，就需要提高到管理战略的层面。长江传媒集团的管理战略清晰，取得了显著效果。

1. "出版+"战略

长江传媒集团以出版为主业，并依托出版资源，整合数字技术、实体经济等，增加附加值。"出版+数字技术"的战略在各个业务领域内均有所体现。集团将 AR（增强现实）、大数据、云计算、人工智能等前沿技术融入到出版与管理中，让技术为内容服务。比如，长江少儿出版社推出了微课视频、APP产品；湖北美术出版社运用 AR 技术开发的"手绘中国"全媒体出版项目，等等。长江传媒集团提出的"融出版"的理念，将出版与数字技术有机融合，在管理上做到了融合创新。出版业务提供内容基础，数字技术则为出版的内容生产、分发、传播起到了促进作用。

"出版+实体经济"是"出版+"战略的另一个方面。通过将出版业务与相关联的实体业务整合在一起，集团的产业链得以扩展，并因此形成了新的经济增长点。不仅如此，集团依托现有业务，也在积极探索"出版+设计服务业""出版+旅游业""出版+教育产业"等多种模式。

2. 社会活动提升品牌效应

长江传媒集团非常重视开展社会活动，以此提升旗下各个出版社的品牌知名度。湖北科技出版社在 2017 年发起了"绿手指·墨尔本园艺之旅"，以旅游为切入点，吸引相关人群进行中外文化交流。出版社发起的旅游项目极具文化特色，既为出版社开创了新的经济增长点，同时也是对"绿手指"园艺出版品牌的传播，更是让出版与文化产业更加融合。湖北科技出版社还曾举办"北海道园艺研修之旅""非洲坦桑尼亚亲子之旅"等。

湖北教育出版社依托教育出版的资源，在教师、学生群体中拥有广泛的社会影响力。自 2006 年起，湖北教育出版社连续 11 年举办了青少年爱国主义读书教育活动，传递积极向上的价值观。2017 年读书教育活动的主题为"诚信友善，伴我成长"，在社会活动中宣扬了社会主义核心价值观。在中小学生群体中，湖北教育出版社举办了"中国好字帖"汉字书写大赛；在教师群体中，举办"长江教育杯"微课大赛，等等。通过社会活动，湖北教育出版社提升了品牌效应，使出版品牌的美誉度得以提高。

  长江传媒集团重视并坚守出版主业的同时，注重对整体产业的经营管理。长江传媒通过投资、并购等手段，整合多元化产业与新兴产业。经过产业结构的调整，已经形成了出版主业与国际贸易、文化地产、旅游文创、文化金融协同发展的有利局面。

第十五章 融汇与联动：江苏卫视创新发展之路的实践与思考

郭新茹[①] 王 娜[②] 康璐玮[③]

近年来，随着信息传播技术的飞速发展，以互联网、移动互联网为代表的新媒体迅速崛起，传统媒体原有优势地位受到冲击，电视行业的转型升级迫在眉睫。在媒体融汇创新的产业背景下，如何推动传统电视媒体与新兴媒体在经营、内容与体制机制等方面实现优势互补、深度融合，这一问题亟待解决。作为中国十大卫星频道之一，江苏卫视在媒体融汇创新的探索发展中走在国内前列。自2014年以来，江苏卫视坚持以"幸福中国"为品牌定位，在媒体融汇创新实践中积极进行体制机制改革，整合优化平台内外部资源，在节目形式与内容上寻求创新突破，不断实现高位跨越。具体而言，江苏卫视通过建立"云·组团·多终端"新型传播体系，扎实建设荔枝云平台；拓宽IPTV、江苏动视、荔枝新闻、江苏广播网、荔直播等新兴传播渠道；创新内容形式，推动多屏互动等多方面实现传统媒体与新媒体、线上与线下、"大屏"到"小屏"的融合协作，从而构建多层次、立体化的传播格局。在此，本文通过分析江苏卫视在传统媒体与新媒体融汇创新方面的探索与实践，梳理其发展模式及特点，以期对国内传统电视媒体的转型与发展提供一定的经验借鉴。

[①] 郭新茹，产业经济学博士，南京师范大学社会发展学院副教授，主要研究方向为文化产业价值链。
[②] 王娜，民俗学硕士，南京师范大学社会发展学院，主要研究方向为文化产业与新媒体运营。
[③] 康璐玮，文化产业管理本科生，南京师范大学社会发展学院，主要研究方向为媒介融合实践。

第十五章 融汇与联动：江苏卫视创新发展之路的实践与思考 | 经营管理融合创新篇 |

第一节 江苏卫视融汇发展实践

近年来，媒体融合已逐步成为传统媒体转型升级的主流趋势。江苏卫视坚持"推进传统媒体与新兴媒体融汇发展"战略，以渠道融合与平台联动作为融汇发展实践的重点，不断进行探索创新，并取得了一定成效。一方面，江苏卫视积极构建"云·组团·多终端"新型传播体系，推动形成全媒体平台融汇网络；另一方面，在电视内容的生产创作、发行、传播与评估过程中，江苏卫视灵活运用新兴媒体，推进传统媒体与新媒体联动发展，逐步实现深层次的台网融合一体化运作，构建起以新兴媒体与传统媒体协同发展的广电产业生态圈。

一、融汇：全媒体创新发展之基

江苏卫视以融汇创新为基点，依托传统电视媒体的技术、内容与人才优势，打造"云·组团·多终端"新型传播体系，构建融合共通、协同联动的全媒体传播格局（见图15-1）。

云 — "荔枝云"平台
组团 — 全媒体矩阵
多终端 — 集成多终端

图15-1 江苏卫视"云·组团·多终端"传播体系简图

1. 云："荔枝云"平台

"荔枝云"平台是指以云计算、大数据等现代信息技术为基础打造的广电"媒体云平台"，该平台在满足传统业务需求的同时，也为新媒体业务提供统一的内容支撑、技术支持、数据分析与运营计费等服务，为江苏卫视融合创新发展提供有效支撑。其一，"荔枝云"平台的建设打通了台内外信息流通渠道，记者可运用多种应用工具，高效迅捷地挑选新闻素材、编辑加工内容、传输发布节目。例如，2016年全国"两会"期间，荔枝云引入"外场新闻报道""新闻直传""移动审核"等服务，支持采访记者即时通过智能手机、PC 端进行文稿编辑、传片与审稿，有效地提高了新闻资讯传播效率。其二，江苏卫视将"荔枝云"平台与全媒体演播室相结合，借助虚拟场景还原新闻事件，把互联网信息流导入节目生产制作网，利用在线包装系统的渲染与交互能力将信息数据即时呈现给观众。其三，"荔枝云"平台在将节目资讯、片花、成品节目等内容通过云端发布到相应的播出系统与社交媒体的同时，发起话题讨论与观众投票，与观众实现即时交互，为全媒体、全即时、全互动的立体传播格局奠定了技术基础。

2. 组团：全媒体矩阵

"组团"是指以互联网主站、相关频道频率栏目、平面媒体和客户端为主的全媒体组团。这一"组团"模式将卫视内各种分散的媒体平台进行资源整合，使其形成业态多样、相互协同、高度融合的矩阵。其一，该"组团"将江苏网络电视台作为资源整合的重要平台，集视音频点播、新闻报道、电子商务与互动交流为一体，同时为《非诚勿扰》《零距离》等60套优质王牌节目提供官网及官方讨论版的网络入口。其二，该"组团"将移动互联网客户端作为提升卫视影响力的主要抓手，在加强跨屏互动的同时，提升用户黏性。例如，2012年，江苏卫视"乐享电视"社交互动平台上线，用户可在收看节目直播的同时，通过参与话题、主持人互动、发表评论等方式进行实时互动；2013年，江苏卫视推出"荔枝新闻"手机客户端，上线后其日浏览量突破千万次，有效发挥了江苏卫视的舆论引导与价值引领作用。其三，该"组团"通过打造一批高质量与高影响力的微博微信官方账号，有效增强了江苏卫视网络话语权。目前，江苏卫视官方微博已拥有458万粉丝，培养了一批忠实的"荔枝"粉。

3. 多终端：内容集成渠道

"多终端"是指江苏卫视面向电视频道、互联网、移动互联网、平面媒体、户外大屏等多终端进行内容发布的集成渠道，该渠道在强化内容优势的基础上扩大传播覆盖率。江苏卫视利用多终端集成渠道，可将节目第一时间发到IPTV、江苏动视等多个终端平台进行共享，打造江苏卫视新闻节目的"中央厨房"，达到"一鱼多吃"的效果。当前，江苏卫视多个终端平台已经建设完善，在省内外均已形成较高影响力。2008年，以公交、地铁业务为主的移动电视频

第十五章　融汇与联动：江苏卫视创新发展之路的实践与思考 | 经营管理融合创新篇 |

道"江苏动视"上线，现阶段已在南京主城区的公交、地铁线路达到100%全覆盖，在无锡、苏州等省内市场也达到一定规模；2010年，江苏地面数字电视获准立项，目前已完成二期工程；2012年，江苏卫视IPTV上线，为江苏广电总台14个频道60套电视节目、10大频率广播节目提供在线直播和点播服务。整体来看，江苏卫视通过多终端集成渠道，全方位整合电视、广播、平媒、互联网、移动互联网等多种媒体形式，最终实现传播渠道融汇共通。

二、联动：全媒体价值延伸之路

江苏卫视在保留电视媒体自身媒介属性的基础上，凭借新兴媒体优势，通过电视节目的网络化创作、电视IP的新媒体延伸与评估体系的跨屏化建设，在电视内容创作、生产、传播与评估过程中积极推进电视媒体与新媒体进行优势互补，联动创新。

1. 电视节目的网络化创作日益明显

江苏卫视在内容制作中打通传统媒体与新兴媒体的联接渠道，积极应用新媒体技术，改变单一、线性的采编传播方式，不断探索台网联动发展新模式，并在电视节目的网络化创作方面取得初步成效。一方面，在电视节目中植入网络互动形式。例如，2016年，乐视网推出的《我要上蒙面》以网络海选、直通电视的方式为江苏卫视《蒙面唱将猜猜猜》节目吸引了大批网络用户，同时为《蒙面歌王》第二季提供了收视保障；另一方面，开创跨屏即时互动新形式。例如，2018年江苏卫视将网络直播答题与益智类王牌节目相结合，打造跨屏答题节目《百万英雄来烧脑》，为《最强大脑》品牌栏目提供了更为丰富的互动形式。这一节目在引发更多圈层用户关注的同时，也创新了"大屏"与"小屏"跨屏合作的新模式。

2. 电视IP的产业化发展不断深入

目前，江苏卫视已打造了《非诚勿扰》《我们相爱吧》《蒙面歌王》等系列王牌综艺IP。现阶段，江苏卫视积极与网络新媒体展开合作，以开发衍生品等方式延伸综艺品牌产业链，推动综艺IP价值最大化。例如，2017年，江苏卫视《我们相爱吧之爱有天意》与网易严选合作推出以"黑凤梨"命名的爱恋主题系列产品，借助网络进行推广发售；此外，江苏卫视通过吸收外部资源IP，对自身原创节目进行包装与创新。例如，2017年年初，在电影《摆渡人》

大火之际，江苏卫视与王家卫、梁朝伟合作打造的情感类节目《时空摆渡人》创下了业界之先，该节目为电视 IP 的产业化延伸提供了新思路。

3. 跨屏评估体系建设日趋完善

随着电视节目内容生产方式与传播平台的多样化发展，电视"观众"与互联网"用户"之间的界限越来越难以区分，多屏同源的多级传播格局正在形成，对于效果精准评估的要求也与日俱增。江苏卫视在保证收视率评估准确性与科学性的同时，积极探索跨屏评估体系建设，如与泽传媒等数据公司进行合作，参与"省级卫视全网传播融合力指数"等榜单的评定，将外部竞争引入内部竞争，将用户标准融入观众标准，将观众标准当成内部评价标准，在完善评估体系建设的基础上，提高市场反应速度与效率。

第二节　江苏卫视融汇发展存在问题

江苏卫视在探索媒体融合的进程中起步较早，建设了"云·组团·多终端"新型传播模式，积极推进台网融合一体化联动发展，虽已取得了一定成绩，但囿于传统媒体自身定位与缺乏借鉴经验，江苏卫视在探索实践的过程中仍存在一些不足。目前，江苏卫视在融合发展过程中存在的问题主要体现在以下三个方面。

一、台网融合深度不足

江苏卫视在推进传统媒体与新媒体融汇发展、进行战略转型的过程中，仍存在台网融合深度不足的问题。一方面，江苏卫视囿于自身定位，其新兴媒体发展仍依附于传统媒体，难以独立发展壮大。以江苏网络电视台官方网站"荔枝网"为例，其主要内容仍为电视节目资讯与窗口新闻，缺乏核心竞争力。另一方面，为扩大卫视节目的影响力与收视率，节目组往往选择与实力较强的视频网站直接合作，而给予网络电视台资源较少，这在一定程度上削弱了网络电视台的市场竞争力，使其难以形成独特的竞争优势与实现深层次的产业融合。因此，实现高质量的媒体融合需要台网双方相互促进，协同发展。

二、内容衍生产品成本较高

随着爆款综艺 IP 的不断涌现，发行内容衍生产品是卫视实现综艺价值最大化、延伸综艺产业链的重要途径，然而，在江苏卫视探索衍生产品开发的过程中，仍存在生产成本较高、投入产出比较小等问题。一方面，内容衍生产品的市场表现存在偏差。例如《我们相爱吧之爱有天意》与网易严选合作推出的"黑凤梨"系列产品，虽然在短时间内引起了大众关注，但其实际销量并不可观。另一方面，目前卫视仍未建立专门化的内容研发部门，衍生产品开发成本较高。因此，如何在有限成本情况下，形成一系列与 IP 主题紧密相关、与市场需求相符合的新产品，是江苏卫视在探索延伸综艺全产业链过程中亟待解决的问题。

三、媒体融合复合型人才较为缺乏

在媒体融合复合型人才建设方面，江苏卫视的现有人才储备较少。随着传统媒体与新兴媒体的深入融合，互联网新媒体运营维护人员、管理人员、复合型记者等岗位人才需求较大，而传统媒体的从业人员难以满足新媒体对于传媒人才的需求。目前，江苏卫视内部员工仍以传统媒体单位的记者、编辑居多，而既能掌握媒体技术、又具备互联网思维与产品运营能力的复合型人才偏少。因此，如何引进与培养融媒体复合型人才、增强全台员工的媒体融合意识、提升员工媒体融合技术水平，是广电媒体在人才建设方面面临的主要问题。

第三节 江苏卫视融汇发展的特点

江苏卫视的融合发展模式主要是以完善管理机制为基础、联动媒体运营为支撑、创新内容生产为主力，三者相辅相成、共同发力，最终形成广电媒体与新兴媒体融汇联动发展的传媒产业生态圈。其融汇联动模式的特点具体体现在以下三个方面。

一、内部管理与外部监督互为表里

作为最早推行体制机制创新改革的广电媒体之一,江苏卫视在融合发展过程中实现了内部管理与外部监督互为表里。科学合理的内部管理体制为激发江苏卫视活力与创造力提供了基础保障;规范有效的外部监督机制是江苏卫视增强用户黏性、提高媒体竞争力的有力支撑。

在内部管理方面,江苏卫视创立的项目经理人制度效果显著。该制度主要服务于电视剧、综艺节目、大型活动等项目的品牌推广,每一项目以公开招标的形式确定项目经理人,项目经理人全权负责包括方案拟定、任务分配、宣传推广、财务预算决算等在内的所有项目工作,从立项到结案均实行流程化管理。同时,该制度配套规范合理的考核标准,根据项目执行结果对项目团队人员进行考核,奖惩分明的考核结果也为形成良好的激励机制奠定了基础;在外部监督方面,江苏卫视引入外部市场评价标准,开通卫视与观众之间的互动渠道,推出微博、微信、"乐享电视"等社交互动平台,注重用户的评价与反馈,在正视市场竞争压力的基础上提升产品内容品质,以提高用户忠实度、增强用户对平台的黏性。整体来看,江苏卫视在激励机制、评价标准、管理架构等方面的创新与实践,一方面为改善内部运营环境提供了制度保障,另一方面也为江苏卫视实时把握动态竞争市场、提高市场反应速度奠定了架构基础,是传统广电媒体进行体制机制创新的一次有效尝试。

二、传统媒体与新兴媒体相辅相成

在媒体融合发展过程中,江苏卫视不断推进传统媒体与新兴媒体的联动合作,已逐步形成传统媒体与新兴媒体相辅相成、互利共赢的发展局面。一方面,江苏卫视继续巩固传统媒体的比较优势,与新兴媒体相比,电视媒体拥有专业的内容生产机构,覆盖成本较低,且具有较高的公信力与影响力。因此,江苏卫视充分利用广电媒体资源,打造出《人间正道是沧桑》《非诚勿扰》《我们相爱吧》等高品质剧目与综艺,并依托爱奇艺、腾讯、优酷等互联网平台提高播放量,通过传统媒体为新兴媒体提供内容支撑的台网联动发展模式,为江苏卫视在全国省级卫视中保持一线方阵提供有力支撑;另一方面,江苏卫视不断拓展新兴媒体阵营，打造"云·组团·多终端"新型媒体传播体系，"云"体系即指以"荔枝云"为基础平台，统筹全台范围内的内容生产、集成与传播等，推进全媒体平台联动发展；"组团"即指以相关频道栏目、互联网平台、客户端等为主体，形成业态多样、协同发展的全媒体组团。目前，江苏卫视推出的相关媒体主要有江苏网络电视台、荔枝新闻、无线江苏、手机视讯等；"多终端"即指充分利用平面媒体、频道、频率、移动电视、互联网、户外大屏等多种终端媒体，强化内容集成力度。整体来看，江苏卫视推行传统媒体与新兴媒体联动发展模式，实现了两者优势互补、兼容并存。

三、模式引进与本土化研发同步发力

在内容制作上，江苏卫视坚持模式引进与本土化研发同步发力。在本土化研发方面，江苏卫视坚守"责任塑造形象，品质成就未来"的办台理念，充分挖掘内容资源，加大创新力度，策划了系列高品质作品，如纪录片《你所不知道的中国》、大型新闻行动《文化江苏采风行》、周刊栏目《看文化》等在展示文化魅力的同时也提升了卫视品牌影响力。此外，《非诚勿扰》《我们相爱吧》等自制综艺节目在搭建"幸福"品牌系列的同时也增强了卫视核心竞争力。在模式引进方面，江苏卫视在借鉴国外优秀节目元素的基础上，融入本土化元素，根据卫视定位、受众需求、地域文化等探索适应卫视发展的原创模式，为放大卫视市场品牌价值做出了诸多尝试，如《最强大脑》《一站到底》《蒙面歌王》等节目将国外模式本土化，形成差异化竞争优势，均取得了较高影响力。

第四节 江苏卫视融合发展的启示

江苏卫视在传统媒体与新兴媒体融汇与联动方面取得了一定成绩，特别是在体制机制创新改革、打造特色品牌、台网融合一体化、构建完整产业链等方面形成了一定的发展模式与经验，这对中国其他广电媒体的发展具有一定的启示。

一、深化体制机制改革

电视媒体作为传统媒体之一，在体制机制方面仍存在诸多问题，因此，在媒体深度融合的产业环境下，面临新兴媒体快速普及的冲击与挑战，以电视媒体为代表的传统媒体亟待转型与创新发展。一方面要强调双效统一，在提高经济效益的同时注重社会效益。广电媒体作为国家实施文化发展战略的重要媒介之一，应将社会效益的考核标准贯穿于广电媒体经营活动的各个环节，同时探索政府指导与媒体独立运营相统一的有效模式，为实现双效统一提供环境保障。另一方面广电媒体应不断探索适应自身发展的特色制度，充分发挥机制在媒体融合发展过程中的牵引和支持作用。因此，广电媒体在积极推进混合所有制的同时，应建立权责分明、科学有效的管理制度，调整组织结构，不断深化选人用人、薪酬分配、考核监督等管理机制，实现机制创新的系统化。具体来看，主要体现在以下几个方面。

第一，在组织结构调整方面，将升级改造传统媒体和发展新兴媒体结合起来，推动多媒体集成发展，同时厘清各职能部门之间的权责关系，区分清广电媒体事业性和产业性的经营范围；第二，在选人用人方面，实行聘用合同制，完善人才流动机制以及与岗位培训、岗位考核等相关的岗位管理制度，同时应重点加大对新媒体技术研发、内容生产、经营管理等人才的引进与培养力度，形成专业化的新媒体团队；第三，在薪酬分配方面，推行以岗位工资为基础，按业绩、任务等多种形式定薪并存的分配制度，完善激励机制，根据业绩完成情况制定奖惩标准；第四，在考核监督方面，采用媒体内部评价与外部用户监督相结合的模式，其中，以外部用户监督作为其主要考核标准。

二、打造高品质特色品牌

在泛娱乐的媒体环境下，"内容为王"是传统电视媒体在多平台渠道传播中制胜的关键，因此，电视媒体打造特色精品内容、走品牌化发展之路主要体现在：首先，明确理念强化品牌定位。电视媒体应将品牌理念作为突破点，进一步形成具有差异性和辨识度的品牌标识，在此基础上完善品牌体系架构，为打造卫视特色品牌提供支撑。其次，创新内容塑造品牌价值。一方面不断完善与创新内容生产机制，创作符合品牌特色的综艺、剧目等，为树立特色品牌提供内容支撑；另一方面开发品牌系列节目，组成品牌内容产品线，通过节目内容间的联动发力，塑造卫视品牌价值。再者，联动媒体放大品牌效应。电视媒体通过与平面媒体、广电媒体、网络媒体等建立全媒体合作模式，拓宽品牌传播路径，整合营销内容产品，扩大品牌推广与覆盖面，实现品牌效益最大化。最后，创新经营提升品牌成长力。电视媒体应不断整合优化内部资源，在销售内容版权的同时创新经营方式，通过电商合作等方式完成品牌合作开发，从而实现优质资源置换，在此基础上进一步提升品牌成长力与竞争力。

三、推进台网融合一体化进程

在融媒体时代一体化发展理念的影响下，加速传统媒体与新兴媒体联动发展、推进台网融合一体化进程，成为当下广电媒体求生存、谋发展的必由之路。首先，强化融合思维。广电媒体应认清自身所处的全媒体时代环境，转变传统发展理念，树立开放共享思维，促进电视媒体由频道模式向平台模式转变。其次，推进内容融合。内容是广电媒体的核心竞争资源，传统电视媒体的内容资源具有权威性与专业性，新兴媒体的内容资源自带大批流量，因此，应逐步推进传统电视媒体与新兴媒体实现内容共享，从而带动用户引流与集聚。再者，推进渠道融合。一方面，电视媒体应不断整合内部优质资源，自营自建媒体平台，通过终端、网站等多种形式融入全媒体新环境；另一方面，电视媒体应积极对接已有的新媒体平台，主动搭建与新兴媒体之间的桥梁，完善全方位渠道建设，推进卫视与互联网等新兴媒体的快速融合。最后，推进技术融合。发挥大数据、云计算、人工智能等技术优势，构建适应媒体融合的技术平台，促进广电媒体在业务采制、内容传播、多终端适配等方面实现全媒体化。由此可见，台网联动的媒体发展模式，已成为传统媒体适应全媒体产业环境、新兴媒体强化自身优势的新模式。

四、积极打造完整产业链

打造完整产业链是广电媒体强化自身优势的主要路径之一。电视媒体在产业链的拓展与延伸上，一方面应有效发挥资源优势，借助节目内容 IP 开发包括出版、手机应用、网络游戏、专业网站等在内的相关产品，最大限度地开发节目资源，充分挖掘节目内容附加值，实现内容产品的延展性经营；另一方面应注重已形成品牌且拥有自主版权的内容产品，采取以点带面的品牌化运营模式，在打造品牌化形象的基础上对其进行系列衍生品的生产与开发，同时提高自主操控能力和市场运营能力，协调产业链不同业务板块间实现资源互动，拓展品牌市场价值，实现品牌价值在多业务、多领域、多维度上的拓展与延伸。

第十六章 《中国新闻周刊》媒体融合创新研究

董媛媛[1]

如今,媒体融合发展愈演愈烈。传统媒体和新媒体的融合经历了开始的"你是你、我是我"和"你需要我、我需要你"的阶段,已逐渐走向"你中有我、我中有你"的交互融合阶段,并向最终实现"你就是我、我就是你"的一体化目标迈进。媒体融合是一个长期工程,每个阶段都呈现出了不同特点。《中国新闻周刊》作为我国周刊类时政新闻权威读物,在平台、产品、队伍等融合创新中取得了显著成绩,成为时政周刊读物在媒体融合浪潮中的领跑者。

第一节 《中国新闻周刊》媒体融合创新实践

CNNIC第41次《中国互联网络发展状况统计报告》显示,截至2018年6月30日,我国网民规模达8.02亿,互联网普及率为57.7%。[2] 其中,手机网民规模达7.88亿,手机网民占比达98.3%。移动互联网的普及使大众的阅读媒介从纸媒转移到了移动终端,也倒逼传统媒体不断跟随时代进行融合变革。《中国新闻周刊》作为由中国新闻社主办的时政新闻刊物,在继承传统内容为王的主导观念的同时,积极进行媒体融合创新。多层次、多角度地丰富媒体融合维度,探索出了一条可普及、可推广的新闻周刊媒体融合之道。

---

[1] 董媛媛,北京交通大学语言与传播学院副教授,博士,硕士生导师。
[2] 第42次中国互联网络发展状况统计报告. 中国互联网络信息中心, 2018 - 8.

一、跨平台媒体矩阵深化品牌影响力

1. 借力"两微一端"搭建多触角新媒体矩阵

《中国新闻周刊》对于新媒体的尝试起步较晚，但发展速度惊人、效果显著。2009年《中国新闻周刊》创办官方网站"中国新闻周刊网"并开通新浪微博账号"中国新闻周刊"。2010年，推出APP客户端；2013年开通微信公众号"中国新闻周刊"；2014年创建"有意思"微信矩阵。目前有自营微信公众号"有意思报告""中国新闻周刊""AuToMan""壹读""百万庄的小星星"，并有多个代运营企业定制微信公众号；有"中国新闻周刊"和"中国新闻周刊编辑部"两个新浪官方微博。

目前，"中国新闻周刊"新浪微博账号已有粉丝近4 000万，"中国新闻周刊编辑部"微博（2017年9月1日停更）账号有粉丝30余万；自营微信公众号共发表原创文章4 000余篇。其中，"中国新闻周刊"微信公众号有粉丝150余万人；2017年全年发表10万+文章150余篇，热点覆盖率超过全国99.99%的公众号，累计阅读数8 134万，累积点赞数37万，在引领社会舆论导向方面发挥了重要作用。

《中国新闻周刊》借力"两微一端"搭建了多触角的新媒体矩阵，涉及多个领域的内容深耕。"中国新闻周刊"APP将纸质版杂志内容移植到移动客户端中，让受众以低成本随时随地浏览深度内容。"中国新闻周刊"微博账号着眼社会热点，第一时间呈现新闻资讯，每日阅读数达100万+，互动数达2万+。微信公众号覆盖多个领域，在快餐式阅读时代坚持内容深耕，为受众提供深度阅读内容。新媒体矩阵设置适应当下分众化、差异化传播趋势，吸引了大批不同喜好的忠实受众，成功实现了媒体转型，为《中国新闻周刊》赢得了媒体融合浪潮中的一席之地。

2. 深入兴趣社群增加用户黏度：豆瓣小组

《中国新闻周刊》于2005年12月10日成立"中国新闻周刊"豆瓣小组，2009年12月4日成立"中国新闻周刊新媒体"豆瓣小组，是我国较早进驻兴趣社群的主流媒体之一。"中国新闻周刊"豆瓣小组作为《中国新闻周刊》的一个内容分发平台，自2017年7月6日起主要发布周刊更新信息及简要目录内容，此前主要用于发布深度新闻报道。"中国新闻周刊新媒体"豆瓣小组主要

第十六章　《中国新闻周刊》媒体融合创新研究 ｜ 经营管理融合创新篇 ｜

分享新媒体运营知识、征稿招聘信息及各地讲座信息，可定位为信息服务类小组。

豆瓣作为我国最大的兴趣社群，具有用户黏度高、领域细分精准的特点。《中国新闻周刊》进驻并持续维持豆瓣小组的运营，培养了一批专业程度更高的忠实粉丝。也因平台对受众的细分，在豆瓣发起的互动反馈质量更高，对媒体发展大有益处。如今社交媒体发展迅速、兴趣社群渐渐式微，"中国新闻周刊"豆瓣小组通过在内容中植入微信公众号二维码这一方式逐步进行受众迁移，进一步稳固受众。

3. 入驻资讯聚合平台扩大媒体影响力：头条主页、网易号、百家号、搜狐号

自媒体生态升级触发各大资讯聚合类客户端纷纷推出自己的自媒体内容分发及品牌助推平台，如今日头条的"头条主页"、网易的"网易号"和百度的"百家号"等。《中国新闻周刊》依托多个资讯聚合平台，灵活广泛地建立自己的平台账号，最大程度地将新闻内容推送到受众眼前。这些用户基数大、黏度高、内容更新快的平台也为《中国新闻周刊》带来了更大的媒体影响力。

《中国新闻周刊》在今日头条上的头条主页目前有粉丝 38 万，头条主页内容主要有深度报道、有趣视频和微头条三部分。相比视频和微头条的阅读量，深度报道在该平台上更受欢迎，常出现阅读量 100 万+ 的文章。《中国新闻周刊》官方网易号目前已有 120.5 万订阅量。相对于头条主页和百家号而言，网易号的更新速度更快、内容更多，除了深度时政社会报道更不乏"接地气儿"的情感类文章。网易号"动态"栏目中的视频、图像消息阅读量较低，可见此平台上受众依然更倾向于文字阅读。《中国新闻周刊》的百家号运营时间较短，该平台上只有文字内容的发布，阅读量不及前两个平台。2016 年 4 月 22 日，《中国新闻周刊》加入搜狐号，至今已发表文章 3 000 余篇、总阅读量达 9.5 亿，成为搜狐平台受众信赖并喜爱的深度报道媒体。

4. 依托音视频平台创新内容形式：优酷视频、喜马拉雅 FM

媒体融合为传统媒体转型提出了诸多要求，其中一项就是传统文字报道与音视频技术的融合创新。《中国新闻周刊》的媒体融合过程中，音视频技术的应用为其增色不少。

《中国新闻周刊》旗下"有意思 TV"专注视频制作，用镜头语言代替文字叙述，适应当下人们对视听技术的依赖。在内容投放上，"有意思 TV"主要依

托优酷视频自频道这一平台进行内容分发。

2014年，国内各种音频分享平台井喷式发展，广播重焕活力成为媒体发展的一个风口。《中国新闻周刊》适时入驻喜马拉雅FM，成立账号"听中国新闻周刊"作为《中国新闻周刊》杂志官方有声频道。目前已有近6万订阅量，1 600余万收听量，200多个音频节目，内容主要包括人物故事、旅游分享、深度观点。"听中国新闻周刊"作为《中国新闻周刊》在音频领域的一次尝试，已经取得了较好成绩。对音频领域的开拓也凸显了《中国新闻周刊》新媒体建设的创新性、垂直性、灵活性、专业性。

5. 巧用直播平台丰富报道形式：一直播

直播是近年来继广播之后兴起的一种媒介形式，为新闻报道提供了更新颖的形式和更开阔的思路。《中国新闻周刊》于2016年下半年入驻直播平台"一直播"，至今账号"中国新闻周刊"有粉丝近4 000万。风格严肃活泼，内容涵盖政治、经济、科技、文化、体育、时尚娱乐等领域。现有直播视频内容主要涉及《中国新闻周刊》旗下"有意思网"及"不是美术馆"联合主办的"发呆大赛"。选题有趣、风格生动，"轻娱乐化"的风格将新闻报道的严肃和直播平台的娱乐性质巧妙结合，获得了大量受众的点赞与互动。

二、"新内容为王"驱动产品创新

作为我国主流时政杂志，深度调查和时政报道是《中国新闻周刊》的核心。在新媒体碎片化阅读时代，《中国新闻周刊》的媒体融合提出了"新内容为王"这一指导理念。"新内容为王"指在"内容为王"基础上，创新内容形式、丰富报道方式，用更新颖的形式服务优质内容。在这一理念的指导下，《中国新闻周刊》创造了一批有深度、有意思的新产品，赢得广大受众青睐。

1. 短视频增强内容传播力：有意思TV

短视频时长短、信息量大、社交属性强，是当下广泛流行的信息传播方式。《中国新闻周刊》旗下视频工作室"有意思TV"抓住了短视频的发展契机，定位为"聚焦年轻人嗨点痒点痛点"，聚焦年轻人所关注的热点，推出了一系列深受年轻人喜爱的短视频作品。2017年，"有意思TV"推出"爱谁谁""移动的小黑板""有意思实验室"等系列栏目，内容涉及人物专访、生活奇趣和汽车知识分享等。全年共发布40条视频作品，全网累积播放量过亿，总观看用户超过 4 000 万，单条视频播放总量最高达 2 000 万。随着动画类短视频的风靡，"有意思TV"近期也推出了动画类短视频《爸，你不 real》《三分钟，张骞带你看懂"一带一路"》《"移民"农行也能帮上忙》等作品，均取得了不错的传播效果。

"有意思TV"的短视频分发平台以优酷视频为主，涵盖时下年轻人聚集的几大平台：秒拍、梨视频、今日头条、一点资讯、网易号、企鹅号、网易号、大鱼号等。《中国新闻周刊》在短视频制作方面拥有专业团队、专业技术，目的是创作出有深度、有内容、有趣味的专业性短视频，在短视频市场中具有很强的竞争力。

短视频拓展了《中国新闻周刊》媒体融合的维度，更适应了当下人们对视听语言内容的需求。定位年轻群体这一"互联网常驻民"，其在线时间长、活跃度高、爱分享的特点，更利于内容的广泛传播。

2. 漫画形式提高内容可读性："哎呀我兔"系列漫画

读图时代开启了人们对视觉语言的依赖，漫画不仅是一种自带轻松幽默属性的视觉语言，而且阅读年龄门槛低，是如今快节奏生活中的人们喜爱的阅读类型。2017年初，《中国新闻周刊》以漫画为突破口，打造了"哎呀我兔"系列漫画，以四只各有人设的兔子为主角，创作了一系列精品漫画内容。

"哎呀我兔"系列漫画的兔子形象来源于《中国新闻周刊》旗下"有意思网"的 Logo，话题涉及情感、人生、社会热点等。2017年该系列漫画共发布作品30篇，其中多篇阅读量达到10万+。"哎呀我兔"系列漫画为《中国新闻周刊》的媒体融合提供了新的发力点，提高了内容的可读性、降低了阅读年龄门槛、增添了严肃内容的阅读趣味，是《中国新闻周刊》媒体融合过程中的一大亮点。

3. 原生广告提高传播品质：企业定制广告

"原生广告是因为消费者排斥传统的、闯入式的广告（如旗帜广告）而兴起的，强调将广告嵌入上下文背景，从而实现'去广告化'。原生广告并不是某一种特定的广告形式，它包含能够将品牌内容融入用户使用体验的各种广告类型，是一种能够指导广告实践的理念。"[1]《中国新闻周刊》的企业定制广告

---

[1] 康瑾. 原生广告的概念、属性与问题. 现代传播（中国传媒大学学报），2015，37（03）：112-118.

就是原生广告的一种。由于视频实现商业变现能力强，所以视频形式的企业定制广告成为了《中国新闻周刊》主要的盈利渠道。在此方面周刊投入了大量精力，创造了一批深受当下年轻人欢迎的有趣的企业定制广告。《中国新闻周刊》的企业定制广告致力于有品质的内容传播，以"树立好画像、定义好人格、丰富内容、传播内容"为目标，通过对广告内容的设计、把关达到企业与周刊的双赢。如在2017年1月，"有意思TV"推出的视频《车顶放瓶水 在大学门口真的能约妹?》一经发布，点击量快速破万。迎合社会热点、内容有趣、满足人们猎奇心的特点让这条实为路虎发现神行的宣传广告取得了很好的传播效果，达到企业主宣传目的的同时，也提高了《中国新闻周刊》的传播力。

《中国新闻周刊》的企业定制广告丰富了传统原生广告的内容和维度，以更符合当代年轻人的视角创造更有趣的内容，弱化了广告的目的性和劝服性、强化了趣味性，从而潜移默化地达到广告效果。企业定制广告作为《中国新闻周刊》的一项产品，周刊对其内容质量也提出了很高的要求，精心设计和层层把关使高质量内容更易被广泛传播。《中国新闻周刊》的企业定制广告在为企业树品牌的同时，为周刊本身创造了良好收益。

三、多元渠道立体化升级媒体融合

内容为王、渠道制胜，渠道和内容一直是媒体融合的关键。如今，新媒体环境造就了万千新型传播渠道，做好渠道融合才能更好地落实媒体融合。《中国新闻周刊》不断拓展传播渠道，积极建构适应时代发展的融合渠道体系。

1. 多举措稳固主流市场

作为我国重要的官方媒体，《中国新闻周刊》通过多渠道稳固传统主流市场、树立媒体权威。除了正常发行外，《中国新闻周刊》把目光投向了人流量大的航空市场，成为中国国际航空公司指定机上阅读刊物、多家外航（法航、汉莎、美联航等）的指定机上阅读刊物。此外，每年通过举办以"影响中国""企责中国""低碳中国""创新中国""健康中国"为主题的论坛、活动，集合社会各方力量、扩大刊物影响力。

2. 联合门户网站提升流量

如今，流量成为衡量媒体传播效果的又一指标，"引流扩流"是当下新媒体人时刻关注的重点。在我国，四大门户网站（百度、搜狐、新浪、腾讯）的流量不可小觑，《中国新闻周刊》入驻门户网站进行内容分发，通过门户网站这一成熟渠道提升内容流量。有效地扩大了传播范围，也为流量基础上的进一步融合升级打下了坚实的基础。

3. 拓展新兴渠道把握风口

新媒体发展日趋成熟，市场竞争也日趋激烈，越来越多的新兴媒体快速崛起将媒体发展推向一个又一个高潮。音频、直播、短视频等媒体平台的快速更迭创造了诸多风口，作为传统媒体的《中国新闻周刊》因时而动、把握风口入驻新兴媒体平台，充分利用平台新优势、拓宽自身传播渠道、收获良好传播效果。

综观《中国新闻周刊》的渠道融合方式，可见其在媒体融合方面兼容并包、敢于尝试、积极改变，通过对新媒体的不断适应、融入、发展，推进自身媒体融合的进程。

四、媒体融合促进队伍创新

媒体融合的大环境对新闻工作者自身和新闻队伍都提出了新的要求。"有意思"新闻编辑室作为《中国新闻周刊》新媒体制作运营团队，重视选人用人，打造出了一支能引领新媒体发展的"精兵强将"。

"有意思"团队是《中国新闻周刊》内部创业的产物，在选人用人时倾向于招选"互联网原住民"，其天生的"互联网感"有益于新闻生产者制造出更多热点。目前团队员工大多数都是"85"后，熟练运用社交媒体、拥有丰富的互联网体验的特点让这个年轻的队伍在新媒体浪潮中游刃有余。

此外，团队以"专栏作家+产品经理"作为对成员的要求，旨在培养一批能创造内容也能推广内容的内容生产者。在此基础上，员工培养自己的垂直领域，提高内容专业度。在内容生产过程中，"有意思"团队一改传统媒体个人专题写作的形式，更加注重发挥团队价值。通过每日选题会的集体"头脑风暴"进行分工合作，更有利于把握和制造热点、创造优质内容、提高效率。

第二节 《中国新闻周刊》媒体融合创新特点

《中国新闻周刊》经过对媒体融合深入的探索实践，形成了维度丰富的媒体融合体系，成为杂志类读物在媒体融合领域的标杆，其媒体融合实践主要呈现出以下三个特点。

一、"新内容为王"贯通全面融合

《中国新闻周刊》作为周刊类读物，对内容的深度报道是其自身优势。在媒体融合过程中，周刊坚持"新内容为王"为基本理念，在产品、平台、队伍等方面贯通全面融合。"新内容为王"是传统"内容为王"在新时代、新际遇下的新发展，创新内容形式、整合平台资源、优化人才队伍，从而搭建优质内容新媒体矩阵、打造精品内容。"新内容为王"是《中国新闻周刊》在媒体融合过程中的指导思想，为其在媒体融合领域提供了核心竞争力，保证了周刊媒体融合各项尝试的顺利进行。

二、多平台联动扩展全面融合

《中国新闻周刊》的媒体融合不囿于传统的"两微一端"，而是对各个新兴媒体平台进行了扩展融合。大胆尝试多种资讯聚合平台、音视频平台、直播平台等，最大程度地铺开媒体融合的触角。多平台联动使周刊内容有了更多传播渠道和更多信息接收者，增加了周刊的媒体影响辐射力；也为周刊的媒体融合打开了更多思路、扩展了媒体融合的广度。

三、垂直领域深化全面融合

习近平总书记在党的新闻舆论工作座谈会上强调，党的新闻舆论工作要适应分众化、差异化传播趋势，加快构建舆论引导新格局；要推动融合发展，主动借助新媒体传播优势。《中国新闻周刊》的媒体融合过程非常注重垂直领域的内容深耕和分众化传播。以《中国新闻周刊》为主要品牌，运营多个微信公众号进行多个垂直领域专业性内容发布。把握分众化传播特点，尊重不同平台、不同领域受众的差异性，打造多个个性 IP，培养高质量、高精度、高黏度、高活跃度的忠实用户，从而规避新媒体后发劣势、深化媒体融合。

第三节 《中国新闻周刊》媒体融合存在的问题

《中国新闻周刊》已开辟了一条独具特色的媒体融合之路，并取得了不错成绩，但仍存在一定问题，主要如下。

一、"一个品牌"辨识度低

《中国新闻周刊》的媒体融合着力于垂直领域内容的深耕，针对不同领域设有不同公众号进行内容分发，目前旗下有多个专业性内容公众号。如公众号"AuToMan"定位为"有趣味、有情义、有思想、有深度的汽车新闻和信息"，主要针对汽车爱好者发布汽车相关信息；公众号"有意思报告"定位为"做有意思的人，过有意义的生活"，主要提供社会热点分析和生活健康资讯。运营多个公众号有利于区别内容的专业性，但关联程度低的多个公众号会导致品牌辨识度低。受众在阅读不同公众号时很难将其联系在一起并归入《中国新闻周刊》旗下，也势必会影响《中国新闻周刊》的品牌影响力。所以，在尊重差异性受众需求的同时，如何突出"一个品牌"的辨识度和影响力，是《中国新闻周刊》在媒体融合过程中需要思考的问题。

二、技术研发贫乏

科学技术在推动社会发展中的作用毋庸置疑，媒体融合的创新发展离不开新媒介技术的使用。如今，VR、AR、人工智能等技术已然掀起了新一轮媒体融合的发展。对此，《光明日报》《人民日报》和新华社等传统媒体都积极尝试新技术，把媒体融合推向更高平台。反观《中国新闻周刊》的媒体融合创新实践，虽然已在平台整合、产品创新等方面取得了不错成果，但总体对新媒介技术的使用较少，自身技术研发贫乏，其创新仍停留在"形式＋内容"层面。

未来，新科学技术的力量更不容小觑，在提升媒体融合"软实力"的同时，也要注重"硬实力"开创的更多可能，从而提升整体综合实力。

三、个别新媒体平台运营乏力

《中国新闻周刊》新媒体运营涉及多个平台，触角多、覆盖面广。在人力资源有限的情况下，多平台化运营势必导致发力不均的情况，个别新媒体平台运营乏力。目前《中国新闻周刊》主要着力于微信微博建设，对于其他平台的维护力度较小。如豆瓣小组、优酷视频、一直播平台的内容质量较差、更新速度慢；各资讯聚合类平台上内容同质化程度高，更新频率较低。新媒体运营人力资源匮乏情况较为常见，加之媒体更新速度快、部分媒体平台逐渐衰落，建议可退出部分运营乏力平台，大力建设好重点常用平台。避免运营不周对品牌带来的负面影响，让有限的人力资源发挥更有效的作用。

第四节 新闻周刊深化融合创新的路径方法

《中国新闻周刊》在媒体融合过程中取得了一定成绩、积累了一定经验，为新闻周刊类读物的媒体融合提供了示范。依据自身特点，新闻周刊在今后探索深化媒体融合创新的路径中，还需重视以下几个方面。

一、坚持内容为王，创新形式技术

各种自媒体平台的发展使受众阅读新闻资讯的门槛低、速度快，对于在信息爆炸时代的新闻周刊而言，其核心竞争力就是深度内容的输出。坚持内容为王，用专业、深度的内容满足受众高质量的信息需求，通过媒体融合形成独特的竞争优势，才能在信息快速更迭的当下立于不败之地。当然，单纯做好内容已不能满足现今媒体发展的需要，新闻周刊应创新内容形式、做好技术支持，以创造形式新颖、思想深入的精品内容为生产目标。在 AR、VR 等技术不断推陈出新的今日，更应重视技术的力量，让新技术更好地为内容服务，不断推进媒体融合进程。

二、立足垂直领域，强化用户导向

"由于受众细分和受众自主性的增强，新媒体时代的营销必须基于目标受众需求和自身定位的精准。"① 新闻周刊的媒体融合首先要明确目标受众和自身定位，立足垂直领域的内容深耕，吸收培养一批高质量高黏度的活跃用户。通过垂直领域的专业内容生产，树立权威品牌形象。同时，要强化用户导向思维，重视目标受众群体的需求。在信息过剩的买方市场时代，如何创造受众感兴趣的内容一直是媒体面临的问题。因此，媒体更应提高自身服务能力，以用户导向进行内容生产，平衡好新闻事实、舆论引导和用户需求之间的关系，打响媒体品牌。

三、紧跟国家政策，提高舆论引导力

新闻周刊作为党和国家重要新闻媒体，要传播好党和国家的声音、坚持正确舆论导向、反映最广大人民群众的呼声、集中讲好中国故事。要坚持党性和人民性相统一，反映人民群众创造的经验和面临的实际情况，丰富人民精神世界，增强人民精神力量。担当起新时代党和国家、人民对媒体赋予的职责和使命，努力提高媒体公信力、舆论引导力，争做人民群众愿看、愿信的新闻媒体。

四、培养新型人才，训练优质团队

媒体优势核心是人才优势，媒体转型关键是人才转型。新的时代形式和媒体形式为新闻工作者提出了更多要求，新媒体人不仅要"懂创作"还得"懂营销"。新闻周刊要推进媒体融合，首先要补上人才缺口。一方面要培养有经验的老媒体人接触新媒体、新形式、新技术；另一方面要培养有互联网基因的年轻人才练好业务基本功。同时，要着重训练出一支媒体融合新形势下的优质团队，创新体制机制、明确激励制度。让团队经得起媒体融合浪潮的考验，更做

---

① 翟秀凤，李慧宁. 从美国《新闻周刊》去纸化看新闻类周刊的数字化生存. 中国记者，2013(8).

得了媒体融合浪潮的弄潮儿。

　　媒体融合是一项随时代、科技、社会进步而不断发展的长期议题，这是新闻媒体面临的挑战，也是新闻媒体的发展机遇。新闻周刊在媒体融合过程中，要始终保持与党和国家高度一致的基调，始终保持内容为王的核心竞争力，始终保持不断尝试、不断探索的创新精神。抓住时机、把握节奏、规划布局，做好新时代媒体融合的推动者、建设者。

年度热点观察篇

第十七章 算法新闻：模仿、影响及其使用

杨石华[①]

随着新信息传播技术的发展，新兴媒体与传统媒体相互竞争、相互补充，营造了一个复杂的媒体生态系统。如何将新媒体与传统媒体进行有机整合，进行传媒融合创新是传媒业中的一个核心议题。纵观新媒体的发展历程可发现技术创新是传媒融合创新的一个有效路径。VR/AR、区块链、人工智能等技术的发展为传媒业带来诸多的新变化。在这些技术中目前对传媒业影响最大的当属人工智能，尤其是算法在新闻业中的应用。技术的发展有着自身的逻辑属性，媒介环境学派的观点是媒介作为人的延伸，在不同时期不同媒体有着自身的媒介偏向。这种观点容易走向技术决定论，而与之相对应的社会决定论则强调社会对技术的改造与接受。无论是技术决定论还是社会决定论，技术逻辑的存在及其影响都是社会发展过程中一个不可忽视的重要因素。随着信息传播技术的发展，社会化媒体的使用数量、频次、时间都已经超过了传统媒体，尤其是随着算法机制应用到新闻信息的生产与分发流程后，这种趋势尤为明显。以"今日头条"为代表的科技型媒体公司是算法新闻的核心实践者，也是传媒融合创新的开拓者。当下算法新闻已成为了新闻业中新媒体与传统媒体都在竞相实践的一个重要领域。

[①] 杨石华，中国人民大学博士生，研究方向为传媒经济与编辑出版。

第一节　算法新闻在传媒业中的运用

一、算法新闻的发展及其应用状况

算法新闻的基础源自于计算机领域中自然语言生成技术的发展，机器能够从结构化数据中自动生成大量文本，这一技术应用到新闻传播领域中造就了当下的算法新闻。算法新闻（Algorithmic Journalism）是指在算法程序的引领下，新闻机器人在确保精准度和可靠性的同时，自动生产新闻的过程。[1] 在"算法新闻"的概念群中也涉及"自动化""数据驱动""机器""计算"等特性。算法新闻在国内外的使用与发展状况有所差异，在西方的应用源自于媒体企业与科技公司的共同合力，在中国则是主要源自于科技公司的实践，算法新闻在技术公司和新闻媒体中的使用目的分别体现为创业和创新两个不同的方向上。[2] 例如路透社为创新新闻业务而使用算法为其网站编辑财经新闻，Automated Insights和Narrative Science这两家科技公司最初是出于创业目的而研发了能应用于体育、财经新闻等相对简单的自动化写作软件，在中国最先实践算法新闻的也是"今日头条"此类追究经济效益的科技公司。算法新闻在新闻业中的运用带来了：新闻内容生产模式由"手工作坊"转向人机协同、表征现实的机制由记者中介转向算法中介、新闻叙事由线性叙事转向交互叙事、新闻价值评价由经验判断转向实证测量、新闻内容推送方式由大众化覆盖转向个体化定制等变革。[3] 在这些转变中算法新闻的自动化生产及其个性化推荐的分发对新闻业的影响最大。由此可见，传统报业的式微及其开始过渡到数字新闻业的这些转变趋势，都使得整体新闻业处在"算法转向"的十字路口。[4]

---

[1] 吴锋. 发达国家"算法新闻"的理论缘起、最新进展及行业影响. 编辑之友, 2018(5): 48–54.

[2] 章震, 周嘉琳. 新闻算法研究: 议题综述与本土化展望. 新闻与写作, 2017(11): 18–23.

[3] 张超, 钟新. 从比特到人工智能: 数字新闻生产的算法转向. 编辑之友, 2017(11): 61–66.

[4] Cádima, F. R. Journalism at the crossroads of the algorithmic turn. Media & Jornalismo, 2018, 18(32): 171–185.

二、算法新闻的核心议题

算法转向的十字路口使得学界与业界对其展开了诸多讨论与研究。算法新闻的主要议题包括：算法新闻应用实践的历史及其展望、技术分析、理论探讨、机遇与挑战。在发展历史方面，算法新闻并不是一个突然出现的产物，而是可以追溯到上个世纪：20 世纪 30—60 年代是理论孕育期，此后历经了 70—90 年代的技术探索期以及新世纪以来的初步应用期。[1] 关于实践运用状况的讨论多聚焦于 Facebook、Twitter、今日头条、一点资讯以及各类知名传统媒体的案例研究。在理论探讨方面"算法"被视为是媒介的组成部分，是一种特殊的"中介"；[2] 是行动者网络中的一员；[3] 此外它背后的价值观念及其权利关系也是关键议题。在技术应用中，不同媒体平台所采用的具体算法类型是一个媒体企业的商业核心。在机遇与挑战方面，算法对新闻生产全流程的参与与重构正在推动新闻业朝着新的方向发展；但同时它也面临带来失业、信息茧房以及伦理失范等问题。整体而言在这些关于算法新闻的讨论中，业务实践的讨论较多，而深层次的理论探讨，尤其是从人工智能视野对人机互动的探讨较少。新闻业是专业新闻人/组织的社会协助产物，而算法新闻作为人工智能产品，是典型的机器产物。人与机器的互动成为了新闻业融合创新的关键变量。为此以算法新闻的智能算法特性为基础，借助加布里埃尔·塔尔德的"模仿律"再次审视算法新闻中的模仿特质、影响、技术使用。

第二节　人与技术：模仿律下的算法新闻

加布里埃尔·塔尔德是法国著名的传播学者，他认为普遍的重复包括波动、生成、模仿三种形式，其中模仿对社会的发展有着重要的推动作用。塔尔德在《模仿律》中指出模仿分为"逻辑模仿""超逻辑模仿（'从内心到外表'

---

[1] 吴锋. 发达国家"算法新闻"的理论缘起、最新进展及行业影响. 编辑之友, 2018 (5)：48-54.

[2] 张超. 作为中介的算法：新闻生产中的算法偏见与应对. 中国出版, 2018 (1)：29-33.

[3] 姜红, 鲁曼. 重塑"媒介"：行动者网络中的新闻"算法". 新闻记者, 2017 (4)：26-32.

'从上到下'扩散的模仿以及'从下到上'流动的模仿）""反模仿""非模仿"等形式。① "算法新闻"作为一种全新的新闻生产范式，是当下技术主导生产下的产物。从机器模仿人类新闻生产的角度而言，它遵从的是"超逻辑模仿律"。

一、新闻机器人：新闻业的模仿者与革新者

随着新信息传播技术的发展，媒体将出现智能化趋向，并推动新闻生产的机器化、智能化。② 算法新闻的出现促使机器具备了能够从结构化的数据中进行新闻生产以及个性化推荐分发，并在时效性和准确性方面超过人类的新闻工作能力。尤其是基于算法的个性化推荐分发的技术更是变革了整个传媒行业的生态格局，在传媒市场中催生出像"今日头条"这样的新媒体巨头。算法新闻的这种强大社会功能使得人们的关注点再次聚焦于机器或是人工智能。不同于以往的印刷机、电报机、电视机这些无智能的机器，作为拥有人工智能的新闻机器人，算法机制是它们智能化的核心基础。在通过相关结构化数据的输入、转换以及输出后，新闻写作、编辑、推荐、分发能够高效准确地被新闻机器人独立完成。

虽然目前新闻机器人的智能化程度还处于弱人工智能状态，不可能完成深度报道，甚至被指责缺少相应的人文关怀。但不可否认的是，算法新闻已经在某种程度上可以取代大部分新闻工作者的简单劳动。算法新闻作为媒介网络中的"非人类行动者"已经成功地卷入到人类新闻生产协作体系之中，并和人类重建了一个新的"行动者网络"。为此有学者认为在技术时代，媒介不再仅仅充当人的工具和手段，反过来以"座架"的方式规制人，即人成为媒介的延伸。③ 在这一逻辑体系下算法/机器是新闻从业者的模仿者甚至是革新者。算法新闻是新闻业中新的变革主体，开启了全新的新闻产业范式。新闻从业者显然会首先受到波及，如此一来，如何有效地利用算法新闻来参与新闻工作将是新闻从业者需要思考的问题。

---

① 加布里埃尔·塔尔德. 模仿律. 北京：中国人民大学出版社，2008.
② 彭兰. 智媒化：未来媒体浪潮——新媒体发展趋势报告（2016）. 国际新闻界，2016，38(11)：6-24.
③ 姜红，鲁曼. 重塑"媒介"：行动者网络中的新闻"算法". 新闻记者，2017(4)：26-32.

二、模仿：智能算法的基础与变革

智能科学是一个交叉学科，涉及脑科学（从分子水平进行研究）、认知科学（从行为方面进行研究）、人工智能（从功能层面来进行仿真）。[1] 算法新闻作为人工智能在新闻领域中的应用产物，无论是从人工智能的仿真功能，还是从认知科学中的行为模仿来看，在某种程度上而言算法新闻就是机器通过算法机制来模仿人类传统的新闻生产、编辑、分发，用以进行数字化的新闻生产、编辑、分发。人工智能的可塑性在于机器的深度学习。机器的"深度学习"能通过数据的输入与输出形成人工神经网络，具备类似人脑的相关功能，这个人工"大脑"能够处理精准复杂的事物；并具有把模仿人们机械性行为的技术，推进到模仿人们思维方式的技术。[2]

机器深度学习的核心是预测，同时也是人造物通向人类智能的一个标准。机器学习的基本原理涉及5个流派：①符号学（将学习看作逆向演绎，算法是逆向演绎）；②联结学派（对大脑逆向分析，算法是反向传播学习）；③进化学派（在计算机上模拟进化，算法是基因/遗传编程）；④贝叶斯学派（学习是一种概率推理形式，来源于统计学，关注不确定性；算法是贝叶斯推理）；⑤类推学派（通过对相似性的外推来进行学习，算法是支持向量机，即找出记忆的经历以及弄明白如何将这些经历结合起来用来做新的预测）[3] 在算法新闻中运用较多的算法是贝叶斯学派的概率推理和类推学派的支持向量机的相似推理。这些算法原理在新闻个性化推荐分发时体现为内容推荐、协同过滤、混合式推荐等方式。

人工智能的这些学习方式模仿了人类的思维决策方式，使得机器的技术属性正在逐渐拥有人的自主属性。人工智能的机器学习一直在进化，其模仿的仿真度一直在不断提升。机器的深度学习是人工智能的核心技术，而模仿是学习的途径之一，因此算法新闻的智能性包括了机器对人类新闻生产的模仿与变

---

[1] 史忠植. 智能科学中的不确定性研究.//中国科协学会学术部（编）. 不确定性人工智能前沿理论与应用研讨. 北京：中国科学技术出版社，2014：97-106.
[2] 黄晓新，刘建华，卢剑锋. 中国报业融合创新现状、问题与趋势. 传媒，2018(8)：9-14.
[3] 佩德罗·多明戈斯. 终极算法：机器学习和人工智能如何重塑世界. 黄芳萍译. 北京：中信出版社，2017：65-74.

革。作为人类新闻生产的模仿，除了生产流程与方式的整体模仿外，其智能化学习的模仿还在于算法机制。"算法机制"包含核心排序算法、新闻要素权重和算法价值观三个维度，关注的是决定算法背后的关键技术、社会规范和价值观念。[1] 按优先级进行的排序、按特征进行的分类、按关系进行的关联、按标准进行的过滤是算法自主决策的基本过程。[2] 算法新闻同样遵循这四个过程，而这四个过程明显是模仿了人类决策时的思维逻辑。在塔尔德的模仿律中存在自觉性与非自觉性的两种模仿，[3] 依据人工智能的发展状况以及算法新闻的实际使用情况来看，目前算法新闻的模仿体现为弱人工智能的非自觉性状态，即其模仿的方式主要是通过人工算法指令来实现。而对基于强人工智能的新闻机器人而言，高度智能化的学习意识则能够通过自觉性模仿来进行新闻生产与分发。这种自觉性与非自觉性引发的思考是算法新闻的智能是机器的智能还是人的智能？就目前而言，算法新闻是弱人工智能的产物，很大程度上显示的是人的智能。但人工智能的自我进化以及不确定性，所谓的机器智能并非空中楼阁。

三、算法机制：传媒业融合创新的应许之地

随着媒体技术的不断革新，人工智能等新一轮的信息传播技术将成为传媒业融合创新的活力源泉。算法机制作为人工智能在新闻业中运用的核心，是传媒业融合创新的一个应许之地。算法机制对于传媒融合创新的可能性主要得益于技术是融合创新的重要影响因素和模仿与创新之间的转换关系。

1. 技术是融合创新的组成部分

传媒融合创新不仅是市场的需求，更是国家提高新闻舆论传播领导力、公信力、影响力的迫切需要。融合创新旨在通过融合不同领域的技术知识，以更快的速度、更高的效率推出更贴合消费者需求的产品或服务。[4] 技术作为融合

---

[1] 方师师. 双强寡头平台新闻推荐算法机制研究. 传播与社会学刊（香港），2018（43）：103-122.
[2] 方师师. 算法机制背后的新闻价值观——围绕"Facebook 偏见门"事件的研究. 新闻记者，2016（9）：39-50.
[3] 加布里埃尔·塔尔德. 模仿律，北京：中国人民大学出版社，2008：136.
[4] 李平，杨凤鲜. 企业技术融合创新模式及其选择问题研究. 科技进步与对策，2014，31（6）：79-83.

创新的关键模块之一，它与组织结构、社会过程、金融和制度共同影响着融合创新的发展进程；其中的技术创新是指通过研发、生产、销售将市场潜力成功转化为市场价值的循环过程。[①] 算法新闻作为人工智能与新闻业结合的产物，自从投入使用以来，其巨大的市场潜力正在转化为市场价值。算法新闻在某种程度上而言是一种作为文化的新闻与科技融合的创新结果。算法新闻的这种融合创新是新技术在改造传统产业和自身产业化的过程中的"业态新创"模式。[②] 这种融合创新为新闻业带来了一种范式革命，正在影响着人们的生活方式。

2. 技术模仿带来产品创新

作为传媒融合创新产物的算法新闻之所以对新闻业具有革命性的影响，原因在于它独特的算法和模仿特征。模仿与创新紧密相关，算法新闻作为人工智能技术模仿人类新闻生产与分发的产物，实现了对传统新闻领域新闻分发方面重大的创新性突破。技术创新学的创新模式包括自主创新、模仿创新和合作创新三类。[③] 算法新闻的这种创新属于技术创新学中的模仿创新，这种创新相对于自主创新而言，其实现难度相对较小。算法新闻目前正处于初级运用阶段，还有着很多创新的潜力与空间，尤其是新闻产品创新和新闻生产/分发的过程创新等方面。例如算法新闻可推动数据新闻、可视化新闻等产品内容的进一步完善；推动新闻透明性，借助于庞大的数据技术增强新闻的客观性，等等。

第三节 模仿律视野下算法新闻带来的"风俗"与"时尚"

人工智能以及算法新闻之所以受到社会各界的质疑，其本质在于作为技术的它们有着极大的不确定性。大众无法把握这些技术的确定性、稳定性特征，预期未来的发展，因此陷入到技术恐慌之中。不确定性是风险社会的典型特

---

① 章文光，Ji Lu，Laurette Dubé. 融合创新及其对中国创新驱动发展的意义. 管理世界，2016(6)：1-9.
② 李凤亮，宗祖盼. 文化与科技融合创新：模式与类型. 山东大学学报（哲学社会科学版），2016(1)：34-42.
③ 彭纪生，刘春林. 自主创新与模仿创新的博弈分析. 科学管理研究，2003(6)：18-22.

征，它分布在时间、知识、政策各方面。技术的不确定性在人工智能领域尤为明显，大众忧虑的焦点在于机器拥有了智能之后是否会对人类产生威胁。作为人工智能具体运用的算法新闻，在新闻模仿生产的过程中同样面临着这种不确定性。这种不确定性与模仿律中的"风俗"与"时尚"这两个影响密切相关。塔尔德指出在模仿律中存在：当古老的模式占优势的时代，是风俗的时代；当新颖和奇异的模式占优势时，是时尚的时代。[①] 由此，算法新闻在模仿新闻生产时可能出现两种情况。

一、算法新闻带来的"风俗"：作为人类新闻业发展的助推者

当算法新闻中的智能性处于弱人工智能阶段时，新闻机器人遵循人类所输入的算法指令进行新闻生产及分发，此时它们所遵循的是人类新闻生产的主流生产逻辑。此时算法新闻所带来的影响是模仿律中的"风俗"。首先，算法新闻通过其自动化生产特性减少了简单的重复劳动，提高新闻生产效率。基于结构化数据进行信息内容生产的算法新闻，缩短了传统新闻的生产时间，并提高了准确性，促使新闻从业者有更多的精力和时间去关注新闻价值更高的新闻事件。这是一种机器对新闻从业者的解放。其次，虽然算法新闻再造新闻业务流程，但大部分的新闻权利仍掌握在人类的手中。基于算法指令进行自动一体化新闻生产的算法新闻改变了传统的新闻采写编的业务流程，但在关键的新闻把关权方面，新闻从业者并没有完全让渡这方面的权利。因此算法新闻虽在整个新闻业中的应用在不断上升，但完全尚未充斥于新闻业各个环节，并且其角色定位仍是人的工具。

二、算法新闻带来的"时尚"：作为人类新闻业创新的变革者与颠覆者

人工智能拥有强大的机器学习功能，其智能状态可成长到强人工智能状态。在自主机器学习中，当新闻机器人优化了人类所输入的算法指令，摆脱模仿的框架进行数字新闻生产的创新，算法新闻带来的影响则属于模仿律中的

---

① 加布里埃尔·塔尔德. 模仿律. 北京：中国人民大学出版社，2008：175.

"时尚"层面。算法新闻的这种时尚既包括正面的影响也有负面的影响。正面的影响主要体现在：实现了新闻的自动化生产与个性化推荐的定制服务。传统的人类新闻业是典型的大众传播模式，传者与受众之间的互动较少。受众的个性化需求并没有得到完全满足，而算法新闻基于大数据的行为分析并以算法的手段进行个性化推荐，智能化地满足了受众的信息定制服务。这种信息定制服务突破了传统新闻业分发短板，因此"今日头条"此类以算法新闻为核心技术的科技型媒体企业成为了新的媒体巨头，并成为了新信息传播技术环境下新闻业发展的领路人。

算法新闻虽然带来了新闻业的诸多革新，但也带来了诸多的问题。关于技术对于人类社会的颠覆，尼尔·波兹曼的"技术垄断论"是一个典型的论调，他指出人们对媒介工具的运用，容易造成技术统治以及技术垄断，进而对文化产生影响与控制。与这种技术垄断论相似的观点还有伯格曼的技术哲学思想。伯格曼认为现代技术的本质结构是"装置范式"，该观点认为：技术不仅仅是工具而是一种环境和生活方式，人在技术环境中会受到影响，并形成一种思想框架。[1] 算法新闻作为新闻业中的一种特殊"装置范式"，它提高了新闻生产与分发的效率和准确性，达到了实用的效果，但也把新闻产品的制作推向一种单一模式，并逐渐强迫人依从该模式而生活。

为此算法新闻的"时尚"中的负面影响也在不断地规训着人们的社会行为方式，例如信息茧房、隐私保护等。其中负面影响较大的是对新闻伦理的挑战。算法新闻对于新闻伦理的挑战可谓牵一发而动全身。因为在新闻制作过程中有多个行动者和不同层次的责任，故而算法新闻将使媒体组织、专业记者、服务供应商、程序员、数据提供者和受众等各行动者在组织领域（层级张力、经济目的）、专业领域（客观性、准确性等）和社会领域（媒介素养、控制的需求）遭遇伦理挑战，这些伦理挑战主要分布在算法新闻的数据输入、生产转换以及输出各环节之中。[2] 此外，算法新闻带来更深层次的影响还在于"算法判断"超越了"新闻判断"。新闻判断是新闻业的核心功能，但是随着算法的发展，算法判断俨然已经是一种不同于记者的客观专业判断，拥有了自己的逻

---

[1] 傅畅梅. 伯格曼技术哲学思想探究. 沈阳：东北大学出版社，2010：52 - 56.
[2] Dörr K. N., Hollnbuchner K.. Ethical Challenges of Algorithmic Journalism. Digital Journalism，2017，5 (4)：1 - 17.

辑。由此来看，算法判断对新闻判断提出了根本性的挑战，随着算法应用的增加将影响整个新闻系统、改变新闻的合法性模式、新闻的知识形态以及新闻的社会期望。①

第四节 不确定性中的算法新闻使用

如何正确对待算法新闻这一命题与如何对待技术这一宏达命题是息息相关的。伊德认为人与技术之间存在四种基本关系，他们分别是体现关系（人类与技术融合为一体），解释关系（技术向人类展现的是一种表象）、背景关系（人类被技术人造物包围着）、他者关系（技术在使用中成为一个完全独立于人类的存在物）。② 在人工智能视阈下，基于智能算法的各类自动化装置充分说明了人与技术的这种他者关系。作为他者的算法新闻是人类新闻生产的模仿者，这为人类的技术使用提高了知识门槛，但也提高了使用效率。技术使用按照技术形态可以分为经验型技术使用（手工工具）、实体型技术使用（机器工具）、知识型技术使用（科学的技术）。③ 算法新闻的技术使用符合知识型技术的使用，其客体是以计算机和自控装置为主，技术使用呈现出智能技术性使用的面貌特征。

算法新闻的自主性及其他者的模仿性使得在技术使用过程中充满了不确定性。面对这种不确定性，正如鲍曼所说的，我们应该"勇敢进入滋生不确定性的温床"，同时"我们应当计划我们的行动，计算未来行动的得失，也应当因地制宜地根据不确定性评估行动的结果"。④ 虽然算法新闻在模仿中所引领的"时尚"加剧了大众以及新闻从业者对于技术本身不确定性的恐慌与抗拒心理，但在整体的产业趋势下大多数人选择在不确定性中摸索前行。因此算法新闻仍有着巨大的发展前景。机器辅助、人机协同、人机合一是人与机器的三种关系

---

① Carlson M.. Automating judgment? Algorithmic judgment, news knowledge, and journalistic professionalism. New Media & Society, 2018, 20 (5): 1755-1772.
② 曹继东. 伊德技术哲学解析. 沈阳：东北大学出版社, 2013：24-42.
③ 陈多闻. 技术使用的哲学探究. 沈阳：东北大学出版社, 2011：97-120.
④ 齐格蒙特·鲍曼. 流动的时代：生活于充满不确定性的年代. 谷蕾, 武媛媛译. 南京：江苏人民出版社, 2012：5.

模式。① 无论算法新闻如何发展，新闻生产的关键调节变量仍是新闻从业者。因此人与机器的共存与协同发展将是传媒业中的一个主流发展趋势。就目前人工智能的技术发展程度以及算法新闻的应用实践状况而言，拥抱算法这一新闻生产模仿者进行高效地人机互动是提升竞争力的一个最佳方案。为此，新闻从业者应积极探索人机协同合作的新方式，用以生产出更多元、更高品质的新闻作品。

---

① 彭兰. 智媒化：未来媒体浪潮——新媒体发展趋势报告（2016）. 国际新闻界，2016，38(11)：6-24.

第十八章　浅谈 VR 对传媒发展的影响

刘焕美[①]

VR 和传媒的关系？

看到这个标题，有的读者也许会有疑问，VR 怎么会和传媒扯上关系？毕竟在人们的传统印象里，传媒就是报纸、收音机、电视，再到当下的互联网和移动互联网；而 VR 则是虚拟现实技术，好像不在同一个轨道。

要回答这个问题，首先要弄明白媒体的本质是什么？

加拿大传媒理论家马歇尔·麦克卢汉在其代表著作《理解媒介：论人的延伸》一书中认为，媒介是人的感觉能力的延伸或扩展。在他的观点中，任何媒介都不外乎是人的感觉和感官的扩展或延伸：文字和印刷媒介是人的视觉能力的延伸，广播是人的听觉能力的延伸，电视则是人的视觉、听觉和触觉能力的综合延伸。

随着当今科技的快速发展，传媒技术也在快速进步。具体来看，不仅表现为信息传播的速度越来越快，同时媒介展现也越来越逼真，越来越清晰。从传统报纸所带来的文字、图片，到近代广播的声音，再到现代的各种视频、UGC等，这些信息所传递的内容越来越真实，其具象性、感染力也越来越强。

那么传媒未来会发展成什么样子呢？也许就是 VR 世界所呈现的样子吧。VR 将现实世界的事物迁移到虚拟场景，使人体感官所接收到的信息更加立体、更加逼真，可以说是人体视觉、听觉感官延伸的一次重大变革，同时除了视听觉，VR 还带来了触觉的交互性，极大地丰富了媒介属性的内涵。

从这个方面说，VR 就是在未来媒介的完美形态，VR 天生就属于传媒。

对于什么是传媒，读者都比较熟悉了，而作为一种新的、提供侵入式体验的新媒介形态，什么是 VR，VR 又将给人们的生活带来哪些变化呢？

[①] 刘焕美，腾讯政务旅游中心运营总监。

第十八章 浅谈 VR 对传媒发展的影响 | 年度热点观察篇

第一节 什么是 VR？

VR，这里不单单指狭义上的 VR（也即虚拟现实），还包括 AR 等同类的技术，它们是同一方位的技术。

那么首先，我们需要弄清楚这些英文简称的意思。

VR 是 Virtual Reality 的缩写，中文的意思就是虚拟现实，是一种能够创建和体验虚拟世界的计算机仿真技术，它利用计算机生成一种交互式的三维动态视景，其实体行为的仿真系统能够使用户沉浸到虚拟环境中。

AR 是 Augmented Reality 的缩写，中文意思是增强现实，是一种实时地计算摄影机影像的位置及角度，并加上相应图像的技术。这种技术的目标，是在屏幕上把虚拟世界套在现实世界并进行互动。它把虚拟的信息应用到现实世界，真实的环境和虚拟的事物实时地叠加到了同一个画面或空间，使之同时存在。

第二节 VR 对人们生活的影响

对人们生活的影响，要想有个最直观了解的话，这里推荐观看电影《头号玩家》。

图 18-1 电影《头号玩家》剧照

简单地说，VR 将会像互联网一样，渗透到人类生活的每一个角落，影响到人们生活的方方面面。在 VR 技术真正成熟的时候，每个人都会受到影响，是的，每个人，每个角落！

大部分互联网巨头，都在 VR/AR 方面发力。Facebook 收购了 Oculus，目前专注于 VR，不过也会继续进军 AR；Microsoft 的 Hololens 是目前 MR 最典型的产品；Google 和 Apple 则都对 AR 充满信心，Google 进军 AR 时间更早，不过 Apple 也正在紧锣密鼓地进行 AR 的布局。

图 18-2　VR 游戏效果图

就当下来说，VR 技术虽然还处在摸索的阶段，但是已经逐渐地侵入人们的生活。比如 VR 最直接的就是对于游戏、电影电视的影响，毕竟都是诉诸于视觉和听觉的技术，与游戏、电影和电视在内容和观众审美体验上无比契合。

VR 让人可以感受现实生活中不可能实现的体验，比如一些威胁生命安全的体验，或者超自然的事物等。比如目前广为流行的 VR 游戏，大众可以体验过极速赛车、鬼屋、漂流、太空穿梭等。

同时，VR 技术在国内传统新闻媒体中也已经牛刀小试了。

早在 2015 年《新闻联播》就已经在关于"一带一路"的系列节目中利用 VR 技术，带观众"实景"体验了沿线多个国家的风土人情，让观众体验了一种身未动而心已远的环球旅行。

2016年在国际文化产业博览交易会上，重庆晨报全媒体集群的展位上，展出了一个虚拟的偷盗现场，屏幕上显示的是一个装修豪华的二室一厅，但目之所及都凌乱不堪。参观者通过佩戴VR头盔在虚拟世界里探查案场、查找线索，推理案情，体验案件侦破工作。

在未来，随着VR技术发展，其对传媒的影响会越来越大！

VR视频，不再类似当下的3D电影，当你带上VR眼镜并播放视频后，你可以通过转头的方法去观看视频里的每个角落，像在真实的世界里一样，而当你看向身后时要注意，也许你错过了另一个方向的某一个情节。

VR演唱会，你不再需要到现场就可以身临其境，在家里带上VR设备，就可以体验到现场一样的火爆热情和视听享受。

可以想见，未来还会有更多的VR综艺、VR电视剧、VR电影、VR报道、VR广告等等。

VR技术在现实中的运用，提供了侵入式的现场体验，让观众身临其境，同时提供最华丽并且最真实的场景体验，可以极大增强场景的真实性和客观性。

第三节　VR的现状

2014至2016年爆发性的出现了一大波VR/AR领域的公司，风光无限，同时一大波巨头推出一系列吸引眼球的产品。微软的HoloLens、谷歌的Google Glass、Facebook的Oculus，以及国内的暴风魔镜、小米VR，这些产品的集中出现让人觉得VR/AR仿佛真的即将成为继智能手机后又一具有革新性的行业。但是现实中风口一过，行业开始回归理性，17年以后VR/AR方面的创业少了很多。

值得欣慰的是，2017年CES峰会上，VR作为一个亮点，依旧吸引人的眼球。

在前期，行业确实踩了不少坑了，比如VR游戏里面的头晕、适配问题。目前在这个领域，开始逐步落地的主要是全景采集生产、建筑家装类建模能力，而头显、游戏娱乐类相关的基础部分成本还是很高的。

另一方面从图 18-3 可以看出来，搞解决方案的多，搞应用落地的相比起来就少一些了，造车的多开车的少，所以现在需要整个行业一起共同发掘场景，使应用落地。

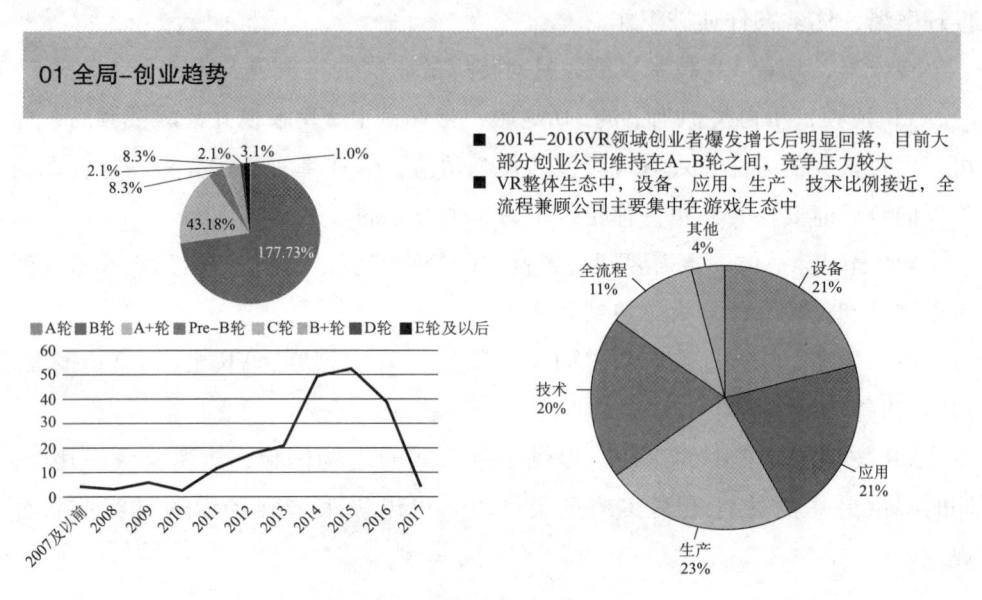

01 全局-创业趋势

- 2014—2016VR领域创业者爆发增长后明显回落，目前大部分创业公司维持在A-B轮之间，竞争压力较大
- VR整体生态中，设备、应用、生产、技术比例接近，全流程兼顾公司主要集中在游戏生态中

图 18-3　VR 行业创业趋势

VR 解决的始终是用户痒点，体验场景限制又比较多（头盔+场地），导致无法短期内浸透用户生活，抢占用户时长。从一些市面现有的 VR 产品来看，软、硬件部分已经做到了不错的消费体验，但离电影《头号玩家》那样的水准还太远。

对 VR 来说，短时间内大众丧失了想象力，市场天花板又初见，加上 AI、区块链的持续火热，自然失去话题热度。

第四节　VR 的前景

谈到 VR 的前景，现在很多人会发问，VR 既然大家都看好，为什么失去了过去那种铺天盖地的气势，媒体上听到的声音也变少了？笔者认为，可以从下面几个方面分析原因。

1. 技术方面

如今全世界有 20 几家权威的公司在潜心研究 VR。至于创业公司，融到钱的公司潜心做研发了，没融到钱的已然出局了，虽然整个行业更加健康，但是从整体上看，VR 技术目前更多地还处在摸索的阶段。

2. 周期方面

因为技术上的摸索，必然导致研发周期较长。

3. 消费者方面

从技术，到研发，再到测试，最后到生产、产业化生产，以及消费者的购买。成品的产品的价格，只能说，在摩尔定律没发挥作用之前，肯定价格不菲。

所以，种种因素导致了企业对这些产品的市场推出周期拉长。同时，消费者的注意力和新鲜度毕竟有限，所以才让人感觉不在舞台的中央了。

但是笔者认为，VR 虽然现在已经不在风口，但是前景反而更好了，大势没有退潮，而是在蓄力。毕竟 VR 解决的始终是用户痒点，并且随着技术的进步，是肯定会实现的，前景是毋庸置疑的。

高盛预测，2025 年时 VR 的市场规模将达到 800 亿美元。

对我们普通人来说，2016 年的确可以算得上是 VR 元年，感知上受到 VR 剧烈的冲击。但这个产业，这短短几年里也经历了大起大落。的确，像 VR 这样的技术想真正走进我们的生活可能还需要一些时间，经历过风口浪尖后也需要静心沉淀一番。

但是，在这个领域真正专业的人，热度依然不减！未来 VR 技术带给传媒的变化肯定让你目不暇接！

第十九章 人工智能产业在中国的发展和应用

陈 彤[①]

人工智能（Artificial Intelligence）是指使用机器代替人类实现认知、识别、分析、决策等功能，其本质是对人的意识与思维的信息过程的模拟。人工智能的概念为人所知始于1956年的达特茅斯会议，其后由于研究进展缓慢一度被排除于主流科学界外。1997年，IBM的深蓝首次在正常时限的国际象棋比赛中击败人类选手引发关注，但此后人工智能的研究再次陷入僵局。随着核心算法的突破、计算能力的迅速提高，以及海量互联网数据的支撑，人工智能在21世纪终于迎来了质的飞跃，成为全球科技瞩目的焦点。2016年，AlphaGo战胜李世石后，全球对于人工智能的发展即兴奋又担忧。但无论如何，世界各国都已经认识到人工智能是未来国家之间竞争的关键领域。

第一节 人工智能发展的三个阶段

人工智能根据主要驱动力的不同，可以划分为以下三个阶段：技术驱动阶段、数据驱动阶段和场景驱动阶段。

一、技术驱动阶段

在技术驱动阶段，集中诞生了基础理论、基本规则和基本开发工具。在此

[①] 陈彤，上海云部落TMT产业园运营总监。

阶段，算法和计算力对人工智能的发展起到主要推动作用。现在主流应用的基于多层网络神经的深度算法，一方面不断加强从海量数据库中自行归纳物体特征的能力，另一方面不断加强对新事物多层特征提取、描述和还原的能力。对算法来说，归纳和演绎同样重要，最终目的是提高识别效率。最新 ImageNet 测试结果显示，AI 错误率低达 3.5%，而人类对同一数据库识别错误率在 5.1%，理想情况下，计算机图像识别能力已超越人类。

提高识别效率除依靠算法之外，也离不开计算力的支持。计算力可以分三个维度展开：芯片、超级计算机、云计算。人工智能领域作为一个数据密集的领域，传统的数据处理技术难以满足高强度并行数据的处理需求。为解决此问题，继 CPU 之后，相继出现了 GPU、NPU、FPGA、DSP 等"智能"芯片。1999 年，Nvidia 公司发布了全球首款图片处理芯片 GPU；2016 年，寒武纪发布了全球首款深度学习专用处理器芯片 NPU，芯片的更迭、进步可从根本上提高计算性能。与主要应用于密集型计算的超级计算机不同，云计算依靠其灵活的扩展能力主要应用于社交网络、企业 IT 建设和信息化等数据密集型、I/O 密集型的领域。

二、数据驱动阶段

当人工智能跨越入第二阶段—数据驱动阶段后，算法和计算力将变成人工智能领域的基础设施。人工智能发展的第二个阶段，算法和计算力已基本不存在壁垒，数据将成为主要驱动力，推动人工智能更迭。此阶段，大量结构化、可靠的数据被采集、清洗和积累，甚至变现。例如，大量的数据基础上可以精确地描绘消费者画像，制定个性化营销方案，提高成单率，缩短达到预设目标的时间，推动社会运行效率提升。

三、场景驱动阶段

到了人工智能发展的第三个阶段，场景驱动作为主要驱动力，不仅可以针对不同用户做个性化服务，而且可在不同的场景下执行不同的决策。在这一阶段，人工只能依靠更多的数据维度和更高的数据质量，实时按照场景的不同，制定具体的决策方案。

第二节 人工智能的主要技术发展情况

一、深度学习

深度学习是人工智能的基础技术,透过多层次模型提高数据分类,应用于各种技术。深度学习通过大规模数据进行训练,获得具有代表性的特征信息,提高分类和预测的精度。深度学习为人工智能带来突破性发展,但其训练和建模逻辑的连接仍然是一大问题。通过训练来构建模型,深度学习对于输入和输出之间的过程和逻辑仍无法掌握,因此当样本较少导致训练素材不足时,就难以有效解决问题。如何实现训练与逻辑的结合,成为未来发展的新课题,若能在算法上有所突破,必将推动人工智能的进一步发展。

二、语音识别

作为自然语言处理的分支,语音识别技术是机器通过识别和理解,把语音信号转变为相应的文本或命令,其技术主要包括特征提取技术、模式匹配准则及模型训练技术三个方面。

语音识别的历史很久,但是直到 20 世纪末,IBM 发明 ViaVoice,语音识别开始走向实用化,至此才开始被大量商业化使用。Google、Apple、Microsoft 等国际互联网企业,在积极推进智能语音技术研发及应用后,以智能语音为切入点,积极布局整个人工智能领域;相比之下,百度、腾讯、阿里巴巴、科大讯飞等中国企业,则以智能交互作为切入点,抢占产业发展制高点。

三、图像识别

图像识别是指利用计算机对图像进行处理、分析和理解,以识别各种不同类型对象的技术。将输入的图像根据色彩饱和度及色调差异进行初步的定位,识别系统会依据其定位提取特征,决定是否建立三维模型,再根据模型与原始图像对比,完成识别。图像识别起始于文字识别,在 20 世纪迈入三维物件识别，21世纪开始被广泛应用于工业和其他细分领域。

中国的人脸识别技术处于国际领先地位，整体识别率高于全球平均，DeepID技术更是达到99%以上。同时，一些创新公司还引起了知名投资机构的关注，包括Sensetime、格灵深瞳等先后获得IDG及红杉资本的青睐。

第三节 人工智能产业的发展情况及应用领域

据腾讯研究院公布的统计数据，截至2017年6月，美国是全球人工智能初创企业数量最多的国家，其次是中国，英国、以色列等国随列其后。中国人工智能企业已经纷纷踏足这个领域。据中商产业研究院统计，2017年中国人工智能市场规模达到152.1亿元。

在我国人工智能产业生态中，以BAT为代表的大公司参与布局较广，在基础层、技术层及应用层皆有所布局。百度在人工智能各领域布局和产业化能力上强于腾讯、阿里巴巴和京东，在自然语言处理、计算机视觉、智能驾驶三大领域，百度的产业布局更广，而阿里和腾讯则是各有侧重。

在创业企业中，中国企业的数量仅次于美国，大部分专业性较强，专注于某一细分领域的技术和应用研究，其中，计算机视觉领域集中了大批的优秀创业公司。目前，我国人工智能初创企业中，有高达42%的企业应用计算机视觉相关技术，其次是语音和自然语言处理，两者占比总和43%，与计算机视觉占比相当。

中国人工智能企业的应用领域更集中于视觉和语音，而基础硬件占比偏小。在终端产品上，初具市场规模的有智能音箱、智能机器人和无人机。

人工智能的行业应用领域包括智能机器人、智能驾驶、无人机、AR/VR、大数据及数据服务，以及各类垂直领域应用。在国内，智能机器人、无人机和智能驾驶类终端产品的市场发展更快，而国外企业则更注重各类垂直行业的应用。

一、人工智能应用的终端产品

1. 智能音箱

拥有人工智能语音交互系统的互联网智能音箱是近年快速发展的智能产品

之一,年均复合增长率超过了30%。研究公司Canalys 2018年5月发布的最新数据显示,谷歌2018年第一季度出售了320万台智能音箱,已经成为全球智能音箱的领头羊。其次是亚马逊,售出了250万台智能音箱。阿里巴巴天猫和小米作为中国两大品牌,分别位于全球智能音箱市场的第三和第四位。

2. 智能机器人

智能机器人包括视觉、传感、人机交互和机电一体化等技术的应用。从应用角度分,智能机器人可以分为工业机器人和服务机器人。工业机器人一般用在工业制造领域,包括搬运机器人、码垛机器人、喷涂机器人和协作机器人等。服务机器人可分为行业应用机器人和家用机器人。中国自从2013年起,一直是全球最大的工业机器人市场,2017年工业机器人销量达到13.8万台。

3. 无人机

无人机主要由个人消费级无人机和商用无人机构成。消费级无人机主要用于航拍、跟拍等娱乐场景。商用无人机的应用范围则非常广泛,可以用于农林植保、物流、安保、巡防等多个领域。

国内最大的无人机企业是大疆创新。大疆主要开发制造消费级无人机,2017年公司营收175.7亿元,同比增长79.6%。无人机产业市场调研公司Sky-logicResearch的数据显示,整个北美无人机市场,大疆占据了50%的份额。

二、人工智能应用的行业

人工智能技术在智能医疗、智能金融、智能安防、智能家居和智能电网等领域应用较为广泛。

1. 智能医疗

随着人工智能技术的不断发展,人工智能在许多领域的应用已经能显著提升医疗服务水平。无论是智能诊疗、医学影像分析,还是健康管理、精准医疗、新药研发等场景中,都越来越多地出现了人工智能技术的应用。

例如在影像分析诊断领域,医疗影像数据飞速增长,但是相应科室的医生数量却没有大的变化,依靠人工阅读数据已经无法满足需要。因此,依靠人工智能中图像识别、深度神经网络等技术来解读影像数据,并判定是否有各类疾病,已经成为众多医疗初创企业研发的重要领域。

2. 智能金融

智能金融是人工智能技术和金融体系的全面结合。金融系统是最能够与人工智能进行结合并产生价值的领域。金融领域已经被充分地数据化,为人工智能的应用提供了充分的数据基础;同时,金融体系内各个分支领域界限相对明确,银行、证券、保险等业务相对独立,便于人工智能在垂直领域中进行应用;另外,金融领域的生产环节相对抽象简单,相对于工业生产领域,能够较少受到上下游变化、生产管理等因素的直接影响。

目前,将人工智能应用到金融领域最为炙手可热的领域包括了智能客服、智能风控以及智能投顾这三个领域。

(1) 金融智能客服。客服目前在各个行业中都扮演着越来越重要的角色,尤其是金融行业,是金融企业提升客户满意度,展示企业形象非常重要的部门。随着微信公众号、APP、网页等沟通渠道的发展,以及客户交付习惯的改变,客户不再局限于通过呼叫中心与企业进行交互,而是可以通过更加便捷的在线交互方式与企业之间进行交互,从而使得交互数量大大增加,为维持客户服务的满意度,各个企业都要投入大量的成本。对于企业来说,客服部门往往又是重要的成本中心,较难直接产生收益,已成为金融行业的一大痛点。

将人工智能应用在智能客服领域的智能客服机器人可以很好地解决金融机构在客服方面的痛点,大大节省成本、提高客户服务效率及满意度。基于人工智能在自然语言理解以及智能知识库方面的技术,智能客服机器人可以理解客户通过各种交互渠道以平常口语化的表达提出的客服问题,并基于智能知识库对客户的问题进行及时准确的答案搜索,并通过自然语言的方式进行回复。由于智能客服机器人的知识库相较于人工客服更加强大,而且不会存在遗忘、情绪等问题,所以会给客户更加高效、准确、专业的客服体验。

(2) 智能风控。金融体系是以信用体系为基础的。但是由于中国传统的征信体系主要由政府主导,所以征信数据的覆盖范围相对有限。据报道,央行的征信数据仅覆盖3.8亿人,主要来自于信用卡数据、车贷、房贷信息等,还有大量的人口没有征信数据,这大大影响了他们享受传统的金融机构提供的服务。同时,中国还有大量的小微企业没有征信数据。

随着互联网、移动互联网以及电商的发展,为获取小微企业和个人的多维度数据提供了可能,运用人工智能的技术手段和工具对这些大数据分析就可以获得对于小微企业和个人较为全面的数字画像，并按照一定的规则计算出该主体的信用评分，作为传统金融机构和小贷公司、消费金融公司开展业务的重要依据，从而可以让之前无法享受金融服务的主体同样享受到普惠金融带来的便利。

（3）智能投顾。智能投顾将人工智能具备的强大的数据分析能力、深度学习及分析能力应用于投资分析领域，基于强大的自然语言理解能力、数据分析能力，大量地、不知疲倦地分析投资市场的公司定期报告、财务数据、市场传闻等信息，其信息获取和分析的效率和范围远远超过人类投资顾问的能力。通过大量数据分析基础上做出的投资决策，其准确性大大超越人类投资顾问。

智能投顾与传统投资顾问在服务内容和服务的主体都有所不同，传统投资顾问仅针对高净值人群进行全方位的投资咨询服务，服务成本较高。而智能投顾在降低服务成本的同时，扩大服务人群。智能投顾相较于传统投资顾问最大的优势是降低咨询顾问个人因素的影响，对于数据的分析更为客观、全面，且比较注重风险，能够根据收益率设置止盈止损。另一方面，智能投顾也有一定的劣势，智能投顾软件是人为编写，或遭遇恶意代码等安全威胁。智能投顾还具有法律方面的风险，由于目前这块领域的监管仍然空白，产品会存在一定的道德风险。

目前我国的智能投顾还属于发展的早期，而且由于我国特有的一些市场情况，造成我国的智能投顾能够发挥的作用相对有限。

3. 智能安防

安防以图像、视频数据为核心，海量的数据来源满足了算法和模型训练的需求，同时人工智能技术也为安防行业事前预警、事中响应和事后处理提供了保障。

我国智能安防领域的重点应用领域有平安城市、园区智能安防、校园智能安防和家居智能安防。我国早在2004年就提出了创建平安城市、平安社会的活动并启动了"科技强警示范城市"创建活动，随即从2005年开始在全国范围内开展城市监控报警联网系统建设"3111"试点工程。近年来全国上下更是掀起了平安城市建设的热潮，近几年以来国家平安城市相关的预算增长了70%。园区安防系统通常由以下部分构成：视频监控系统、入侵报警系统、门禁管理系统、电子巡更系统、停车管理系统和综合管理平台。校园智能安防主要需求有透明食堂监控、校园车辆卡口系统、手机移动监控等。家居智能安防系统主要包括防盗、防可燃气体泄漏、防火灾、紧急求救等功能。

第四节 各国对于人工智能的战略布局和政策重点

一、世界各国对于人工智能的产业政策及着重点

人工智能领域的发展已经引起了世界各国的高度重视。美国、欧洲各国等纷纷出台了相应的国家战略和政策。美国先后发布了《The National Artificial Intelligence Research and Development Strategic Plan》《Artificial Intelligence, Automation, and Economy》《Preparing for the Future of Artificial Intelligence》《Artificial Intelligence White Paper》等政策文件。欧盟也先后发布了《Strategic Research Agenda for Robotics in Europe 2014—2020》、《Robotics 2020 Multi-Annual Roadmap》、《Civil Law Rules on Robotic》,日本发布了《Japan Revitalization Stragegy 2016》。

从政策文件内容来看,美国着力点在于应对人工智能蓬勃发展的大趋势,重视人工智能技术对国家安全和社会稳定的长期影响;欧盟更加关注人工智能对人类社会的影响,因此投入了大量精力在数据保护、人工智能伦理、网络安全、教育等领域;日本更着眼于宏观视角,在国家层面建立推动智能社会建设的产业机制。

二、中国国家层面的人工智能政策

人工智能自2016年起进入国家战略层面,相关政策进入爆发期。中国人工智能政策早期偏向互联网领域,注重应用层的发展。十九大之后,更强调规划实施要构建开放协同的人工智能科技创新体系,把握人工智能技术属性和社会属性高度融合的特质,坚持人工智能研发公关、产品应用和产业培育"三位一体"推进,强化人工智能对科技、经济、社会发展和国家安全的全面支撑。

1. 人工智能从智能制造开始

2015年5月,《中国制造2025》中首次提及智能制造,提出加快推动新一代信息技术与制造技术融合发展,把智能制造作为两化深度融合的主攻方向,着力发展智能装备和智能产品,推动生产过程智能化。

2015年7月,国务院印发《关于积极推进"互联网+"行动的指导意

见》。该《指导意见》中将人工智能作为其主要的 11 项行动之一。

2016 年 1 月，国务院发布《"十三五"国家科技创新规划》，将智能制造和机器人列为"科技创新 2030 项目"重大工程之一。

2. "互联网 +"提速

2016 年 3 月，国务院《国民经济和社会发展第十三个五年规划纲要（草案）》，人工智能概念进入"十三五"重大工程。

2016 年 5 月，国家发展改革委、科技部、工业和信息化部、中央网信办发布《"互联网 +"人工智能三年行动实施方案》，明确提出到 2018 年国内要形成千亿元级的人工智能市场应用规模。

2016 年 7 月，国务院在《"十三五"国家科技创新规划》中提出，要大力发展泛在融合、绿色宽带、安全智能的新一代信息技术，研发新一代互联网技术，保障网络空间安全，促进信息技术向各行业广泛渗透与深度融合。

2016 年 9 月，国家发改委在《国家发展改革委办公厅关于请组织申报"互联网 +"领域创新能力建设专项的通知》中，提到了人工智能的发展应用问题，为构建"互联网 +"领域创新网络，促进人工智能技术的发展，应将人工智能技术纳入专项建设内容。

3. 人工智能加入国家战略规划

2017 年 3 月，在十二届全国人大五次会议的政府工作报告中，"人工智能"首次被写入政府工作报告。

2017 年 7 月，国务院发布《新一代人工智能发展规划》，明确指出新一代人工智能发展分三步走的战略目标，到 2030 年使中国人工智能理论、技术与应用总体达到世界领先水平，成为世界主要人工智能创新中心。

2017 年 10 月，人工智能进入十九大报告，将推动互联网、大数据、人工智能和实体经济深度融合。

2017 年 12 月，《促进新一代人工智能产业发展三年行动计划（2018—2020 年）》的发布，它作为对 7 月发布的《新一代人工智能发展规划》的补充，详细规划了人工智能在未来三年的重点发展方向和目标，每个方向的目标都做了非常细致的量化。

2018 年 1 月 18 日下午，2018 人工智能标准化论坛发布了《人工智能标准化白皮书（2018 版）》。

表 19-1　2017 年度中国人工智能企业百强

排名	企业	领域
	2017 年度人工智能企业百强	
1	百度	开放的人工智能服务平台
2	阿里巴巴	互联网综合服务提供商
3	腾讯	互联网综合服务提供商
4	华为	人工智能自动化业务、智能芯片
5	平安集团	人工智能金融研发平台
6	搜狗	综合人工智能解决方案平台
7	科大讯飞	智能语音技术提供商
8	华大基因	多组学精准检测、医疗数据运营服务提供商
9	珍岛集团	SaaS 级智能营销云平台（Digi-Marketing AI）
10	中科创达	智能终端平台技术提供商
11	博实股份	智能成套装备系统解决方案提供商
12	全志科技	智能应用处理器 SoC 和智能模拟芯片设计厂商
13	汉王科技	文字识别技术与智能交互
14	商汤科技	人工智能视觉深度学习平台
15	智车优行	互联网思维造车科技公司
16	face＋＋旷视科技	人工智能产品和行业解决方案提供商
17	智臻智能	智能机器人技术提供和平台运营商
18	出门问问	自主语音识别、语义分析、垂直搜索
19	七牛云	计算机视觉领域 AI 创新服务商
20	GEO 集奥聚合	第三方数据整合和场景化应用平台
21	Chinapex 创略	企业级智能客户数据平台
22	TalkingData 腾云天下	移动互联网大数据平台
23	碳云智能	健康大数据平台
24	寒武纪科技	深度学习专用的智能芯片
25	Rokid	智能机器人研发科技公司
26	暴风 AI 电视	AI 电视开发
27	中星微电子	芯片设计企业
28	依图科技	计算机视觉科技公司
29	触宝	AI 输入法
30	智能管家	智能硬件科技公司
31	地平线机器人	嵌入式人工智能和系统级解决方案提供商
32	云知声	物联网人工智能服务
33	达闼科技	云端智能机器人运营商

续表

排名	企业	领域
34	盛开互动	视觉识别和人工智能技术研发公司
35	优必选科技	智能家庭机器人研发
36	旗瀚科技	自动化控制、人工智能技术、云平台服务
37	云从科技	人脸识别及计算机视觉研发
38	阅面科技	深度学习和嵌入式视觉
39	玻森数据	中文自然语言分析云服务提供商
40	图森未来	城际物流运输自动驾驶解决方案提供商
41	Geek+	物流仓储智能机器人科技公司
42	数据堂	大数据服务平台
43	Video++	消费级视频的AI科技
44	深鉴科技	深度学习处理器解决方案
45	掌贝	智能化的店铺营销服务
46	A.I. Nemo 小鱼在家	互联网硬件和智能家电的创新型公司
47	丁盯智能	智能家居、智能生活硬件技术公司
48	永洪科技	大数据服务和BI商业智能分析服务商
49	臻迪智能	工业级无人机及机器人开发公司
50	诺亦腾	动作姿态捕捉系统研发
51	卓翼科技	通讯、计算机、消费类电子产品研发
52	汇医慧影	第三方的医学影像咨询平台
53	Momenta	无人驾驶解决方案提供商
54	体素科技	人工智能医疗影像服务
55	思必驰	智能硬件领域语音公司
56	瑞为技术	视觉感知技术方案提供商
57	海致网络	可视化大数据分析服务提供商
58	乂学教育	人工智能自适应网络教育公司
59	思岚科技	激光雷达机器人定位导航解决方案供应商
60	捷通华声	语音、手写识别等智能人机交互
61	格林深瞳	计算机视觉和深度学习技术以及嵌入式硬件研发
62	速感科技	以机器视觉为核心的人工智能创业公司
63	佑驾创新	汽车ADAS驾驶辅助系统研发商
64	图玛深维	自动化辅助诊断系统与医学数据分析系统
65	云天励飞	视觉人工智能领域
66	中科汇联	专注于软件开发、咨询服务的互联网公司
67	涂图（TuSDK）	视频图像服务商

续表

排名	企业	领域
68	医渡云	大数据医疗的科技公司
69	推想科技	医疗服务推想深度人工智能
70	镭神智能	激光雷达解决方案提供商
71	亮风台	AR核心技术与产品研发
72	零零无限科技	无人机技术公司
73	图普科技	图像识别服务供应商
74	冰鉴科技	人工智能第三方独立征信平台
75	公子小白	陪伴型机器人研发商
76	图灵机器人	个性化智能机器人平台
77	飞搜科技	人脸识别、图像识别
78	三角兽科技	中文智能交互系统
79	普强信息	智能语音识别和语言处理技术
80	猎萝卜	智能猎头招聘平台
81	智齿科技	智能客服技术开发商
82	猛犸反欺诈	业务反欺诈服务商
83	贝尔科教	机器人儿童培训
84	智位股份	开源硬件、机器人产品服务商
85	远鉴科技	专注人工智能生物识别领域
86	声智科技	人工智能交互与声学解决方案服务商
87	埃夫特智能	工业机器人设计、研发、制造与系统应用开发公司
88	中科视拓	人脸识别技术
89	祈飞科技	智能机器人系统方案商
90	水滴科技	计算机视觉技术
91	米文动力	机器人智能控制系统解决方案提供商
92	中科奥森	人脸识别和智能视频技术
93	驭势科技	无人驾驶解决方案提供商
94	速腾聚创	机器人感知技术研发及相关设备提供商
95	第四范式	人工智能技术与服务提供商
96	ImageQ	大数据语义分析云平台
97	linkface	深度学习技术和计算机视觉研究
98	云洲智能	自动智能无人船
99	擎朗智能	智能机器人研发生产
100	智行者科技	无人驾驶解决方案提供商

资料来源：2018《互联网周刊》& eNet研究院。

第二十章 延庆区融媒体建设调研报告

赵 晨[①]

党的十九大报告提出："要高度重视传播手段建设和创新，提高新闻舆论传播力、引导力、影响力、公信力。"为深入贯彻落实党的十九大精神，按照中央、市委关于新闻舆论工作的决策部署，结合延庆媒体发展实际，特设立此次调研。

习近平总书记在党的新闻舆论工作座谈会上发表重要讲话时指出："随着形势发展，党的新闻舆论工作必须创新理念、内容、体裁、形式、方法、手段、业态、体制、机制，增强针对性和实效性。要适应分众化、差异化传播趋势，加快构建舆论引导新格局。要推动融合发展，主动借助新媒体传播优势。"蔡奇同志强调指出："要把推进区级融媒体中心建设，作为提升全市新闻舆论引导能力和引导水平的重要突破口。"市委常委、市委宣传部部长杜飞进同志2018年1月在我市宣传部长会议作出了"要深入推进媒体融合发展，坚持移动优先，加强传统媒体的自媒体建设，鼓励传统主流媒体运用全媒体多样化传播形式，打造具有较强吸引力传播力的融媒体报道精品"的部署，"明确提出把推进区级融媒体中心建设，作为今年加强全市宣传思想文化工作的切入点"。

为落实北京市委、市政府工作的部署，为加快推进延庆区媒体深度融合，成立了以区委李志军书记、区长穆鹏挂帅的融媒体组建工作领导小组，全面推进融媒体改革工作。在对辖区广电中心、街道（3个）、镇（10个）、乡（4个）媒体走访调研厘清现状的基础上，提出了延庆区广电中心媒体融合目标，确立了实现途径及工作内容、工作方法及保证措施。

[①] 赵晨，北京市委宣传部新闻出版研究中心主任科员，2018年挂职延庆区广电中心副主任。编写媒体融合类著作两本，在《传媒》杂志、《中国新闻出版广电报》等处发表论文10余篇。

第一节　前期融媒体建设存在问题

通过走访、调研，厘清现状，认为有以下突出问题。

一是辖区媒体分散度大，影响力微，生存压力大。辖区媒体存在一线采编人员十分缺乏，又存在各级、各种媒体各自为战，仅能满足报纸和电视、广播各自日常发行和播出，难以融合。因机构调整与编制变化等原因，辖区媒体的人财物实力与规模缩小，力量削弱。加之各类新媒体新闻、互联网、手机视频的冲击及上级媒体的强势覆盖，辖区媒体的市场份额占有率在不断减少，致使广告等经营性收入锐减。伴随着辖区媒体的关注度的减少，政府在人财物上投入积极性不高，出现人员工资待遇较差，流动率强的状况。

二是制作内容泛泛、特色不突出，吸引力差。受采编人员、经费有限的制约，常把原有会议内容、电视视频、报纸和广播内容原封不动照搬、照抄到新媒体平台，领导活动、日常会议占据报纸版面、电视画面、报道内容泛泛。没有经过网言网语的改造，没有以受媒体特定群体喜闻乐见的形式充分黏住受众。内容缺乏丰富多彩、报道的缺乏挖掘深度，致使大量群众流失。

因此引领区内媒体资源的重新整合，集合优势资源，推进区级融媒体中心建设；适应分众化、差异化传播趋势；利用先进的传播方式充分突出特色、满足特定受众的特色需求，增强区级媒体影响力和传播力；为服务保障冬奥会、世园会筹办举办；传播延庆声音，讲好延庆故事；实现"延庆的世界成为世界的延庆"提供坚强的宣传舆论保障，是我们当前工作的迫切任务。

第二节　明确延庆区媒体融合目标

北京市委常委、宣传部部长杜飞进同志在北京市推进区级融媒体中心建设培训班开班仪式上的讲话时强调："推进传统媒体与新兴媒体融合发展，是中央根据媒体生态和舆论格局深刻变化，作出的重大战略决策，这一决策也是我们各级各类媒体自身长远发展的需要，是被实践证明的一条适应时代发展要求、主动抢占移动互联网传播新机先机的必由之路。"

2018年3月10日，杜飞进同志到延庆调研时指出："延庆区要立足区域实际，抓住互联网分众化特点，积极大胆探索，创造性地抓好融媒体中心建设，在推进全市媒体深度融合上发挥重要作用。"

围绕延庆的融媒体建设实际，我们延庆融媒体组建工作领导小组明确了工作目标：组建一个区级融媒体中心；打造一支精干的融媒体队伍；聚合一个区级融媒体平台；探索一套行之有效的区级媒体融合机制；再造一个融合后、适合延庆媒体融合情况的策采编发流程。旨在打造一个集报纸、广播、电视、网站和微博、微信、移动客户端交汇共融的融媒体中心。

要适应分众化、差异化媒体传播趋势，为党的新闻舆论工作增强针对性和实效性，加快构建舆论引导新格局，为延庆全区32万群众做好新闻服务、政务服务和民生服务，建设一个立足北京、面向全国、辐射世界的延庆区全媒体平台。

第三节　确立实现媒体融合目标的途径

一、确定融媒体中心实现"五统一""五融合"途径，着力推进传统媒体向新媒体融合发展，构建"一次采集、多种生成、多元传播"的全新工作格局

1."五统一"

一是统一搜集线索。汇聚所有新闻线索来源，集中一个"接收器"，确保新闻选题全面准确，科学有效判断新闻价值。二是统一指挥调度。打破"各自为战"格局，树立全局"一盘棋"思想，确保传统媒体、新媒体相得益彰、高效运转。三是统一协调资源。整合各类媒体资源，建立一座"资源库"，确保各类资源共建共享。四是统一流程管理。再造策采编发流程，配置一套"流水

线",确保所有媒体产品实现一体化生产。五是统一绩效考核。制订科学考核评价标准,应用一把"量高尺",确保人员业绩与收入的价值等同。

2. "五融合"

一是实现新闻产品深入融合。通过"一次采集、多种生成、多元传播",使融媒体中心所有新闻产品互通共用。二是实现内宣外宣传播融合。在媒体融合基础之上,逐步接管全区外宣工作,实现内宣外宣并驾齐驱。三是实现技术系统共享融合。设计新的融媒体技术系统,实现资源共享、流程上网,让信息多跑路、人员少跑腿。四是实现策采编发流程融合。取消原有各媒体工作流程,统一应用融媒体策采编发流程,实现全程跟踪管理。五是实现采编人员技能融合。打破原有业务分工,鼓励采编人员由"一招鲜"向"千招能"转变,建设全媒体采编队伍。

二、坚持做好"融汇贯通"四篇文章

1. 做好"融"的文章,"融"是指融合

(1) 机构机制融合:打破原有业务科室、各媒体平台各自为战的旧格局,建立"一室六部"融媒体新机构,实现了人员融合、办公场地整合;紧扣"党媒姓党"定位,重塑策采编审发评融媒体流程,实现总编例会常态化,新闻策划常态化,联采多发常态化,严格审核把关制度,把牢"政治安全""播出安全""内保安全"工作底线。

(2) 内宣外宣融合:融合宣传资源,"向上"及时将有份量、有力度的新闻选题向市级及中央媒体的报送,"向下"迅速把党和政府声音传递到基层。真正做到了市委宣传部提出的"上接天线,下接地气";实现了内宣与外宣的有机融合。

(3) 数据服务融合:打通数据壁垒,联通信息孤岛,正积极与区内各单位协调打通,建立服务延庆人民的"两微一端",实现各类大数据融合共享。升级现有平台,推进了新闻服务、政务服务和民生服务统一的入口、运营平台和管理平台。树立服务思维,强化服务导向,大比重增加事关群众生活服务信息,让新闻更好地服务于当地群众。

2. 做好"汇"的文章,"汇"是指汇聚

(1) 媒体渠道汇聚:整合优化报纸电视广播传统宣传渠道,大力建设微博微信抖音等新宣传平台,高效整合宣传渠道和资源,打造了体系完善、运转高效的融媒体平台,使得原有的"三驾马车"升级成了"四轮驱动",构建了集视、播、报、网、端为一体的新宣传格局。

(2)媒体要素汇聚:借助指挥调度平台,实现新闻线索、热点汇聚,保障新闻时效性、实用性、参与性。围绕移动优先,坚持需求导向,注重渠道和内容结合,运用VR、AR、H5、航拍、动画、直播等多种产品形态,实现精准生产,精准投放,使新闻传播效果最大化,让新闻产品可听、可看、可视、可触。

(3)媒体人才汇集:按照融媒体发展需求,优存量、引增量、活变量,从思想、业务、管理等多方面加强新型宣传骨干人才的培养和利用;将优秀骨干、各类技能人才汇集到关键岗位,促进由"单兵作战"向"团队协同"转变,集中力量办大事,打造受众认可的全媒体爆款产品。

3. 做好"贯"的文章,"贯"是指连贯

(1)业务管理连贯:借助人民日报中央厨房成熟模式,运用"歌华云"存储技术,建立完善便捷的指挥调度平台,真正实现了策、采、编、发全部在同一平台内完成,实现了新闻产品生产的可追溯监管,保证管理连贯性;在总编室的总体统筹下,强化策划,严把审核,实现人员采编需求和媒体资源协调同步,使得宣传报道具有连续性、系统性,保障了新闻报道的深度广度。

(2)指挥调度连贯:通过融媒体总编室和记者的相连,实现了现场指挥调度的连贯;通过区内记者与央媒、市属媒体记者的连线报道,实现了央、市、区的"三级报道联动"和指挥调度可视化,架起融媒体平台调度连贯的桥梁。

(3)绩效考核连贯:在绩效考核管理中,通过融媒体平台对每个人工作量的统计,基于各部门特点,建立全中心统一的考核标准体系,多劳多得,优质优酬,力求绩效管理一以贯之,建立积极导向激励制度,畅通人才流动,激发创新活力。

4. 做好"通"的文章,"通"是指相通

(1)上下相通:上与央级、市级媒体,下与镇村分中心建立顺畅的沟通渠道和有效的对接机制,构建央、市、区、镇(街)四级新闻宣传纵向融合,打造"信息相通,内容互补,渠道共享"的融媒体宣传新格局。

(2)左右相通:积极服务京津冀协同发展,立足延庆区位实际,加强与天津电视台，河北省怀来县、赤城县电视台等兄弟媒体的横向交流，聚焦区域发展重点，相互推广，实现发展共赢。

（3）内外相通：解放思想，更新观念，发挥党媒引领作用，加强与社会媒体的协调合作，围绕区内重点工作，重大活动，共同宣传报道，做到新闻口径一致，新闻素材共享，最大程度画好系统内外媒体宣传同心圆。

第四节　明确工作任务

打造了国内首家"广电+报业"中央厨房模式。延庆融媒体的"广电+报业"模式的"中央厨房"是基于人民日报"中央厨房"的成熟技术支持，依托北京"歌华云"服务，根据延庆区自身特点和重大选题的要求，实现了报业与广电业全媒体快速融合，推动了延庆的新闻宣传工作水平和媒体接待保障能力快速提升，成功打造集政务服务+公共服务+民生服务的全媒体平台，在全国首先实现了真正意义上的区县级"中央厨房"，形成了极具行业特色和云服务亮点的延庆融媒体中心。

一、"组建一个中心"（延庆区融媒体中心）

延庆融媒体中心建设打破了原有的13个科室，整合了原有电视、电台、报社的采访、编发力量，还新增加了新媒体部，采用了新的"一室六部"的结构。下设总编室、采访部、编发部、新媒体部、技术部、综合服务部、工程部。

1. 总编室：负责选题策划、资源协调、外宣联络、发布审核、监测分析、舆情应对

主要职责：落实上级部署的重点宣传任务，搜集汇总新闻线索，研究和策划宣传选题；研究判断报道方式、发布途径等，并将采编指令下达给采访部；建立素材库，收集存储采访部完成的传媒半成品，并分发给编发部；对编发部生产的新闻产品进行政治把关、内容把关、质量把关、发布审核等，确保政治正确，质量合格，安全无误；做好区外媒体的沟通联络工作，报送外宣选题和

素材；对新闻传媒产品进行监审分析，收集研判社会舆情，对发现的问题第一时间反馈；与上级部门沟通联系，做好突发事件与舆情的应急处置；完成上级交办的其他工作。

2. 采访部：内设时政组、社会组、项目组

主要职责：按照总编室指令，分派记者完成采访任务；按照要求完成新闻、电视栏目等稿件撰写、视频粗编、图片拍摄等基础工作，实现"一次采集"；按照宣传任务，完成新媒体即采即编即审即发；将新闻素材报总编室资源部；完成上级交办的其他采编任务。

3. 编发部：内设编辑部、后期部，对应新媒体、平面媒体、电视、广播等端口

主要职责：根据总编室指令，结合报纸、电视、广播和两微平台、网站、移动客户端的不同需求，对采访部的新闻产品进行"再次加工"，实现"多种生成"；将再次加工的传媒产品报送至总编室审核，并根据审核反馈意见进行修改完善；把总编室审核通过之后的传媒产品，通过报纸、广播、电视、新媒体等渠道进行推送和发布，实现"多元传播"。

4. 新媒体部：内设"两微"部、客户端部，对应微博微信和APP客户端

主要职责：负责创新生产网络视听产品，对新闻产品深度挖掘和推广；生产微博、微信、抖音等新媒介上的爆款产品；运营融媒体中心所属的网站频道和两微一端。

5. 技术部：内设技术部、播控部、转播站

主要职责：负责所有采访编辑和播出设备的管理维护，为采编、发布提供相应的技术支持；为进一步拓展融媒体功能提供技术支撑，学习引进技术创新；确保广播电视播出和网络运行安全；建设融媒体资源库，将所有传媒产品、数据等进行统一存储和管理。

6. 综合服务部：内设政工科、办公室、财务科、内保科

主要职责：负责党建人事群团等工作；做好车辆、物资、财务、安保、卫生、食堂等后勤保障工作。

二、"再造一个流程"（策采编发流程）

延庆融媒体通过流程再造，实现"策划先行、全景采编、严格审核、多频

发布"，形成"先互联网、新媒体、APP 客户端，再广播、电视、报纸，后分析、监测、追踪报道，最终形成正确科学有力舆论引导"的宣传流程。全媒体记者一次采集的新闻内容，按照各平台传播的特点与需求，经二次加工编辑之后，按照传播时效，逐级分类发布。

三、改扩建了融媒体中心的办公环境

首先，对原有的广电中心三楼 60 平米会议室进行装修和改造，建成延庆融媒体指挥调度平台。然后，我们选择辰龙国际 9 号楼作为区融媒体中心二期建设的主体办公场所。总占地面积约为 1 171 平方米。将其作为融媒体产品制作区、技术平台操作区、媒体服务区、对外交流展示区。辰龙国际 9 号楼，经改造后建筑面积和格局可以基本满足融媒体中心建设的技术、设备和人员承载的要求，改造难度较小，建设工期较短，于 2019 年 4 月前完成。另辰龙国际商务办公区外观设计、周边环境和交通状况已满足世园会、冬奥会高规格和较大规模的采访、演出、互联网产品创作的要求，同时能够在会时为区内外媒体记者提供专业的媒体服务。

四、加快建设网络和新媒体阵地

一是延庆政务网的新闻动态频道已交由融媒体中心运营管理，重新调整和包装，使之成为全区各类新闻资讯的网络集散中心。

二是与人民网和光明网开展全面战略合作。在其指导下开办并运营好延庆融媒体中心公众微信和微博，委托开展新媒体人员培训，开发各种类型的新媒体新闻产品；协助建立与京外主流媒体和专业领域自媒体的合作关系，特别是依托人民网、光明网的 Facebook 和 Twitter 账号，加强延庆的海外传播。

三是加强与延庆传媒联盟的服务管理，通过自建一批、委托运营一批、深度合作一批、项目联合一批等方式，不断巩固扩大互联网与新媒体工作阵地。

五、加强技术平台建设

为推动区属媒体深度融合，提高新闻产品生产效率，强化"中央厨房"指挥调度功能，需引进开发融媒体指挥调度平台，实现新闻线索报送、策采编发

指挥调度、新闻资源统一管理、传播力检测和舆情分析等功能。

六、改革人员管理体制

目前广电中心工作人员主要有四种类型，即：规范事业和自收自支编制共85人（实际在岗76人），其中自收自支事业单位6人（实际在岗4人），区人保局编制外合同工74人和广电中心自聘人员26人。

本次融媒体改革的重点是解决制约区属媒体发展的若干共性问题，包括：多种用工类型导致的同工不同酬、工作绩效与收入水平不挂钩；专业技术人才上升空间有限、高水平人才吸引力不足；缺乏必要的退出机制、人员素质结构升级难等。

根据融媒体中心的新流程、全媒体记者的新要求和新闻产品制作的新标准，我们通过建立国有独资公司，进行公司化改革，为原来中心聘用职工按照"自愿原则"和"老人老办法，新人新办法"的方式重新签订劳动合同；并重新制定一套科学合理、激励有效的薪酬制度体系，确保融媒体中心发展所需人才招得来、干得好、留得住。

七、加强有限的工作经费保障

为了完成办公场所改造、技术设备改造等一系列工作，按照新标准、新要求建设好融媒体阵地，为冬奥会世园会提供高质量的媒体服务保障，我们从区财政统筹协调了部分资金，并向市财政申请了部分资金，进一步加强了融媒体建设经费的保障。

八、打造了一支全媒体队伍

现有人员不能满足电视、广播、报纸、新媒体的融媒体宣传快捷、高效、专业和精品节目需要，改善人员结构，以适应媒体融合工作需要。一是对现有人员进行全媒体思维以及技能培训和锻炼；二是招聘一批具有一定融媒体能力的人才；三是与人民网、光明网、腾讯、新浪、今日头条等单位进行人力资源合作，培训解决专业技术人才增量问题。

九、做好冬奥会世园会相关服务保障

一是在新建融媒体中心设立媒体接待中心，为央视、省市区和国外媒体提供所需要的办公场地、音视频录制场地及技术支持。

二是逐步承担区级外宣工作，服务保障冬奥、世园会的筹办举办，讲好中国故事，传递中国声音。

第五节 具体保障措施

一、提高政治站位，统一思想认识，激活融媒体中心建设"原动力"

我们认真贯彻落实市领导调研指示精神，借势借力两件绿色发展大事，将融媒体中心建设作为加强地区品牌形象建设的重要抓手，以高度的政治责任感和强烈的政治担当，全力以赴加快融媒体中心建设。

1. 统一思想认识

杜飞进部长来延调研当晚，区委书记李志军同志就带队到融媒体中心备选新址调研，并召开专题会议研究融媒体中心建设工作思路。区委第一时间召开常委会会议，传达学习杜部长来延调研指示精神，研究部署融媒体中心建设工作。组织区委宣传部、区广电中心干部到人民日报、光明日报、团市委中央厨房、海淀广电中心、太仓市融媒体中心等调研考察70余人次，参加市委宣传部融媒体中心建设培训班30人。经过学习考察培训，凝聚了思想，统一了认识。

2. 坚持高位协调

成立了由区委书记李志军和区委副书记、区长穆鹏任双组长的区融媒体中心建设工作领导小组，召开小组专题会议5次，统筹各方资源力量，形成强大工作合力，激活建设融媒体中心的原动力。

二、深层推动改革，重新设置机构，增强媒体改革"融合力"

在区委区政府的坚强领导下，在宣传部的精心指导下，我们快马加鞭，真抓实干，充分学习借鉴人民日报"中央厨房"运营管理经验，大胆探索，创新性地开展流程重塑，完成机构重设，设置一室六部组织架构（总编室、技术部、采访部、新媒体部、编发部、综合服务部、工程部），着力推进传统媒体和新媒体融合发展。延庆区融媒体中心于6月16日挂牌运行以来，各部门配合有序，宣传质量、工作效率显著提升。

组建过程中，延庆念好"五字诀"推进各项工作。一是念好"精"字诀，立足服务保障世园冬奥，按照高品质、国际化标准，与人民网合作，打造全国首家报业+广电模式融媒体中央厨房；二是念好"融"字诀，完成机构重组、流程重塑、人员整合、指挥调度平台搭建，打造集报纸电视广播新媒体于一体的融媒体中心，实现策采编发一体化，构建一次采集，多次生成，多元传播新格局，强化培训，采编人员由"一招鲜"向"千般能"转变，打造融媒体人才队伍；三是念好"新"字诀，补齐新媒体短板，集聚后发优势，与光明网合作打造新媒体孵化基地，全员发动参与融媒体产品制作，打造融媒体宣传矩阵；四是念好"快"字诀，夜以继日，高位协调，狠抓落实，上下同心，攻坚克难，以钉钉子的实干精神，坚持目标导向，严格倒排工期，按时完成各项筹建工作；五是念好"稳"字诀，筹建快速推进，质量稳字当头，实施双线运行机制，业务管理按融媒体新机制运行，行政管理保留原广电模式基础，坚持安全第一，稳步过渡，确保媒体融合后新闻舆论宣传工作有序高效。

三、补齐新媒体短板，"三驾马车"升级"四轮驱动"，提升新闻产品"传播力"

在融媒体中心建设中，我们充分剖析实际短板，强化新媒体阵地建设，将原来报纸、电视、广播"三驾马车"宣传模式升级为新媒体、报纸、电视、广播组成的"四轮驱动"宣传新格局。

与新媒体资源经验丰富的光明网深度合作，高端谋划，全员参与，借助光明网新媒体资源丰富的优势，组建新媒体运行团队，完成融媒体"延天下"两微建设，开通运营光影学社、延庆风物、融媒党建等微信公众号6个，发布信息700余条，累计阅读量1 000万余人次；注册运行世园会北京延庆、延庆故事等抖音账号20余个，发布关于延庆各行各业微视频2 000余条，累计点赞数42万余，其中主持人张辉发布的《温暖保安》抖音，获得点赞48万，5 700人参与互动评论，较好地表现了"厚德延庆"的主题，取得了良好的宣传效果。推出了"秘密花园的来信"小游戏与各类新媒体产品，传播总量达3 000万人次，取得良好传播效果。

四、强化选题策划，严格审核把关，提升舆论思路"影响力"

总编室充分发挥"神经中枢"作用，每天早上8点由总编主持召开编前会日例会，总结上一天工作完成情况，安排部署当天工作重点，保障了新闻选题策划常态化，联采多发常态化，就目前运行来看，各部门配合顺畅，衔接有序，工作效率大幅提升；同时，总编室强化策划，严把审核，做到"三看"，提升"三度"，坚守"三线"。一是"向上看"，以延庆视角仰视中央市属媒体，对标热点，统一口径，站稳政治立场，找准党媒定位，让融媒体产品有高度，接通思想天线；二是"向下看"，从全市角度俯视梳理延庆工作，大尺度策划选题，全方位报道亮点，正确引领导向，让融媒体产品有广度，拓宽宣传边线；三是"向细看"，融媒体记者下沉一线，用鲜活细节表现新闻事件，用民声俗语传递群众诉求，确保新闻报道接地气、带露珠，让融媒体产品有温度，把牢质量底线。

五、高标准谋划，高水平保障，提升融媒体建设"推动力"

一是建立4个专门机构推进融媒体改革。区融媒体中心建设工作领导小组负责引领方向、把握大局，协调解决融媒体中心建设过程中的重点难点问题；领导小组办公室负责统筹协调，组织相关工作方案、规划的编制和实施，开展责任督导；广电中心中层以上干部组成融媒体中心组建工作组，负责机构设置、流程重塑；工程建设办公室负责融媒体中心基础设施建设的推进。机构成立以来，共召开会议50余次。

二是强化保障力度。着眼于服务保障世园会、冬奥会宣传推广，配合组委会做好赛会期间国内外媒体接待服务保障，区委、区政府加大对建设场地、设备和资金的支持力度，区级财政优先保障融媒体中心建设、运营所需经费，将区内优质资源用于融媒体中心办公场所改造。

三是高起点推动融媒体中心建设。与人民日报建立战略合作关系，在重大主题宣传、舆情监测指挥系统、融媒体中心建设、城市形象品牌宣传推广等方面开展全方位合作。立足冬奥会、世园会两大国际级赛会对新闻宣传和舆情应对的需求，与人民网合作建立冬奥世园舆评中心。与光明网和各类商业新媒体、自媒体开展广泛合作，加强新媒体产品策划，制作推出短视频、微访谈等各类新媒体产品。

四是高定位谋划融媒体中心新址建设。在广电中心原址改造的同时，邀请国际顶尖设计团队美国晋思建筑咨询（上海）有限公司北京分公司参与融媒体中心新址设计，目前各项工作正在有条不紊地推进，届时将成为延庆服务世界各国媒体的接待中心、延庆地标式建筑和城市形象的重要窗口。

第六节 有待探讨解决的问题

一、怎样做好基层媒体新型服务这篇大文章

更好地服务群众，这是习近平总书记重要讲话赋予区级融媒体中心建设的另一个使命。媒体服务是篇大文章，也是篇巧文章。为谁提供服务，提供什么样的媒体服务，怎么样提供媒体服务，这是所有媒体增强造血功能、实现可持续发展的必做功课，既然是服务，就应该强化用户思维，以用户为中心。一个区内的群众，分散在各个乡镇和村落中，他们对媒体服务的需求一点也不少于城市市民，对政务服务则有更多的期待，对电商服务也有需求。

从实践来看，实现更好地服务群众有以下途径。

一是把各级党和政府的富民政策通过有效的传播手段和话语传播到每一个家庭、每一个人，为各部委办局的工作搭建宣传推进平台，把政务资源变为媒

体运营资源。

二是为群众的生产、学习、成长、生活提供本地化的服务。

三是为区内的企业、品牌塑造、经济发展、美丽乡村建设提供传播和智库服务。

四是为域内群众提供便捷、有效购买的电商服务平台，为百姓生活提供充分的便利。

五是为域内群众提供本地人文、历史、景观、风土人情、土特产、非物质文化等有挖掘深度，激发域内群众深厚乡土情感的媒体作品，弘扬正能量。

二、怎样增强内部活力

增强内部活力是区级融媒体中心建设的紧迫任务。目前，区内媒体陷入生存困境有主客观原因。主观原因是体制机制僵化、不敢改革不会改革不想改革带来的改革困境。

通过调研发现，改革滞后是带来生存困难的主要原因。区级融媒体中心改革的推动力主要来自上级党组织和政府部门。因此，也需要上级宣传部门、组织人事部门、财政部门的全力配合。一些区县台在向融媒体中心建设改革的过程中，实行采编与经营分开、事业产业分开，全台实行企业化管理，取消事业编员工的体制特权，打破僵化的用人和分配制度，激发全体员工的积极性，内部活力显著增强。这些经验是值得我们借鉴的。

三、区级融媒体中心建设是上下左右联动的系统工程，需要系统性推进

对北京市来说推进延庆区新融媒体中心建设，也是一个完善全市融媒体建设的重大机遇。我们将在市委宣传部引领下学习、借助北京电视台、北京日报、新京报等市级平台，展示我们的地方特色，适应分众化、差异化传播趋势，发挥我们各自的优势，努力参与好全市融媒体建设的大合唱，为北京整体新融媒体建设贡献自己的力量。

区级融媒体作为党的基层媒体，肩负把握正确舆论导向，提高新闻舆论传播力、引导力、影响力、公信力，巩固扩大基层的主流思想舆论阵地的核

心任务。因此，守好基层舆论阵地，做好基层舆论导向工作，让党的政策理论和社会主义核心价值观飞入基层百姓家，统一思想、凝聚力量，有效引领基层民众积极投身到中华民族伟大复兴中国梦的伟大实践中，这就是区级融媒体中心建设的核心。核心业务做得好与否，直接决定区级融媒体中心的生命力和价值大小。因此区级融媒体中心建设首要的是面向基层群众加强和改进新闻宣传。偏离或弱化这一核心业务的改革都是与区级融媒体中心建设目标相悖离的。

国际传媒融合
创新借鉴篇

第二十一章　法国报业融合创新报告

邱　昂[①]

在法国，纸媒随处可见，人们热爱读书并保有阅读的习惯，几乎随时随处翻阅报纸和书籍。法国人善于表达，擅长评论和批判，因此他们关注各种新闻时事。多年来，广播、电视和报刊是人们日常获取信息的三种主要渠道，人们逐渐形成了"聆听—观看—阅读"的习惯。这三类媒体各具特色，广播简明而快捷，电视内容丰富而形象化，报刊覆盖面广而延续性强，就深度报道和后续报道来说，报纸和期刊有着广播电视不可比拟的优势。就传统地位来说，《法兰西晚报》和《世界报》《解放报》《费加罗报》齐名，是法国十分具有影响力的全国性日报，以其丰富详实的内容、精准的角度和严肃的观点而闻名。当下面对来势迅猛的网络新媒体，法国报业遭受了严重的挫折。

第一节　法国报业的发展现况

面对整个报业危机，法国的报业逐渐认识到，如果试图挽回发行和广告的数量，唯有通过不断的创新尝试以符合和满足公众的喜好。为此，一些报纸和期刊定期推出一系列特刊，实行配套出售的方式；一些报刊通过创新，推出电子刊物，还有一些报刊为 15—24 岁的青少年发行免费报纸而吸引更广泛的阅读群体，目前这些免费报纸的发行数量正不断上升。

一、新媒体的发展与市场的挤压

无疑互联网的快速发展是导致法国报刊传媒危机的首要因素。很大程度上

[①] 邱昂，中国新闻出版研究院传媒研究所助理研究员。

来说,法国传统媒体受到来自新媒体的巨大压力。网络新媒体为读者免费获取信息提供了便利的界面和平台,在无形中渐渐吞噬了纸媒的市场。在这种趋势下,法国报业也不可避免。数字媒体信息传播具有便捷性和交互性的特点,影响着广告人的投资目标和决策。近年来法国报刊的广告收入整体显示出连续下降的态势,与之相反,网络传媒的广告市场份额却不断上升,法国传媒界将这一现象归咎于互联网新媒体的快速发展。虽然法国各大传媒集团也把例如网站、电子刊物这类新媒体的建设列为集团的重要战略,并为此投入了大量的人力资源和资金资本,但投入产出比并不理想,迄今仍在探索中以求找到更好的盈利模式。

二、报纸内容的同质化与阅读习惯的转变

从报纸的内容角度来说,在法国,全国性报纸普遍具有内容同质化的倾向。在互联网新媒体的冲击下,这种同质化的特征更是削弱了纸媒的影响力。另外,从大众阅读习惯的角度来说,如今法国民众阅读报纸的数量不断减少,愿意购买纸质刊物、报纸的年轻人数量更是越来越少。与此同时,他们更喜欢一些带有娱乐性质的新媒体,特别是随着当今媒介的多样化和信息渠道的多元化,相较传统方式而言电子阅读具有信息量大、快捷以及便捷查询等优势,使得年轻受众容易产生依赖,并固化成长期的电子阅读习惯。因此,对于报业的发展来说,如何吸引和留住年轻读者是最为突出的问题。

三、环保意识的提升与需求量的下降

法国政府倡导"低碳行动"并且得到了民众的广泛支持。近些年来环境保护意识的不断增强促使国民相信,用数字报纸及刊物取代传统报刊是一种更为先进和更加环保的做法。从生态和环境保护的角度来说,法国全国范围内森林覆盖率近30%,并且拥有欧洲最大的全封闭型森林公园。崇尚自然、热爱自然的国民对环保极为重视,民众认为应该尽量减少对于树木的砍伐和生态的破坏,而这种认知和趋势对于如今的纸媒行业来说恰恰是雪上加霜,人们对于无纸化阅读的推崇加重了法国报业的危机。

第二节　法国报业融合创新发展趋势

一、全面推进报纸版面和内容的市场化改革

如今网络时代，传统媒体正面临着十分严峻的挑战。受众向网络新媒体的转移直接影响到包括报刊业在内的传统媒体的生存状况。如果坚持"贴合市场，贴合读者"的做法，抱有改革和创新的信念，那么保持一定比例的市场份额是可以实现的。在同网络媒体的竞争中，积极发挥自身优势，规避劣势，根据市场规则进行改版，是目前法国报业集团广泛运用的一种策略。有些当地报纸推出新的版面，同时也调整原有的版面内容和结构，增加了贴合市场和读者需求的信息，使内容更加生动且可读性更强。另外，法国的时尚杂志和妇女杂志一直拥有大量的读者群，不少报纸增加了此类相关版面以吸引更多女性读者和受众。这两年在法国，读者对财经类、时事类新闻居多的报纸的需求日益上升，法国排名首位的经济类日报《回声报》为顺应读者需求，对报纸进行改版和调整，增添了"财经资讯""策划""假日投资""商海拾贝"以及"文化旅行"等版面，这些措施取得了良好的成效并引起一些其他报纸以及很多地方性报纸纷纷效仿。

法国报业现今越来越深入对读者行为的研究并注重对其潜在读者的开发。报业先辈始终坚持以"立足于实据"作为首要标准，也就是说将报道事实和真相作为报人的首要职责，而不能为了迎合读者的喜好而更改内容，在法国报业史上甚至曾有过更激进的口号"抵抗读者！"而如今的法国，报人依然同前辈一样坚守以报道真相与事实为己任，但同时更为重视对于受众需求的探讨和研究。

在当下市场经济社会中，几乎没有任何力量能够强迫大众购买或者阅读报纸，可是报纸的存在是依赖消费者市场的。因此读者群是报业发展的必要条件，这也是报业的共识。基于这种认知，法国报纸非常重视对于读者的研究和开发等相关工作。对读者进行调查研究的目的是为了更好地了解其需求，提升

报纸在阅读市场中的接受力和适应性。而读者调查的方式通常是基于数据统计和问卷调查等方式。目前,许多的法国报业集团和报业组织都有专门从事读者研究的机构,并配备有一定数量的专职人员,各家报纸和报业集团都非常重视读者调研成果,并以此作为参考从而相应地对报纸进行改进。目前通过调研发现,读者对报纸的要求其中有一个突出特点,即为可视性。调查显示,相对于电视以其可视性占据优势,报纸的版面上相对简短的、有插图的新闻更受读者青睐。法国各报纸对页面编辑和页面设计等方面也非常重视,并充分发挥了新闻图片的作用,如字体偏大、文章变短、配图增多成为报纸页面设计和编辑的趋势所在。为方便读者理解内容,越来越多的报纸开始以漫画的形式为大众提供新闻背景资料。例如著名的法国《世界报》,其风格以严肃性而著称,过去除了广告从未刊登过图片,如今也不得不迎合读者需求,刊登一些图片配合文字再出版。另外法新社顺应这一趋势,成立了图片专题机构,以专稿的形式向报纸提供各种图片和图表,其中很多以报道软新闻为主的报刊,经过改版后发行量倍增。很多地方性报纸也刊登大量图片来吸引读者,对于报纸的发行量的确有很大的促进作用,颇具代表性的如《法兰西西部报》。

读者开发工作的目标是将报刊的潜在读者转变成现实读者。法国报业为了解报纸在各地区的渗透性开展调查发现:一个地区的民众文化水平越高、接受高等教育越多,集会、社团等方面越活跃的地区,这个地区报纸的渗透性也相对越高。一定程度的文化教育水平是阅读的必要条件,也是成为报纸读者的必要条件,而活跃的社交生活可以不断激发人们的求知欲,提升对他人和社会的了解欲,从而进一步转化为对新闻类报刊的需求。法国报业为了开发尽可能多的读者,在改善民众的教育和文化水平以及活跃社会生活等方面做出了持续不懈的努力。许多报业集团深入到现实社会生活中,积极组织社会活动,使人们更为了解和熟悉报纸,从而进一步成为报纸的忠实读者。例如,法国西南报业集团和法国政府教育部联合举办"阅报周"活动,组织一系列报纸阅读比赛,还有许多记者走出报社,与读者进行对话和交流而增加民众阅读报纸的兴趣、增进人们对报纸的感情。

未来对读者的开发和市场拓展是这项工作最新的趋势。目前,法国报业和其他相关部门正计划对小学生乃至幼儿园和托儿所的儿童进行培训,教授读报的方法。人们认为兴趣的培训和习惯的养成十分重要,如果从童年时代就开发

第二十一章 法国报业融合创新报告 |国际传媒融合创新借鉴篇|

其读报的兴趣并受环境熏陶，那么将来他们最有可能成为报纸的忠实读者。这个项目面向未来，对于报业的长期稳定发展是非常有利的，其基本做法是让孩童从大约2岁开始就接触报纸，这样渐渐养成阅报的习惯。其具体步骤先让孩子们看报纸上印刷的彩色图片，接着让他们在报纸上找寻同自己的姓名拼写相同的字母，然后找到他们见过和认识的单词或短语，这样令孩子们从小学阶段就开始练习读报并逐步培养出阅览报纸的能力。还有一些报社和组织向小学生提供免费报纸，这些做法都在开发未来的读者方面进行了有效的探索。

二、数字经济推动报业集团进一步整合集聚

法国报业的集团化和国际化进程进一步加快，数字化和报纸转型得以实现。数字经济不但是新闻生产方式和模式的改变，而且推动了整个报业向数字网络化的方向转变。我们不应该否认传统的新闻报道多年积累的经验和传统报刊的优势，而是应该兼具技术的创新和人文精神思想，在和谐的环境中促进自身业务进入数字时代。

在大数据时代的背景下，数据新闻引起了媒体的广泛关注。一些比较闻名的报纸，比如《纽约时报》《英国卫报》率先开展了有关数据新闻的实践活动。随着此类业务的不断扩展，一步步推进传统业务与新技术的深度融合。就法国报业来说，数据新闻不但是新闻制作模式和形态的改变，随着新闻业务的变化它更加推动了传统报业向网络化数字化的转型。数据新闻目前主要通过压缩应用技术来搜集数据、分析数据以交互的方式呈现结果或可视化。对于法国报业而言，数据新闻的出现引起了传统与新技术的碰撞并加深了网络数字化时代传统报业的危机。这使得法国报业努力构建全媒体智能化采编管理系统，为媒体融合发展搭建支撑平台，目标是建成服务于报业集团各媒体的"一次采集、多种生成、多元传播、多平台互动"的全媒体策采编审发平台和全媒体内容生产运营服务平台，建成集文字、图片、影像、音频、动漫于一体的数字数据库，实现将报纸、网站、客户端、微博、微信等多种渠道的采编、发布融为一体，图片、音视频、表格的混合排版编辑，实现报纸、网站等通过手机终端快捷完成采编审发业务。

报纸自诞生之日就以新闻纸的形式存在，可以说报业的根本在于新闻。《费加罗报》（*Le Figaro*）其新闻体裁主要包括篇幅较小的，如消息、简讯SMS

等和较大篇幅的长时间的交流、特写、深度访谈和专题报道等。受网络技术的创新发展以及网络信息传播的影响，传统报纸在传播范围和传播速度上已经远远滞后，传统报业难以展现其专业性和团队优势。全息数据收集、数据过滤和数据处理以及数据集成使得数据新闻在真实性、客观性和全面性报道新闻方面具有绝对优势。诸如《费加罗报》这样的大型纸媒若要在网络时代生存下去，就必须进行网络化和数字化转型。

第三节　法国报业融合创新发展实践
——以费加罗报业为例

费加罗报业集团作为法国最大的报业集团，引领着法国报业传媒前行。集团下著名的媒体包括《费加罗报》——法国最具影响力的综合日报；《费加罗夫人》（Lady Figaro）杂志——国际时尚界最负盛名的刊物之一；《电视》杂志——法国发行量最大的杂志；《费加罗报》网站——法国公众最喜爱的网站之一等等，这些企业面对新媒体的冲击，集团在不断寻求新的思路，在坚守传统领地的同时，在网络传媒中寻求创新和转变，取得了一定的成果。

一、利用新媒体技术实现多元化协同发展

费加罗报业一直贯彻双重发展战略，以支持和接纳的理念面对新媒体，不断运用新的通信技术和传播方式发掘出一片契合自身特点的领域空间。同时，保留传统业务，深化自身优势，形成属于自己的独特的产品品牌。集团在保持其传统报刊市场竞争优势的前提下，实现了报网融合（newspaper-network）的策略。

坚持传统业务为基础，同时积极拓展多元化的战略思维使得费加罗报业媒体多元化的经营策略相当成功，旗下拥有许多子品牌，包括《新闻周刊》《经济周刊》和《女性杂志》等，这些品牌始终围绕旗舰产品《费加罗报》来策划和经营，旨在使集团最大限度地实现其整体社会经济效益。《费加罗报》作为在纸媒生态环境恶化的情况下仍然保持报纸发行量位于全国前列。报纸悠久

的历史和深厚的传统，与许多著名的作家、编辑和记者，比如与波德莱尔、大仲马等著名作家的合作形成其深厚和广泛的影响力。并且由于集团具有很强的国际新闻采编力，其在国际社会中也享有声誉。费加罗报业集团的CEO弗朗西斯·莫瑞尔曾说："我们的一切都是围绕着《费加罗报》这艘'旗舰'来做的。首要的就是将我们的旗舰巩固、加强，其他的小船只是围绕旗舰。比如我们收购了一家财经类周刊，因为我们知道读者会有兴趣，我们的日报里并没有涉及。同时我们拒绝收购一份涉及装饰、装修的杂志，因为我们认为这些内容与旗舰的品质不吻合。"正是如此，对报业"旗舰"的珍惜和维护，《费加罗报》才实现了规模和效益的成功以及良好的品牌效应。

就集团的多元化战略而言，比如经济、新闻、时尚等类型的出版物是费加罗报内容的几个重要组成部分，它们显示出了集团对产品市场的分众化、多样性的尝试。在这些广受欢迎的细分市场上，法国、欧盟乃至全球经济舞台的兴衰都会对日渐一体化的全球的每个角落产生影响：变化中的政治现象、包罗万象的社会风貌、民主文明进程的发展、大众生活水平的不断提高、消费观念的持续更新等等都需要更多的公众来关注。

二、报网融合，努力实现优势互补

网络媒体带来了全新的体验，在这种情形下受众即是传播人，他们可以与媒体组织进行互动和交流，具有自主性。费加罗报业的报刊网，从设计到内容均符合数字互联网时代大众的需求。报刊网是费加罗集团的蓝海，该集团拥有多家盈利网站。在2017年，该集团的总收入突破10亿欧，而其中1/4以上的收入来自于这些网站。据法国国内媒体调查专门研究机构的数据，费加罗报的网站浏览率已经是仅次于雅虎网（法国）的第二大新闻网站。其中较受关注的财经频道、女性频道的点击率均超过100万次。

相对于互联网新媒体，读者在传统媒体中的参与度相对较小，如猜字谜、抽奖活动、写信给编辑等传统形式，如今，借助网络媒体，读者大大增加其参与度，比如，在网站上设置在线交流、投票系统、抽奖系统；再或作者通过和读者之间的互动完成博客的撰写从而增加点击和回复率等等，诸如此类平台为报纸和读者之间的互动搭建了桥梁。然而，新媒体网络不能替代传统的纸质报刊，它可以作为一种阅读补充。阅读纸质书籍、报纸和刊物给读者带来的乐趣，是互联网阅读所不具备的。费加罗报业集团认为只有将报纸和相联网站两者结合方能更好地发挥出企业的优势。每一期《费加罗报》中的大型调查报道都将会标注"有关本报道的详细查询信息可以参见费加罗报网"。如若网站上未有显示相关的信息，也会有指示读者获取信息的地址，这样一来读者就会把费加罗网作为一个窗口来查阅并获取更丰富的信息。

三、退出业务单一化的盈利模式

现代报业经营风险的加剧需要集团充分有效发挥各种媒体型态的优势，选择更为成熟的经营模式，并且需要集团内的子媒体协同发展，从而实现集团的规模经济和范围经济优势。费加罗报的赢利模式主要分三种类型。

1. 传统媒体的利润

费加罗的大部分收入和利润来源于广告。在纸媒衰退的环境下，该报业集团一直保持稳定的发行量和收入规模。报业自身的品牌优势与其政治经济影响力对于广告商来说是收入回报和盈利的坚实保障。《费加罗夫人》《电视杂志》等费加罗报业旗下的其他多种刊物采用发行和广告相结合的商业模式，比如《费加罗夫人》此类时尚杂志的读者群相对固定，主要集中于白领金领等女性人群；时尚奢侈品、化妆品、汽车广告商等企业是主要客户，因此定价偏高既可以保证此刊物的稳定发行收入，同时也可以实现其对于产品特定消费群的精确化营销。在多频数字电视时代，《电视杂志》成为最受欢迎的家庭类刊物，其巨大的用户量也是广告销售的宝贵资本。

2. 报刊类网站的收入

《费加罗报》的网站收入来源大体分三类。第一类是形象广告，它取决于网站的点击率，也是广告的主要构成，大约占据网站收入的一半。第二是分类广告，通过同互联网相结合已经是报刊的重要收入来源。第三类是服务，通过报网销售一些门票，比如影院、剧院门票等或者和其他的厂商、制造商合作在线销售时尚、化妆等产品并与合作商分享利润。

3. 报网协同的收入

报网融合可以有效发挥报纸和互联网的优势，将统一主题内容通过适当的传播方式进行信息的多方位流通，扩大影响面并实现更好的传播效果。就广告销售方面，可以进行板块营销，比如将同一主题的新闻刊物和网站作为一个团

第二十一章　法国报业融合创新报告 ｜国际传媒融合创新借鉴篇｜

队。或者将多家媒体给同一家广告商，从而实现广告的规模覆盖效应，实现更大的影响力和传播效果。比如一款新产品上市，经销商的广告可以同时出现在集团的报纸、网站或者刊物上，这样一来在利于广告客户的同时也很大程度上增添了整个报业集团的收入。

此外，法国报业普遍采用联合管理和自建网站相结合的方法。《世界报》《费加罗报》报业与《新闻报》《国家报》《时报》等一些全国性报纸建立伙伴关系，《太阳报》和《泰晤士报》建立伙伴关系等等这些方法令其在欧洲构建了一个报纸网络。在互联网时代，法国报业采用优势战略，不断研究和开拓市场，寻找更广泛的读者群体，为大众提供具有价值的信息，并通过版面布局的不断创新，巩固地位并赢得了互联网时代的位置。

新媒体新技术给传统报业带来了巨大的挑战，但不失为一个良好的机遇。法国报业推进报网融合的速度不断加快，在此过程中，传统的优秀的报纸，它们多年以来所积累的品质也会成为企业不断扩大市场的核心竞争力。报纸不会消逝且会以更加多样化和更加现代化的交流传播方式来体现。如默多克所言："传统报纸不会消亡，网络能够令传统报纸涅槃重生，数字化时代会孕育出新的报业形式，并具有更为广阔的市场，令阅读者倍增。"

然而，并非所有的报纸都必须以电子化方式运行。曾担任法国《世界外交月刊》主编的伊加西奥哈莫奈（Igacio Hamonet）认为："纸媒在未来将会继续存在，其数量会减少。信息的传播需要依赖于特定的阅览设备，这对于传统媒体而言，可能恰好会保留部分受众。"传统媒体要善于引导大众的阅读，寻求适合的经营模式和传播路径，重视同新媒体的融合，进一步扩大市场和探索出一套更科学、更合理的发展模式。

总而言之，法国报业传媒也不例外，其传统媒体与新媒体的融合呈现出长期的动态发展历程，在阅读方式和阅读习惯方面，传统媒体和网络新媒体呈现融合共有的局面，而从信息技术和社会发展的角度来说，信息载体的兼容性远比载体之间的替代更为普遍。事实上，无论传统媒体和网络媒体如何发展，可以确定的是产业的发展与市场紧密相联，消费者的观念和习惯决定选择也决定了市场。对于媒体而言，整合并优化资源以提供更优质、更有价值的产品和服务来吸引受众是恒久不变的规律。

第二十二章 澳大利亚近期媒体融合概述

朱雯溪[1]

互联网的发展与普及致使计算机与信息通讯技术、通信网络与媒体信息之间的内部联系变得越来越紧密，随之在数字媒介行业中产生的是产品、服务及活动的融合现象，而这仅为数字融合中的冰山一角，因为各个机构、企业活动，或是大众社交生活中的方方面面——从艺术行业到商业、政府到新闻业、健康行业到教育业等，这些都涉及与数字媒体大环境的互动。澳大利亚通讯和媒体管理局（ACMA）将媒体融合定义为"一种信息内容的数字化现象，这种现象同时也包含了对数字信息载体和呈现的标准与科学技术，在内容的生成、聚合、传播和受众方面，媒体融合模糊了电视广播与其他媒体在各个供应链中的传统界限"。同时，澳大利亚通讯和媒体管理局（ACMA）也意识到媒体融合产生的一个关键影响是消费者数量在新闻机构、社交网站、iTunes 和 YouTube（仅举几个主要媒体来源）上大幅增加，并且，多种可连接互联网、3G/4G、无线网络的移动终端的选择也给予消费者在如何消费媒体上的灵活性与便捷性。

Graham Meikle 和 Sherman Young 在他们的《媒体融合：日常生活中的网络化数字媒体》一书中提到媒体融合可从其以下四个性质进行理解：技术性，即计算机、通信技术与网络数字媒体平台的结合；行业性，即成熟媒体机构在数字媒体领域的聚合参与，以及具有互联网性质公司的崛起，如 Google、Apple、Microsoft 等作为重要的媒介信息提供商；社交性，即 Facebook、Twitter、You-

---

[1] 朱雯溪，澳大利亚悉尼大学硕士研究生。

Tube等社交媒体平台的兴起以及不断增加的用户自创内容信息；文本性，即重新利用组合的媒体信息（如音频、图片、文本等）分布在多媒体平台，即跨媒体模式。虽然技术变革是现代经济的永恒特征，但与"融合""网络化""数字化"相关的改变可被视为新技术经济范式的产生基础。一个新技术经济范式的兴起一定是具有颠覆性的，因为它挑战了既定的商业模式、产业结构、组织框架和公共政策环境。由于在这个过程中打乱了相关社会制度的现状，所以在整体社会适应技术和经济变化的过程中总是存在冲突和分歧。"澳大利亚的通信业正在经历着深刻的变化。现有的监管制度受到新技术、市场结构和商业模式的挑战。在该委员会的观点中，可能需要对现有的政策框架进行革命性的改变，以应对趋同。"《融合回顾》（*The Convergence Review*）中也提到媒介融合对媒体与通信产业具有变革性的影响，并且提到了应对这种转变与影响需要对政策框架进行根本性改变的必要性。

第一节 澳大利亚媒体融合的现状

在澳大利亚，各界对融合产生下媒体规则改变的期望也被越来越强烈地反映出来，许多受访学者表示应针对传播的媒体内容、平台设立更加中立的媒介规范与分类准则。因此，在媒介融合的背景下，平台中立是一个重要的概念，前提是产业和内容的结构性分离成为特定的技术"孤岛"，而这也是澳大利亚媒体政策的基础："虽然技术已经入侵到免费广播（FTA）和互联网、报纸和网站、广播和流媒体服务，但我们的政策和法规仍然基于20世纪90年代初的产业和服务结构。"澳大利亚传媒学术界关于媒介融合的讨论倾向于谈论近几十年来媒体所有权的巨大融合以及数字内容和通信系统的融合。所有权的融合，以及由此产生的向大型传媒集团权力的转移，与技术发展同步且同样重要，而在澳大利亚媒体政策中一个长期存在的问题是对澳大利亚媒体市场多样性的破坏。例如，News公司占有了澳大利亚全国70%的都市媒体及报纸市场，更在布里斯班、阿德莱德、霍巴特、达尔文和汤斯维尔出于垄断地位。News拥有Foxtel四分之一的股权、Sky News一半的股权。在互联网中拥有核心新闻门户网站news.com.au，MySpace等，以及像PunCh.com这样的舆论工具，同时，

News 与 Fairfax 共享澳大利亚联合新闻社 AAP（Australian Associated Press）的所有权，因此，在澳大利亚大型传媒公司中，会出现利用媒介融合的现象来获得更多的所有权。随着时间的推移，由于放松管制、监管不利，News 在澳大利亚媒体和娱乐领域的占有率不断增加。目前，澳大利亚的媒体监管涉及了广播、电视和报纸，但对特定的在线网点的影响力并没有很具体的考量。

一、媒介技术融合

澳大利亚在媒介技术性发展与融合方面效果显著。互联网对当地人的交流方式产生了重大影响，但迄今为止大众所感受到的媒介融合还将会被进一步革新。随着信息传播速度的加快，电信网络传输大容量信息的能力不断增强，这些技术被使用的范围也越来越宽泛。穆尔定律的有效性——每 18 个月到两年，技术能力会翻一番，进而导致长期的指数增长，如果这适用于互联网接入速度，就会出现一系列新媒介融合的可能性，而电信网络的持续发展已经开始广泛影响本土居民作为消费者访问媒体内容的方式，人们接收信息终端正在变得更加智能化，个人电脑和电视之间能够进行无线通信、数字记录器和电视下载，使人们轻松地选择想要观看的节目等。据媒体研究发现，澳大利亚本土居民观看的电视节目中有 80% 是预先录制好的，所以需要高容量的设备来存储他们收看的内容。在 小时内观看高清电视用量 1.5 千兆，并且存储容量为 300 千兆—500 千兆，对终端用户来说已经是相对较低的成本条件来满足人们所观看新闻和娱乐的需要。而不断更新的压缩技术会减少用户终端在传输信息中所需的容量与空间，这也说明了技术的进步可以增加信息传输与下载时所需途径与容量，因此，用户可以更加容易地预存或者观看新闻和娱乐节目。3G/4G/5G 手机同样具备灵巧性——地图、交通信息、音乐、电子邮件都可以通过屏幕掌控。媒介融合的这场革命不可避免，近几年来，澳大利亚互联网用户对速度、便利性和质量的需求持续上升，每一个领域的新发展都提高了人们的期望水平。不同于传统媒介，正在兴起的网络媒体如 Facebook、Instagram、Tumblr 等网站不受内容、所有权、地理位置等因素的限制，并且可以选择自己的受众目标和传播方式，这种灵活的、数字化的传播致使澳大利亚互联网用户相较于前几年不断增加，反过来，增加的用户数又促进了数字媒体产品与服务的产生。

据估计，全球用户每天在 YouTube 上可以贡献 40 亿的浏览量，在澳大利亚，约有 600 万个 YouTube 用户，每月会观看共计 2 亿个视频；而苹果 iTunes 商店现在每天销售将近 1 000 万首歌曲，成为世界范围内主要的音乐零售商。据德勤经济研究机构统计，互联网对澳大利亚经济的直接贡献在 2010 年时就已达 500 亿美元左右，占澳大利亚国内生产总值的 3.6%。统计发现，有 19 万澳大利亚人直接从事与互联网有关的职业，其中包括互联网硬件和软件行业、在线信息服务、IT 软件和咨询行业、在线广告、政府和电子商务活动等。报告还指出，澳大利亚利用互联网获取、运营、购买和交付商品、服务和信息所带来的对家庭、企业和政府的收益约为 800 亿美元。新型的网络技术促使了媒介融合的产生，同时也重新定义着媒介竞争的本质，澳大利亚最大电讯公司 Telstra 也需要不断在行业里投入大量资金，在其中扮演了重要角色。而澳洲竞争及消费者委员会（ACCC）的一个关键作用是在现有的产业结构下，在电信系统的各个方面发展并保持一个真正有竞争力的媒介环境，因为人们意识到电信服务目前所提供的网络服务与技术支持，未来可能是整个媒体传送服务所依赖的途径，往往具有垄断性，为此，在澳大利亚，ACCC 拥有专门针对电信的监管权。

二、媒体平台和内容服务的融合

在澳大利亚，媒体的平台和内容服务的融合是现有媒体的特征，也是新媒体的核心特征。以新闻媒体为例，排名前 5 位的澳大利亚在线新闻网站在访问量方面均排在澳大利亚前 25 位的网站中，每个月至少有 435 万个用户从这些新闻网站中访问内容，对于这些媒体机构来说，数字内容服务已经成为他们最核心的新闻运营方式。与此同时，媒介融合也加剧了媒介全球化的趋势。在 2009 年 10 月—2010 年 10 月期间，iTunes 上视频内容的下载量就已经是澳大利亚最大媒体供应商（如 ABC、IVIEW、雅虎）的 4 倍，并且，iTunes 上用户的时间使用时长比澳大利亚网站上的使用时长多了 10 倍。

媒介融合还对政策有着关键的影响，在对媒体视听政策的审查中，经济合作与发展组织（OECD）在媒介融合的背景下确立了媒体政策环境中的四个根本性改变：媒体规则可能会给某些平台、服务和提供者中带来不利的后果；媒体政策需要以增加内容的丰富性为前提并增加媒体间的竞争，而非以媒体资源分配稀缺和垄断或寡头媒体市场为前提制定；技术性变革对保持技术中立或网络中立的媒体法规产生了新的挑战；媒体市场变得更加国际化，国家法规可能与国际媒体和通信市场不兼容。经济合作与发展组织（OECD）因此也提议在媒体融合环境中指定与此相关的政策和监管规定："新的发展并不意味现有的法规需要覆盖其他平台和服务……重要的是，制定的规则不妨碍融合的正向发展和收敛方面，同时也保持其有效性、稳健性和灵活性。"而澳大利亚《贸易实务法》第50条也对"两个或两个以上实体之间的合并或改变而带来的'竞争压缩'"起到了预防作用，同时，澳洲竞争及消费者委员会（ACCC）强调无论媒体所有权法发生什么变化，《贸易实务法》第50节都应预防市场权力的过度集中或积累，因为集中的权力会导致消费者获取到虚高价格、低质的服务，从而继续保持媒体间的良性竞争。

可以看出，澳大利亚对于媒介融合持有一种更加平权化、反垄断式、鼓励多样竞争性的态度。因此，传统商业模式也通过不断地重新定义自身来适应媒介融合的变化。Fairfax Media（前身为 John Fairfax and Sons）是澳大利亚和新西兰最大的媒体公司之一，投资范围涉及报纸、杂志、广播和数字资产等，近些年来，Fairfax Media 提供了比传统新闻印刷业更丰富的内容形式，如文本、图片、音频和视频相结合的信息，这不仅改变了消费者的媒体体验，而且要求记者和编辑从根本上改变其传统工作流程，以提供最新、最快速的新闻内容。Fairfax Media 的数字内容对于传统新闻业传达的信息来说，提供了很多突破性的新闻内容补充，其内容被看作新闻业更加激进的革命。在澳大利亚，新闻内容的来源也具有"碎片化"的性质，网络博客是18—34这个年龄群体的信息主要来源，虽然在当地，主流媒体经常认为博客作者是业余写手，但很多自由作家也有其优势，例如在几天内，博主们就可以揭露伪造文件，在速度与限制性方面要远优于传统媒体。

与融合相关的媒体内容的一个重要转变是媒体用户创建内容的增加，以及用户从受众到参与者的性质的转变。用户创建内容的兴起与20世纪大众传播模式相关，其特征在于大规模传播、媒体内容主要由专业人员生产传播，以及信息生产者和消费者之间的明确区分，而21世纪新兴媒介融合，其特征在于通过便捷的Web 2.0技术大幅降低用户参与的障碍，并模糊了生产者与消费者的界限。经济合作与发展组织（OECD）提到了用户创造内容更广泛的社会影响：互联网作为创意出口，改变了信息生产的经济性，增加了媒体生产的民主化，导致了通信和社会关系的变化（有时被称为"业余爱好者的崛起或归来"）。

第二节 媒介融合背景下澳大利亚媒体所有权的改革

20世纪中叶以来，国际上对媒体所有权的多样性支持持续增多。各类媒体政策的制定，旨在限制一个新闻媒介被一个所有者所拥有，因为过于集中的媒介所有权可以给予所有者不民主的权力、撼动政府威信并且推进私人利益。在选举期间，媒体集团的权力早已被认可为选举期间的有力武器，执政党也偏重改变对其有利的媒体盟友的政策。与其他西方国家一样，澳大利亚的媒体所有权自20世纪80年代以来逐渐放松管制，这意味着澳大利亚媒体所有权变得越来越中央集权化。

澳大利亚最新的一次针对不断变化的媒体市场的系统性媒体改革是在2012年的《融合回顾》中提出的，但是，它所提出的内容服务企业（Content Service Enterprise）的理念威胁到了当局者的利益而作废了。在1987年澳大利亚的《跨媒体法》出台之前，一个类别内的媒体数量是被特定限定的，也就是说大型媒体集团，如John Fairfax Holdings、the Herald和Weekly Times，能够在很早以前就积累跨平台（电视、广播、报纸）媒体，但这种集中的结果是不符合公众利益的。后来，在不断提出放松管制的倡议下，1996届联合政府试图废除有关媒体集中问题的法律，然而直到2006年这个目标才得以实现。法律上的变化消除了主要的跨媒体所有权的限制，原本实施"三分之二"政策的电视、报纸、广播部门被允许合并。

尽管澳大利亚各方面都在抵制媒体集中、支持媒体融合，但由于缺乏行业共识，保守的澳大利亚政府一直无法消除最终的所有权限制。提议中有很多引人注目的媒体所有权改革，这些措施包括取消商业电视网络的许可费，引入在免费广播中的赌博广告限制，以及允许付费电视播放以前在"反虹吸法"（Anti-Siphoning List）上的体育赛事。在澳大利亚，白天时段限制观看赌博广告对当地人是有明显的社区收益，但是，对所有澳大利亚人来说，更为重要的是对所有权进一步集中的限制。

澳大利亚的媒体形式是世界上最高度集中的国家之一,有时提议只会使情况变得更糟。新闻媒体行业的激进变化迫切需要新的政策回应以适应转型期的产业,通过简单地去除最后一个主要的壁垒来对抗媒体集中并不是解决办法。而如今,"三分之二"政策虽然不会削弱互联网霸主 Facebook 和 Google 对媒体商业模式的影响——它们控制着在线广告市场增长的 90% 左右,但这个政策至今还抑制着媒体集权的进一步发展。

除了媒体行业的策略规则外,现在的澳大利亚还需要全面地审查信息内容在网络环境和传统媒体上的消费运作情况,这将成为应对日益变化的新闻环境媒介多样性政策的先驱。而现今,澳大利亚媒体改革方案中有很多包涵政府与商业电视网络和新闻公司 Foxtel 打交道的部分,这被普遍认为是一个目光短浅的决定,对于澳大利亚媒体受众来说,最重要的是如何最大化媒体多样性来应对媒体产业的结构性变化。

第三节　澳大利亚媒体融合环境下的法律与道德问题

随着 Web 2.0 技术的不断成熟,媒体产业的核心已经从纸质媒体转移到互联网。与传统媒体产业相比,互联网由于缺乏严肃的看门人而难以控制新闻的真实性和透明度。无论是名人还是普通人都能成为自媒体,并在社交网站上发布内容,于是就出现了很多媒体融合环境下的法律和道德问题。

以社交媒体名人为例。粉丝在不知道内容是真还是假的条件下,盲目接受由自媒体传达出来的信息,这一现象使得人们应该考虑具有社交影响力的人(social influencer)是否应该对这些信息负责、是否有相应的法律法规来规范这些名人的行为。在互联网普及和网络名人效果产生之前,"金钱评论"(cash for comment)在澳大利亚媒体产业中是一个持续了很长时间的重大问题。1999 年 7 月 12 日,澳大利亚电视节目《媒体观察》披露了一则事件,即著名的 2UE 电台主持人 John Laws 与澳大利亚银行家协会(Australian Bankers Association)之间的金融协议。根据这项披露的协议,John Laws 在节目中向听众广播相关银行的正面评价,而这些评价是银行家协会暗中给 John Laws 的付费广告,听众并不知情。此外，John Laws 与另一名广播员 Alan Jones 还接受了其他公司的暗中付费广告，如 Qantas、Optus、Foxtel 和 Mirvac。澳大利亚广播局发现 John Laws、Alan Jone 和 2UE 公司多次违反相关法案，然而，John Laws 声称："我是一名娱乐人，而不是记者，我没有义务说清事实。（澳大利亚记者有义务阐述事实）"由于当时薄弱的法律法规，澳大利亚通信与媒体管理局（ACMC）和澳大利亚竞争与消费者委员会（ACCC）为规范名人行为制定了更为多样完善的执法措施。这些相关法规可督促具有社会影响力的人对他们在互联网上发布的内容保持客观性和透明性。

Langner、Hennigs 和 Wiedmann 在他们的书中分析社交达人具有："马基雅维里人格（Machiavellian personalities），这种人格常以自我为中心，对外是机遇功力主义的寻求者。这类人会以个人利益为出发点发展自身的领导力与说服力。"由此可知，具有社会影响力的人是与马基雅维里人格在某种程度上具有共同点，因为他们通常精通一个或多个领域，并有自己的独到见解，由于他们的较高知名度和社会影响，更容易获得观众的信任。现如今，无论是公众人物还是博客作者，他们在 Instagram、Twitter 和 Facebook 上都拥有大量的粉丝，因此，这些人通过互联网内容分享，具有极大的影响力。然而，对于这类人分享的内容是否客观，受众是不能完全判断的。20 世纪中期，澳大利亚媒体的社会责任利用"客观性"的概念来支撑传播信息的公正性，媒体界认为记者应该脱离他们报道事件的本身，来保持信息的客观性和真实性。在互联网或现实中，尽管社交达人的影响力有时会强于记者，但很多时候他们不愿意去考虑需要遵守的规则和道德准则。据澳大利亚广播公司 ABC 在 2017 年 9 月 28 日的报道，健康博主 Belle Gibson 因为误导和欺骗大众被要求支付 410 000 美元的罚款。因为此前 Belle Gibson 声称她通过清洁饮食成功地治疗了脑癌，世界各地成千上万的粉丝从她鼓舞人心的故事中得到了鼓励，在 2013 年的时候，她还与苹果公司合作推出了名为"Whole Pantry"的 APP。同年，Belle Gibson 签署了一份合同来出版她的食谱，2015 年，Belle Gibson 在接受采访时承认她从未患过癌症。在她的骗局中，Belle Gibson 通过她的 Facebook 主页发表了一篇文章，声称所谓的"Master Fast System"健康疗程有着难以置信的治疗效果，这篇文章中提到她使用的康复疗程被证明都是虚假的治疗经验。而根据 ACCC 针对广告和商业推广法规，"使用 Facebook、Twitter 和 YouTube 等社交媒体的企业，有责任确保他们提供的信息内容准确无误"。该法规认为,个人或企业在利用社交媒体平台开展宣传活动时,不能做出误导或不真实的内容。在 Belle Gibson 的案例中,她通过在博客上编造癌症故事,成功地创造了一个积极而有吸引力的自我形象,而这与 ACCC 的准则相冲突,因为 Belle Gibson 在博客上的故事是不真实的,但她在虚假经历的帮助下建立了自己的品牌,然后基于编造的谎言进行商业活动。同时,Belle Gibson 为了经济利益的目的,利用她强大的社会影响力误导人们相信她。对于 Belle Gibson 来说,她懂得运用社交媒体的力量,与杂志、出版商、电视台等公司合作,进一步增强了她的知名度和影响力。因此,她也收获了无数的粉丝。

Lury and Celia 在她们的书中阐述道:"在新媒体环境中,品牌可以通过电子邮件、促销、在线论坛、游戏等来积极吸引顾客和潜在客户以推动消费。品牌还是在线环境的垄断者,借用在线通信的特征来达到他们的目的。"正如 Lury 和西莉亚所提,现在互联网已经成为商家和消费者之间交流的媒介,消费者群体可以通过各种广告形式和平台受到商家的引导和影响。对于现行的有效市场策略,越来越多的商家借助网络媒体而非报纸、电视广告来推销产品,这是因为网络媒体可以为品牌和受众创造一个互动和交流的空间,因此,邀请名人在社交媒体平台上进行宣传是销售产品的最直接有效的途径。例如,Chris Hemsworth 是著名的好莱坞明星,同时他也是澳大利亚全球旅游大使。澳大利亚旅游局邀请 Chris Hemsworth 成为代言人,不仅因为他是名人,而且因为他愿意在个人社交账户上分享澳大利亚旅行经历,这样可以在网络上收获更多宣传。不久前,Chris Hemsworth 在 Instagram 上消失了三个月后,在其个人社交账号中一次性大量上传了一些相关的旅游照片并附上了@ australia 的标签,根据 ACCC 针对广告推广和社交媒体业务:"在营销和市场活动中,品牌方必须确保不做任何虚假或误导性的内容,其中包括使用任何形式的广告如报纸、广播、电视、网站和社交媒体渠道。"Chris Hemsworth 的行为符合法规要求,因为他在个人发出的旅游广告中附上了@ australia 的标签,这使得 Instagram 上的其他用户了解到他发布的帖子是赞助内容,同时,作为一个名人,Chris Hemsworth 保持对赞助内容的透明度,这也有助于他的粉丝避免被盲目引导。然而,Chris Hemsworth 对 Instagram 的宣传存在争议,因为他一次性上传大量旅游照片的行为,导致当地人怀疑他是否是在与澳大利亚旅游局 450 000 美元的协议压力下被迫发帖子做广告。舆论认为对于 Chris Hemsworth 是否被他的雇主催促去发布图片难以下定论，而他推文中的信息客观性也就更容易受到怀疑。因为如果这起事件中存在被动的因素，这代表 Chris Hemsworth 不愿意分享照片，那么推文就失去了客观性。这也说明了品牌寻求与社会影响者合作的原因是多方面的，有时品牌是期望代言人隐藏商业关系的。一方面，社会影响者具有大量现成可以变现为消费者的粉丝；另一方面，在没有透露付费广告和赞助内容的情况下，来自社会影响者的话语对粉丝来说更具说服力。这种情况多数是因为具有社会影响力的"网红"不认为他们自身是严肃的"出版家"而是"娱乐人"。澳大利亚 MEAA 对于商业透明度强调："个人利益、信仰、承诺、金钱、馈赠或利益不得破坏商业上的准确性、公平性或独立性。"也就是说，具有社会影响力者应该在推销产品或服务时保持客观和透明的态度，如果社会影响者不愿透露付费广告或赞助内容，从 2017 年开始，在澳大利亚这将是非法的，澳大利亚国家广告商协会（AANA）推出了一项新的道德准则，要求有社会影响力者必须在 2017 年 3 月 1 日起标记赞助内容，其中包括所有平台和任何类型的社交媒体用户，在规定中，有两个突出的标准：①营销人员对传播内容是否有合理程度的掌控；②传播内容是否是以引起公众注意的方式来促销产品或服务。AANA 的广告准则明确要求社会影响力者对他们发布的帖子保持客观和透明的态度，因此，社会影响力者有义务去规范自己所发布的内容，正如 Bonnie Patten 所说："社交媒体营销的整体目标是让消费者体验真实可信的广告，从而使社交媒体更值得信赖。"当社会影响力者对他们的粉丝诚实时，品牌方和消费者可以达到一种平衡的状态，消费者会因诚信问题而信任社会影响力者和商家，同时，商家也会获得更多的消费者。

第二十三章 美国公共传播运动与媒介融合创新报告

吴三军[①]

美国前总统肯尼迪有过这样一句名言："不要问这个国家对你做了什么。先问问你为这个国家做了什么。"这句颇为励志的话，实际上道出的是在小政府、大社会的治理框架下，美国公民意识的强烈体现。换言之，面对诸多社会公共问题，公众更习惯于自下而上，以发起公共传播运动（public communication campaign）的形式，表达群体诉求，增强公共意识，进而达到影响决策的目的。

为此，本文将美国公共传播运动置于当下传媒融合创新的框架中加以审视，结合近年来在该领域的典型案例与数据展示，试图揭示公共传播运动如何借助传媒的力量扩大影响，制造改变。

第一节 公共传播理论基础与历史回顾

根据美国学者莱斯（Rice）与阿特金斯（Atkins）的经典解释，所谓公共传播运动，就是"面向大众实施的有目的、有计划试图改变其思想或行为，使其总体上为个人或社会带来非商业的利益"[②]。

从历史上看，战后的美国公共意识普遍增强。伴随着那些一度被二战掩盖

[①] 吴三军，首都经贸大学文化与传播学院副教授，美国访问学者，主要研究公共传播、纪录片创作、说服与态度改变等。

[②] Rice, R. E., & Atkin. Public Communication Campaigns (4th ed.). Sage Publications. Inc, 2013.

第二十三章　美国公共传播运动与媒介融合创新报告 | 国际传媒融合创新借鉴篇 |

的公共社会问题逐一暴露发酵，公众也无不迫切地希望参与到这场变革之中，希望改变周遭的生存状态。例如，在公共健康领域有自 50 年代开始的禁烟（anti-smoking）运动，环保领域有旨在保护自然生态的荒野保护运动，还有社会政治领域的黑人平权、反越战运动，等等。

值得关注的是，这些运动之所以能够得以充分开展，并产生巨大的社会影响，与同一期的媒体大发展密不可分。彼时的美国，也正好进入广播电视媒体的黄金期。比之纸媒，无线电波的扩散力极大地增强了信息传播的广度。以反战运动为例，如果不是因为公众从电视上看到大量血腥残酷的越战画面，也就很难迅速激起他们上街抗议的持续热情。同样，如果不是广播把马丁·路德·金的名言"我有一个梦想"传遍全美，也许黑人获得平等权利的时间还会被推迟。

进入到 21 世纪，公共传播运动中的媒体环境也发生了显著变化，实现了从传统广播电视到移动互联网的巨大跨越。大数据、云计算的新型科技形态，使得不同媒体之间的融合应用成为常态，由此带来的创新之举比比皆是。例如，借助演讲加纪录片的形式，戈尔的《难以掩饰的真相》第一次把全球变暖的危机震撼地呈现出来；借助社交媒体加游戏形式，冰桶挑战不仅让公众真实感受到了罕见病的残酷，更是带来了公共筹款方式的革命；借助推特的标签功能，由好莱坞发端的"Me Too"运动唤起了公众对性侵问题前所未有的关注。

第二节　公共传播领域的媒介创新革命

从媒体发展演化的视角来看，社交媒体的勃兴无疑是 21 世纪最伟大的变革。正是借助了硅谷的技术优势，基于互联网科技，以 Facebook 为代表的社交媒体一举在全球取得了统治性的地位。根据最新数据，截至 2017 年，Facebook 月活跃用户数破 20 亿，占近乎世界人口的 1/4。另一个足以证明发展势头迅猛的数据是，Facebook 获得第二个 10 亿月活用户仅用了 5 年左右的时间。位居其后的是 YouTube，月活数达 15 亿。[1]

---

[1] Josh Constine. Facebook Now Has 2 Billion Users. 2017. http://news.ifeng.com/a/20170628/51333549_0.shtml.

如果仅从受众数量上看，社交媒体相对于公共传播的意义也许还不是最明显的。毕竟，在传统媒体时代，报刊广电也曾拥有过数量巨大的覆盖人群。更重要的是，社交媒体从一开始，就在基因上与公共传播运动所需的公民参与意识显示出高度的匹配性质。这一点，大致可以从以下几点略作解释。

首先是草根性。如前所述，公共传播运动的一个重要特性，就是由公民自主发起，自下而上地影响上层决策，期待最终解决社会问题。同样，社交媒体也是一种去中心化、去权威化的模式，理论上实现了人人都有麦克风，人人都可以为自己发声的梦想。最为典型的案例，莫过于前些年在阿拉伯地区掀起的"阿拉伯之春"运动。民众一开始是走上街头抗议现政府，接着是用各自手里的智能手机把现场的场景分享到各自的推特或脸书账号，继而在全世界形成影响与压力，最终要么是推翻现任总统（例如埃及），要么迫使现政府做出让步。

其次是互动性。在社交媒体时代，分享已经取代传统的收听、收看，成为最重要的信息获取方式。推特中的转推（retweet），类似于微博里的转发功能，其次数高低成为衡量某一新闻关注度的重要指标。正是在一次又一次的分享互动中，信息的传递呈几何级数量增长。所谓"病毒式传播"便是由此而产生的概念。这一点，也与公共传播的动态机制相一致。在媒体尚不发达的时代，公民参与传播的发端就是彼此之间就某一共同关注的问题，以口口相传的形式互通信息，接着形成某种强烈的主张与民意，并最终以运动的形式爆发。社交媒体的分享功能，便是这种口口相传的技术升级。

正是基于这种基因上的共性，使得公民与社交媒体结下了不解之缘。前者需要借助后者的力量沟通信息，交流共识；后者也需要依靠前者建立的社会话题及其利益相关群体，借机吸引用户，提高流量。二者可谓相得益彰，共生共赢。为此，不管是推特还是脸书，抑或几乎所有其他社交媒体，都会在各自的页面突显转发功能，以利于公共传播的发起者与参与者以最简便的方式加以使用。

下面，我们试以发端于美国社交媒体，继而在全球引发狂欢的"冰桶挑战"运动为案例，解析社交媒体在公共传播领域的应用。

冰桶挑战，是一项旨在为渐冻症人群筹集资金的公共传播活动。渐冻症，医学名称叫"肌萎缩性脊髓侧索硬化症"，英文简称 ALS。这是一种全球罕见的疾病，患者会因为运动神经元的病变，浑身逐渐失去知觉，最终甚至连眼皮

第二十三章　美国公共传播运动与媒介融合创新报告 | 国际传媒融合创新借鉴篇 |

都无力眨动一下，就像被冰住一样，故俗称"渐冻症"。

因为是一种罕见病，不像癌症、糖尿病那样为公众普遍所知，使得渐冻症一直以来处于公众认知的边缘，也难以获得传统媒体的报道关注。因此，要想使 ALS 获得公众支持，进而获得筹款，成了一项艰巨的任务。

然而，社交媒体的出现打破了这种僵局，让一切皆有可能，这就是"冰桶挑战"（ice buckle challenge）。2014 年夏天，关注该病症的美国非营利组织渐冻症协会（ALS Association）发起这项运动。具体规则是，挑战者可以选择拿起一桶冰水浇在自己头上，或者是捐出 100 美元给美国渐冻症协会，用于该症的医学研究。完成挑战后，挑战者把浇桶视频发到自己的社交媒体账号上，接着另外再指定其他 3 名挑战者，在 24 小时内完成相同的任务并拍成视频上传，如此循环延续。

由此活动设计的精妙刺激，冰桶挑战迅速在网络上传播开来。从最初的普通网民，到后来各路名人纷纷参与了进来，这也让冰桶挑战的影响力急速扩大。这些名人包括了商界精英、文体名星，还有政界名流，等等。比尔·盖茨（Bill Gates）、蒂姆·库克（Tim Cook）、马克·扎克伯格（Mark Zuckerberg）等互联网技术大佬更是乐得参与其中。

从成效上看，冰桶挑战也的确创造了一系列令人称道的传播效应。

根据 Techcrunch 发布的数据，活动期间，共有超过 2 800 万人参与了冰桶挑战，共有 240 万个视频片段在 Facebook 的页面中被分享。

另一个极其显著的变化发生在 ALSA 的网站访问量上。在冰桶挑战之前，ALSA.org 日平均访问量接近 8 000 次。在随后的 4 个星期内，这一数据发生了显著变化，日平均访问量骤升至 63 万次，增长了 7 775%。[①]

作为公共传播的典范案例，冰桶挑战何以取得如此巨大的成功？

首先是媒体与游戏的融合创新。

从源起上讲，冰桶挑战源自于一种叫"The Interview Game"的游戏，也叫作点名游戏。规则是"由一名网友选择他的一位好友，并对后者提出若干问题。被点名者回答完问题后，需要继续选择他的另外好友，回答他提出的新问

---

① Sara Perez. The Ice Bucket Challenge by Numbers. 2014. https://techcrunch.com/2014/09/03/the-ice-bucket-challenge-by-the-numbers/.

题。如此不断接龙延续"①。通常，这些被提问的问题会在个人隐私上打打擦边球，由此引发公众的窥视欲。

冰桶挑战虽然不涉及隐私话题，但是看到那些明星、大佬的湿身，是网民们难得一见的亮点。毕竟，这样的形象是他们在之前的公众形象中没见过的。所以，也就引发了全民狂欢的巨大围观效应，从而造就了冰桶挑战的巨大传播能量。

另外，作为游戏的核心要素，难度的设置也是十分关键的。太难不好实施，太容易又没有亮点。接受挑战的时间也很重要。时间间隔太长，网友失去耐心；太短又不好准备。而24小时决定是否浇一桶冰水，正好符合这样的要求。

其次是媒体与体验的融合创新。传统意义上，媒体只负责传递信息。信息本质上只是意义的符号，本身无关切身的冷热痛痒。而冰桶挑战的最大亮点之一，以冰水浇身的形式给常人以"冻"的切肤体验，进而对渐冻症患者产生强烈的共情。从心理学意义上讲，人只有在产生共情的情况下，才会对对方的状态产生最深刻的认知。显然，冰桶挑战就是让公众对渐冻人这一群体产生共情的最好方式。

第三是媒体与社交的融合。社交媒体的"社交"性质在冰桶挑战中也体现得淋漓尽致，也是形成其强大传播力的因素之一。除了普通民众，冰桶挑战中的不少参与者是各界名流、明星等。而这些明星之间的彼此关系，也恰恰是公众关注和八卦的。例如，某某已经浇了自己一桶，下一步他会点谁的名？谁又会回应挑战？这些问题都是使得挑战本身得以持续保持热度的原因。

第三节 交互的创意

交互性，是当下新媒体技术演进中的一个显著特点。通过触屏、语音、人脸识别、指纹等更多高科技手段，媒体与受众的关系从来没有如此密切过。

---

① 张艺凝，晴鸣. ALS冰桶挑战事件的传播学思考. 新闻爱好者, 2014(10).

第二十三章　美国公共传播运动与媒介融合创新报告 ｜国际传媒融合创新借鉴篇｜

在前数字媒体时期，标牌（也包括海报、公告栏之类）曾经是最主要的公共传播形式之一。但随着大众传媒以及数字时代的到来，标牌似乎也逐渐失去了其地位。然而，数字技术又同时带来了更多更新的应用场景，让标牌作为一种媒介，再一次获得新生。数字户外标牌（Digital Out of Home，简称DOOH）这一概念也由此诞生。

数字户外标牌，广泛分布于咖啡馆、酒吧、餐厅、体育馆、学校、超市、加油站、广场等公众空间。与普通静态标牌不同，借助信息技术，它可以更好地实现人机互动与创意表达。

"看着我（Look at Me）"，是一项名为"妇女支持"（Women Aid）的慈善机构发起的公共传播运动，旨在针对家庭暴力。一个巨大的DOOH标牌被安置在商场等人流密集区。标牌上，是一位因遭受家暴而脸上布满淤青伤痕的妇女头像特写。与普通的静态海报不同，只要路过这个广告牌的行人对这个满脸是伤的女人注视一眼，标牌中女人脸上的淤青就会褪去一点。看得人越多，注视时间越长，淤青就褪得越多，直到痊愈。

显然，这也在号召公众不要对身边的家庭暴力现场熟视无睹，视而不见。也许只要你多投出去一份关注的眼光，家暴问题会得一分改善。

这种视觉效果从何而来？其实，这是人脸识别技术的一个应用。标牌上的摄像头可以实时搜索对面驻足观看者的脸部信息，根据人脸信息可以推算观看者人数，从而反馈给系统，使画面中的淤青部分发生相应变化。

另一个DOOH的应用叫作"Social Wipe"。从远处看，这块标牌由两块屏幕拼接而成。屏幕上呈现的是一块长长的面包。两块屏中间有一道缝隙。只要手持信用卡，在这道缝隙中做一个类似刷卡的动作，画面中的面包也就在划卡处像被刀切一样地分开。此此同时，使用者的信用卡也相应地完成了一笔真实的捐款。因此，这实际上是有关机构为解决贫困地区饥饿问题而发起的一项捐款活动。

这一创意的价值在于把人们日常的刷卡行为与公益捐赠做了创新性的结合，并且把刷卡与切开面包做了十分形象的关联，让公众的参与兴趣与热情得到了有效提高。

说到互动性，恐怕没有哪一个媒体可以像手机那样发挥强大的互动功能。尤其是在智能手机时代，各种不同功能的APP给了使用者几乎无限的互动体验。下面试举由联合国儿童基金会（UNICEF）发起的"自来水工程"（Tap Project）为例加以说明。

"自来水工程"旨在帮助提供清洁饮用水，以解决欠发达地区因缺乏卫生饮用水而导致儿童死亡的问题。然而，如何让生活在诸如纽约这样的现代大都市，并且从来不曾体验过用水之苦的人群对这一问题感同身受？这是一个难题。

为此，UNICEF 特意在纽约市中心的人口密集区摆上了若干台自动售卖机。普通售卖机往往会让人首先想到一投币就自动掉出包装精美、口感诱人的各种饮料。然而，这个售卖机里出来的，却是一瓶瓶来自真实贫困地区的、充满泥沙的混水。而这种水，对缺水地区的孩子来说，就是饮用水。试想一下，当你面对这种水时，是一种什么感觉？

有了第一步的心理震撼，下一步就是发动公众捐款了。事实上，自来水项目已经实施近 10 年。最近几年开始逐渐把捐助转移到手机平台上，这是基于智能手机超强的互动功能与方便的性质。为此，UNICEF 专门设计了一款基于重力感应的轻应用，用户只要放下手机，将其保持不接触一段时间，就会有合作企业为这一项目捐赠若干美元的善款，用于净化贫困地区水源开发。平均保持手机不动 5 分钟，就相当于给贫困地区孩子提供了一天的饮用水量。保持不动时间越长，支持也就越多。

在 2016 年版的该项目宣传片上，有这样几句话，道出了这种互动设计的亮点之所在。这几句话是："也许你已经离不开手机，每天不停地刷呀刷。看点赞，查 Facebook，还有许多无聊的事。可是你是否想过，有些东西，对有些人来说，就像手机一样，是离不开的。那就是水。"

借助这种简单有效的互动，"自来水工程"的这一创意也取得了实实在在的效果。据来自 UNICEF 官网的数据，在"自来水工程"项目实施的 10 余年时间里，因水问题而死亡的儿童数量已经由最初的每天 4 000 人下降到 2015 年的每天 1 000 人。[1]

---

[1] Jessica Dineen. 2017. https：//www.unicefusa.org/stories/how-unicef-tap-project-brought-safe-water-over-500000-people/30643.

第四节　故事的反转

讲故事，也许是人类最古老的一项表达方式。早在文明初期，人类就通过讲述神话故事，诸如女娲补天、嫦娥奔月等来解释自然，或是抒情达意。到了现代媒体社会，故事仍然在传播中起着相当重要的作用。尤其是在西方媒体中，新闻报道一词有时和故事（story）一词是可以直接互换使用的。

由此看来，讲故事不论对于媒体还是受众，都是一种喜闻乐见的形式。同样，在公共传播过程中，媒体的重要任务之一，就是要扮演好故事讲述者的角色，以好故事打动受众的心灵。

对此，美国营销大师杰里·威斯漫（Jerry Weissman）在他的代表作《呈现至胜——故事的艺术》（*Present to Win*：*The Art of Telling Your Story*）做了如下比喻和描述。

"所有的传播都是把受众从开始的 A 点，带到你想要的目标，即 B 点。这一转变离不开有说服力的故事。受众在 A 点的状态往往是对你要陈述的主题无知，甚至是抵触的；而在 B 点我们要实现的结果是理解、相信，并且愿意为此采取行动。"[①]

认识到这一点，对公共传播来说十分重要。换言之，这一过程本身也就是公共传播的要义与目标。为此，有学者还专门总结出了一条 AIDI 公式，用以说明一个好故事的模式。

A 即"注意"（Attention）。故事的开头必须迅速抓住受众的注意力和眼球。

I 即"兴趣"（Interest）。故事的发展必须让受众继保持兴趣，否则受众会切换到别的平台或频道。

D 即"热情"（Desire）。故事需要给人以某种期许或承诺，使其更加热情高涨。

[①] Tom Ahern. Seeing Through a Donnor's Eyes. Emerson & Church Publisher. Medfield. MA. USA. 2010：85.

A 即"行动"（Action）。故事不是为了讲而讲，最后要落实到行动上，唤起受众的行为改变。①

公共传播要讲好故事，仅靠上述的模式是不够的。从创新角度讲，如何在故事结构、视角选择、讲述方式上独树一帜、与众不同，才是成功的关键。

"雨林联盟"（Rainforest Alliance）是一家旨在给环境友好型产品颁发认证的机构。认证的 logo 是一只绿色的青蛙。凡是贴有青蛙标志的产品，便是被认证为在生产过程中没有破坏雨林资源。那么，如何借助传播的力量，让更多的全世界受众能认识到这个标志的存在及其意义，并且能自觉地购买带有这种标志的产品呢？

这一系列问题，正好对应了上述营销意义上关于故事的诸多诉求。在 A 点上，观众对青蛙标志是没有任何认知的。我们必须通过某种故事的讲述把他们带到 B 点，也就是知道这个标志是什么，并愿意为此买单。

此外，有关于环境保护，尤其是雨林保护的公共传播作品并不鲜见。从叙事来讲，这些作品大多是以一种悲情、悲悯的基调呈现的。通常会以展示多少雨林被破坏、破坏后果有多严重等所谓"恐惧诉求"（fear appeal）来影响受众。不能说这种方式就一定无效，但因为惯性使然，使得受众多少被塑造得有些审美麻木与疲劳。更关键的是，许多人对环境破坏的现状与后果已经具有相当高的认知度，所欠缺的恰恰是如何让他们完成最后一步，即采取行动来加以改变，也就是上述 AIDA 中的最后一个 Action。

为了有效地提升这一点，也为了让环保主题的叙事不再千篇一律地诉诸悲情。雨林联盟一反常规，借助一部网络微电影《跟随青蛙》（Follow the Frog），以一种恶搞荒诞的方式，让公众在自然而然、轻松幽默的状态下认识了这只青蛙。

故事的主人公是一位公司职员，当他从媒体中看到亚马逊雨林遭到滥砍滥罚的新闻后，像很多热血青年一样，义无反顾地辞去工作，告别妻儿，踏上了去往亚马逊的道路。他本打算像一个超级英雄一样，带领当地土著与前来伐木的不良木材商决一死战以保护身后的雨林。然而，一番较量后，主人公被打得

---

① Tom Ahern. Seeing Through a Donnor's Eyes. Emerson & Church Publisher. Medfield. MA. USA. 2010: 97.

第二十三章　美国公共传播运动与媒介融合创新报告　|国际传媒融合创新借鉴篇|

鼻青脸肿，狼狈不堪。不仅如此，当他灰头土脸地回到家时，老婆也已另嫁他人，自己被赶出家门。就在此时，一只绿色的青蛙从他眼前爬过。最后落版解说词点明主题：你其实不必如此辛苦狼狈，只要跟随这只青蛙，购买有这一标志的产品，就已经是在保护雨林了。

出人意料的结局神转折，加上充满幽默的夸张表演，好莱坞轻喜剧式的剪辑节奏，使其一经上线，就在 YouTube 网上获得了超高人气，目前播放量达到 550 万之多。

另一个故事创新的案例来自反枪支暴力的短片《注意潜在的枪击暴力》(Notice the Potential Gun Violence)。众所周知，枪击暴力是美国社会一大毒瘤。每隔若干年，都会以大规模枪击案的形式刺痛公众神经。因为拥有枪支是美国宪法规定的权利，政府无权直接干预。于是，只能依靠民间的力量，不断发动一次又一次的公共传播运动，以期唤起民众对枪击暴力的重视。

在这股民间力量中，有一家名为"桑迪胡克承诺"（Sandy Hook Promise）的非营利机构。机构发起参与者多为 2012 年美国桑迪胡克小学枪击案的遇害儿童家长。在其使命说明上清楚地写着："防止一切与枪支有关的死亡事件发生，不让家长再遭失子之痛。"既然是预防，自要要学会发现枪击暴力事件的预兆和苗头。为此，这家机构经过精心策划，推出了这条颇有故事创意的公益短片。

影片场景设定在学校，一位叫伊万的男生看到学校图书馆书桌上刻下的一行小字，"我觉得生活很无聊"。不想第二天再来到这张书桌时，发现有人在下面跟了一句"很高兴认识你"。于是，两人就在桌面上以这种方式愉快地交流起来。接着，伊万开始留意身边的女生，最后伊万终于在学校的礼堂里见到了这位女生本人。这一切，就像许多青春偶像剧的套路一样。接下来应该是男女主人公的恋情迅速升温。然而，就在这时，礼堂大门被撞开了。一个枪手举起自动步枪，拉开枪栓。众学生四下逃窜。

好故事的精髓永远在于让你意想不到。你以为的本片主人公是那对男女学生，然而真正的主人公其实是接下来要揭开面纱的枪手。正如此处字幕提醒的那样，"当你们还在关注伊万的时候，另一个人正在谋划着枪击事件"。之后，影片开始快速闪回。当画面中看似以伊万为中心在搜寻那位女生的时候，背景里的那位枪手，也是一位学生，实际上早已显示出某种迹象，例如浏览与枪有关的网页、在社交媒体中上传持枪的自拍照，等等。

影片落版字幕是："枪击案是可以预防的，只要你多留意身边的迹象。"这句话可理解为上文提到的故事模式最后一个 A，Action，即行动号召。号召公众不要忽视，提高警觉。

在美国，公共传播运动的发起者，多数是民间非营利组织。它们也往往被称为第三机构（The Third Sector），与企业、政府一起，成为影响美国社会进程的三股力量。然而，从资源和力量来看，第三机构又是相对最弱的。反映在公共传播中，即表现为他们既不可能像商业传播那样可以一掷千金地请明星代言，上黄金档广告；也不能像政治传播那样有强大的政党政府做支撑，斥巨资做烧钱的大手笔营销，例如美国的总统竞选宣传。所以，这也注定了其公共传播运动的整体策略，只能是小而美、小而精，以创新打动人，以创意吸引人。因此，它们的传播实践在促进社会向着更加公平、正义、美好发展方面起到了应有的作用，同时也为媒体融合创新提供了值得借鉴的新思维、新范式和新方向。

参考文献

[1] 凤凰出版传媒股份有限公司简介. 中国新闻出版广电报,2018-5-20. http://www.ppm.cn/Html/Article/338/.

[2] Jay David Bolter, Richard Grusin. Remediation: Understanding New Media. The MIT Press, 2000: 224.

[3] 曹继东. 融媒体时代出版媒介融合发展的多元路径选择. 图书情报工作,2014(6): 260.

[4] Stephen L., Vargo & Robert F. Lusch. Evolving to a New Dominant Logic for Marketing. Journal of Marketing Vol. 68, January 2004: 1-17.

[5] 黄旦,李暄. 从业态转向社会形态:媒介融合再理解. 现代传播,2016(1): 14.

[6] 成琪,李冬阳,刘园香. 2017 中国文化企业品牌价值 TOP50 榜单在京发布. 2018-5-23. http://www.ce.cn/culture/gd/201712/29/t20171229_27494117.shtml (2017-12-29).

[7] 张建康董事长:书比天大. 2018-6-26. http://www.ppm.cn/Html/Article/8517/ (2017-5-4).

[8] 习近平. 在文艺工作座谈会上的讲话. 2018-5-28. http://www.xinhuanet.com/politics/2015-10/14/c_1116825558.htm.

[9] 关于第四届中国出版政府奖表彰决定. 2018-4-30. http://www.gapp.gov.cn/sapprft/contents/6588/357604.shtml (2018-1-17).

[10] 国家新闻出版广电总局. 关于印发《全民阅读"十三五"时期发展规划》的通知. 2018-5-26. http://www.sapprft.gov.cn/sapprft/contents/6588/311617.shtml (2016-12-27).

[11] 江苏省全民阅读活动领导小组.《关于印发〈江苏省"十三五"全民阅读发展规划〉的通知》. 2018-5-26. http://jsxwcbgdj.jiangsu.gov.cn/art/2017/4/1/art_5629_1049038.html.

[12] 南京新华书店首次开展"夜宿书店"亲子活动. 2018-6-26. http://www.ppm.cn/Html/Article/8951/.

[13] Gunnar Liestol, Andrew Morrison and Terje Rasmussen. Digital Media Revisited: Theoretical and Conceptual Innovations in Digital Domains. Massachusetts: MIT Press, 2003: 297.

[14] 方卿等. 书体书店的生存与发展——国外"文化+书店"的启示. 科技与出版, 2015(12): 17.

[15] 黄旦, 李暄. 从业态转向社会形态: 媒介融合再理解. 现代传播, 2016(1): 14.

[16] 曹继东. 融媒体时代出版媒介融合发展的多元路径选择. 图书情报工作, 2014(6): 260.

[17] 严三九. 中国传统媒体与新兴媒体内容融合发展研究. 新闻与传播研究, 2017(3): 101.

[18] 黄志申. 图书新零售: 一场"个性化+体验"的自我升级与突破. 中国出版, 2018(4): 3-6.

[19] 付国帅. "书+X": 实体书店复合式经营发展新路径. 出版广角, 2018(5): 55-57.

[20] 王炎龙, 吕海. 基于空间生产视角的实体书店转型探究. 中国出版, 2016(4): 23-24.

[21] 吴琼, 朱松林. 基于4A营销视角下的实体书店创新转型研究——以安徽地区实体书店创新为例. 编辑学刊, 2017(5): 104.

[22] 朱伟峰. 上市公司经营状况研究分析 出版企业高质量发展见微知著. 中国新闻出版广电报, 2018-6-19. http://data.chinaxwcb.com/epaper2018/epaper/d6764/d3b/201806/88171.html (2018-6-5).

[23] 时晨, 吴琼. 结构变革与价值共创: 日本中小型书店的生存之道. 编辑之友, 2017, (06): 106-107.

[24] 苏州凤凰广场59场暑期活动提升文化MALL人气. 2018-5-28. http://www.ppm.cn/Html/Article/8679/ (2017-9-7).

[25] [加] 马歇尔·麦克卢汉. 理解媒介——论人的延伸. 何道宽译. 北京: 商务印书馆, 2004: 33.

[26] 吴琼. 基于4R营销视角的日本实体书店经营策略研究. 出版科学, 2017(6): 79.

[27] Bourdieu P.. The Logic of Practice. R. Nice, Trans. Stanford University Press, 1990: 61.

[28] 吴琼, 时晨. 日本实体书店走出困境的路径研究. 编辑之友, 2015(11): 109-112.

[29] [法] 布尔迪厄·华康德. 实践与反思——反思社会学导引. 李猛, 李康译. 北京：中央编译出版社, 1998：134.

[30] [美] 艾略特·艾登伯格. 4R营销（第2版）. 文武, 穆蕊, 蒋洁译. 北京：企业管理出版社, 2006.

[31] 朱松林. 用户观念推动传统出版与新兴媒体融合：前提和路径. 编辑之友, 2015(6)：18-22.

[32] Peter F. Drucker. Managing in Turbulent Times. Harper Business, 2006：10.

[33] 吴琼. 基于"实体书店+"视角的日本实体书店经营策略研究. 科技与出版, 2016(12)：113.

[34] 罗红玲. "一带一路"相关图书海外出版发行分析——兼谈对"一带一路"主题图书走出去的启示. 中国出版, 2018(5)：5.

[35] 王洪波, 佘江涛：凤凰出版的国际化战略. 中华读书报, 2017-8-2（6）.

[36] 时晨, 于雪. 解构与重塑：搅动日本出版市场的BOOK OFF. 编辑之友, 2016(01)：109-112.

[37] 郝天韵. 南方报业传媒集团融合发展走出新路径. 中国传媒科技, 2018(7)：16-19.

[38] 王佳. 南都深度的采编数据库建设探索. 南方传媒研究, 2017(6)：80-84.

[39] 张西陆. "南方+"客户端：深融合带来全国两会"热"传播. 南方传媒研究, 2018(3)：79-84.

[40] 郑佳欣, 林焕辉. 66个智库产品是如何炼成的：南方日报在佛山区域的全媒体智库建设实践. 南方传媒研究, 2017(6)：132-138.

[41] 刘红兵. 推进智慧转型需加快创新布局. 中国新闻出版广电报, 2018-08-07（6）.

[42] 刘红兵. 坚持创新引领, 壮大主流阵地. 中国报业, 2017(9)：25-27.

[43] 支庭荣, 陈钊, 尹健. 媒体融合升级的挑战与进路. 南方传媒研究, 2017(5)：98-106.

[44] 柳剑能. 媒体融合背景下加强采编队伍建设的分析与对策. 传媒, 2017(23)：20-22.

[45] 张旸. 人民日报"中央厨房"构建行业新生态. 青年记者, 2017(7)：19-21.

[46] 曹斯. 深度转型融合, 做好"医"的文章. 南方传媒研究, 2018(2)：17-21.

[47] 赵杨. 跨界、转型与生产链的再造：赵杨工作室一年工作的思考. 南方传媒研究, 2018(2)：23-27.

[48] 王喆，赖春萍. 直播答题涉及的有奖销售问题辨析. 电子知识产权，2018（3）.

[49] 张雅琪，王秋野. 直播答题：2018 年互联网开门第一红. 电信网技术，2018（5）.

[50] 陈宽路.《一站到底》注入直播答题"新能源"——现象级传播折射传统综艺用心处. 传媒评论，2018（2）.

[51] 任晓宁. 合作让直播答题找到最好的"盟友". 中国报业，2018（3）.

[52] 时统宇. 江苏卫视创优创新的实践与思索. 中国广播电视学刊，2016（09）：45-47.

[53] 陆地，敖鹏. 江苏卫视经营特色分析. 中国广播电视学刊，2016（09）：51-53.

[54] 徐路阳. 江苏卫视"幸福中国"特色品牌战略分析. 传媒与教育，2017（01）：117-120.

[55] 蒋宏宾. 媒体思维变革与媒体融合——侧重于广电媒体的分析. 学海，2014（05）：45-50.

[56] 周斐斐. 全媒体时代省级卫视转型发展探究. 新闻爱好者，2018（07）：77-79.

[57] 章意宏. 媒介融合环境下省级卫视的发展. 传播与版权，2018（04）：121-122.

[58] 卜宇. 打造"云·组团·多终端"新型传播体系. 电视研究，2014（10）：13-16.

[59] 马丽."互联网+电视媒体"的网络化发展路径解析. 新闻研究导刊，2018，9（12）：21-22.

[60] 顾建国. 关于媒体融合发展的思考与实践（下）. 现代电视技术，2014（10）：28-32.

[61] Alrc. gov. au.（2018）. Publications｜ALRC.［online］Available at：https：//www. alrc. gov. au/publications/3-media-convergence-and-transformed-［Accessed 10 Sep. 2018］.

[62] Alrc. gov. au.（2018）. Media convergence and the transformed media environment｜ALRC.［online］Available at：https：//www. alrc. gov. au/publications/3-media-convergence-and-transformed-media-environment/media-convergence-and-transform-0［Accessed 10 Sep. 2018］.

[63] ABC News.（2018）. Fake wellness blogger Belle Gibson fails to pay fine for duping readers over cancer.［online］Available at：http：//www. abc. net. au/news/2018-07-10/belle-gibson-fake-cancer-wellness-blogger-fails-to-pay-fine/9967822［Accessed 10 Sep. 2018］.

[64] Rice, R. E., & Atkin, Public communication campaigns (4th ed.). Sage Publications, Inc, 2013.

[65] Tom Ahern. Seeing Through a Donnor's Eyes. Emerson & Church Publisher. Medfield,

MA. USA, 2010.

［66］Andrea Kihlstedt. Capital Campaign：Strategies that Works（3rd ed）. Jones and Bartlett Publisher. Sudbury, MA. USA, 2010.

［67］Melanie Mathos, Chad Norman. 101 Social Media Tactics for Nonprofits. John Wiley & Sons, Inc., Hoboken, NJ. USA, 2010.

［68］Kivi Miller. The Nonprofit Marketing Guide, John Wiley&Sons, Inc. Hoboken, NJ. USA, 2010.

［69］马贵侠, 周荣庭. 社会营销：公益组织服务项目运作机理研究. 知识产权出版社. 2016.

［70］［美］贝弗利·施瓦茨. 涟漪效应：以商业思维做社会公益的18个世界经典案例（第一版）. 晏淘和等译. 中信出版集团, 2016.

［71］郭全中. 财务公司：助推产融深度结合. 中国新闻出版报, 2014-05-12（006）.

［72］李国斌. 中南传媒："文化＋金融"酝酿新变局. 湖南日报, 2016-05-31.

［73］任明杰. 中南传媒董事长龚曙光："三驾马车"加快融合发展. 中国证券报, 2016-08-26.

［74］丁柏铨. 媒介融合：概念、动因及利弊. 南京社会科学, 2011(11)：92-99.

［75］王梓薇, 王关义, 蒋艳枫. 传统出版与新兴出版融合发展机制探讨. 现代出版, 2015(6)：8-10.

［76］梁威. 我国新闻出版企业投融资研究. 湖南师范大学, 2016.

［77］陶方舟. 我国出版传媒集团多元化经营研究. 南京大学, 2015.

［78］中南传媒公开披露的半年报、年报（2011~2017）. 同花顺.

［79］当代贵州期刊传媒集团网,《当代贵州》《晚晴》《大众科学》同时进入国内期刊"第一方阵". http://www.iddgz.com/index.php?m=content&c=index&a=show&catid=8&id=308.

［80］卢新宁. 媒体融合如何"合而为一". 新闻战线, 2018,（19）：16-17.

［81］常江, 田浩. 新媒体时代"内容为王"的新标准. 青年记者, 2018(04)：14-16.

［82］黄楚新, 彭韵佳. 2017年中国媒体融合发展报告. 现代传播（中国传媒大学学报）, 2018, 40（04）：9-15.

［83］路英勇. 以品牌作为做好融合发展的出发点. 中国出版传媒商报, 2017-04-25（006）.

［84］崔一涵. 自媒体现状及新特点. 记者摇篮, 2018(09)：99-100.

[85] 刘晓龙.在开拓创新中打造现代新型主流媒体.新闻战线,2018(19):20-21.

[86] 李默.传统媒体如何参与互联网内容建设——以中央广播电视总台为例.青年记者,2018(6月上):26-27.

[87] 王珏.中央三台融合背景下新闻采编发展方向探析.中国记者,2018(6):111-112.

[88] 黄晓新,刘建华,卢剑锋.中国传媒融合创新现状、问题与趋势.中国传媒科技,2017(6).

[89] 乔双双,张贤平.纸媒移动化转型生态圈研究——南方报业新闻客户端"南方+"的探索与启示.新闻传播,2017(1).

[90] 唐盼.地方报业集团新闻客户端差异化竞争策略研究.重庆工商大学,2017.

[91] 李婷菊.契机与困境:中国报业新闻客户端发展研究.深圳大学,2017.

[92] 胡正荣.传统媒体与新兴媒体融合的关键与路径.新闻与写作,2015(5).

[93] 谭天.从渠道争夺到终端制胜,从受众场景到用户场景——传统媒体融合转型的关键.新闻记者,2015(4).

[94] 喻国明.媒介革命:互联网逻辑下传媒业发展的关键与进路.新闻记者,2015(2).

[95] 张晓峰,沈易刘,王陈.都市类媒体的高端化趋势——赴广州成都三家报社的考察报告.新闻前哨,2011(8).

[96] 陈寅,刘军锋.遵循新时代要求,提高新闻舆论"四力".新闻战线,2018(6).

[97] 周斌.多路径壮大融媒体内容优势.新闻战线,2018(10).

[98] 陈寅.深化媒体融合要有智能思维.新闻战线,2017(9).

[99] 陈寅.牢记"四个坚持"履行好职责使命.新闻战线,2017(1).

[100] 吕延涛.内容为王掌控终端 积极推进融合发展.中国报业,2017(7).

[101] 李鸿文.5 000万级主旋律"爆款"如何炼成.中国记者,2018(6).

[102] 王建磊,张收鹏.报业转型的深圳样本.新闻知识,2017(8).